HANS-HEINRICH SCHMIEDER · DAS RECHT DES WERKMITTLERS

Schriftenreihe der UFITA Heft 25
ARCHIV FÜR URHEBER-, FILM-, FUNK- UND THEATERRECHT
HERAUSGEGEBEN VON DR. JUR. GEORG ROEBER, MÜNCHEN

HANS-HEINRICH SCHMIEDER
FRANKFURT AM MAIN

DAS RECHT DES WERKMITTLERS

VERLAG FÜR ANGEWANDTE WISSENSCHAFTEN
BADEN-BADEN 1963

Druck: Philipp Rauscher, München, Maistraße 30

Meinen Eltern

VORWORT

Diese Arbeit habe ich im Februar 1962 abgeschlossen, also zu einer Zeit, da in Deutschland der große Streit zwischen Autoren und Interpreten um die Anteile am „Kulturkuchen“ bereits zur Ruhe gekommen war und der vernünftigen Überlegung eines gemeinsamen Inkassos durch die GEMA Platz gemacht hatte. Auch die wissenschaftliche Auseinandersetzung mit den Grundsatzentscheidungen des Bundesgerichtshofes zu dem so heftig umstrittenen Leistungsschutz der ausübenden Künstler (abgedruckt im 33. Band der amtl. Sammlung und in UFITA Bd. 32 [1960] S. 200 ff.) war damals - jedenfalls soweit sie sich im Fachschrifttum dokumentiert - im wesentlichen beendet. Schließlich hatten auch die internationalen Bestrebungen zum Schutze der ausübenden Künstler, Tonträgerhersteller und Sendegesellschaften mit der Unterzeichnung des Rom-Abkommens vom Oktober 1961 (UFITA Bd. 37 [1962] S. 73 ff.) schon ihren vorläufigen Abschluß gefunden und konnten demgemäß in ihrer letzten, seither unveränderten Ausprägung berücksichtigt werden.

Nachzutragen wäre also bis heute im Grunde nur der Regierungsentwurf eines Gesetzes über Urheberrecht und verwandte Schutzrechte (Urheberrechtsgesetz), der — zusammen mit der Stellungnahme des Bundesrates und der dazu niedergelegten Auffassung der Bundesregierung (vorausgegangen waren die Bundesrats-Drucksache 1/62 und der Bericht über die 240. Sitzung des Bundesrates v. 2. Febr. 1962) — dem Bundestag im März 1962 zur Beschlußfassung zugeleitet wurde (Bundestags-Drucksache IV/270). Dieser Entwurf bringt aber, jedenfalls in den hier interessierenden Fragen, keine wesentlichen Änderungen gegenüber dem Ministerialentwurf von 1959, so daß die Zitierung im einzelnen entbehrlich erscheint. Immerhin sei zur Ergänzung noch auf einige Punkte hingewiesen, in denen der neueste Entwurf meinen Gedankengängen de lege ferenda in gewisser Weise entgegenkommt.

Zunächst wird, was im Ministerialentwurf mehr zwischen den Zeilen zu lesen war, durch die Begriffsbestimmung in § 83 RegE nunmehr eindeutig klargestellt, daß der Rechtsschutz der ausübenden Künstler sich nur auf die „künstlerischen Werkmittler“ beziehen soll. Es wird also einmal die Leistung der Artisten, Zauberkünstler usw. mit Recht ausgeklammert (vgl. die vorliegende Arbeit Seite 10 f.), und es werden jetzt außerdem ganz selbstverständlich die Begriffe „künstlerisch“ und „wissenschaftlich" (§ 80 RegE) zur Umschreibung der schützenswerten Leistungen gebraucht (vgl. Seite 61). Der jüngste Entwurf hat somit keine Bedenken wegen praktischer Abgrenzungsschwierigkeiten zum rein technisch Mitwirkenden.

Zu begrüßen ist auch die vom systematischen Standpunkt aus unvermeidliche Gleichstellung der schauspielerischen Bildleistung mit der auf lautliche Äußerung beschränkten Darbietung der Musiker und Rezitatoren in § 84 und § 87 RegE (gegenüber § 81 und § 84 MinE; vgl. S. 49).

Bezeichnenderweise ist im Regierungsentwurf eine besondere Vorschrift über Leistungen in Arbeits- oder Dienstverhältnissen nicht nur für die ausübenden Künstler vorgesehen (§ 89, beruhend auf § 83 Abs. 2 Satz 2 MinE), sondern — inhaltlich sehr ähnlich, wenn auch mit anderer Beweislastverteilung — auch für die Urheber selbst (§ 43). Hier liegt ein wichtiger Ansatzpunkt für die von mir befürwortete Sonderregelung des Schutzes der in abhängiger Stellung erbrachten Urheber- und Werkmittlerleistungen (vgl. S. 94 ff.). Die weitere Ausgestaltung dieses Sonderrechtsschutzes, wie sie mir vorschwebt, findet allerdings auch in dem neuesten Entwurf keine Stütze, wenn man von der verkürzten Schutzdauer und deren abweichendem Anknüpfungspunkt bei den ausübenden Künstlern absieht, die ja überwiegend als Arbeitnehmer oder Bedienstete der öffentlichen Hand tätig werden.

Bemerkenswert ist auch, daß der Rechtsschutz des Veranstalters, der bislang in § 87 Abs. 1 Satz 2 MinE nur ganz nebenbei erwähnt war, nun immerhin eines eigenen Paragraphen für würdig befunden wurde (§ 91 RegE). Systematisch richtig müßte er allerdings sogar in einem gesonderten Abschnitt neben dem Schutz der Tonträgerhersteller und der Sendegesellschaften stehen (vgl. S. 20 ff.)

Schließlich unterscheidet der Regierungsentwurf nunmehr ganz mit Recht zwischen Lichtbildwerken und sonstigen unschöpferischen Photographien. Hier wird also endlich auch von Gesetzes wegen ein Anfang gemacht, die komplexe Natur des Lichtbildes etwas differenzierter zu erfassen als bisher (vgl. S. 5 ff.). Allerdings ist die Verkürzung der Schutzfrist für schöpferische Lichtbilder auf 25 Jahre willkürlich und durch bloße Abgrenzungsschwierigkeiten nicht zu rechtfertigen.

Darüber hinaus ist es bezeichnend, daß jetzt das „verwandte Schutzrecht" des unkünstlerischen, nur sachlich dokumentierenden Photographen auf die einzige Vorschrift des § 82 RegE zusammengeschrumpft ist, die zudem eine reine Verweisungsnorm darstellt. Dies dürfte kaum den unterschiedlichen Schutzgegenständen gerecht werden. Jedenfalls ist wohl gerade beim Lichtbildschutz die Entwicklung noch keineswegs abgeschlossen, und vielleicht kann auch in diesem Punkte der vorliegende systematische Versuch zur Klärung der Probleme einiges beitragen.

Es ist mir ein Bedürfnis, an dieser Stelle nochmals ganz besonders Herrn Rechtsanwalt Prof. Dr. B. Samson, Frankfurt am Main, für seine wertvolle Anregung zu dieser Arbeit zu danken. Ich bin mir wohl bewußt —

um es patentrechtlich zu formulieren —, daß für den Erfindungsgedanken die richtige Aufgabenstellung oft wichtiger ist als der eigentliche Lösungsweg.

Ich danke ferner dem Verlag und dem Herausgeber der UFITA-Schriftenreihe, Herrn Dr. G. Roeber, München, für die bereitwillige Aufnahme meiner Arbeit, die ja teilweise einen reichlich kühnen und unorthodoxen Versuch darstellt, verschiedene bereits über Jahrzehnte sich hinschleppende Ungereimtheiten und Unvollkommenheiten unseres geltenden Urheberrechtssystems und der Reformbestrebungen ohne Rücksicht auf eingefahrene Geleise der „herrschenden Meinung" aufzudecken und durch neue Vorschläge de lege ferenda nach Möglichkeit zu vermeiden.

Langen (Hessen), im Dezember 1962

Hans-Heinrich Schmieder

Inhaltsübersicht

Verzeichnis der benutzten Literatur

Die Zitierweise ist dort, wo sich Zweifel ergeben könnten, in Klammern beigefügt.

Lehr- und Handbücher, Kommentare

Allfeld, Philipp: Kommentar zu den Gesetzen vom 19. 6. 01 betreffend das Urheberrecht an Werken der Literatur und der Tonkunst und über das Verlagsrecht. München 1902.

Ders.: Das Urheberrecht an Werken der Literatur und der Tonkunst. Kommentar. 2. Aufl., München 1928.

Aubert, Joachim: Fernmelderecht, I. Teil. Hamburg 1954.

Bappert, Walter — Wagner, Egon: Internationales Urheberrecht. Kommentar. München 1956.

Berthold, Friedrich Josef — v. Hartlieb, Horst: Filmrecht. Ein Handbuch. München 1957.

Boehmer, Gustav: Grundlagen der bürgerlichen Rechtsordnung. Band II, Teil 1: Dogmengeschichtliche Grundlagen des bürgerlichen Rechts. Tübingen 1951.

de Boor, Hans Otto: Urheberrecht und Verlagsrecht. Stuttgart 1917 (UVR).

Dambach, Otto: Die Gesetzgebung des Norddeutschen Bundes, betr. das Urheberrecht an Schriftwerken, Abbildungen, musikalischen Kompositionen und dramatischen Werken. Berlin 1871.

Dernburg, Heinrich: Das Obligationenrecht Preußens und des Reichs und das Urheberrecht. 5. Auflage, Halle 1897.

Desbois, Henri: Le droit d'auteur. Paris 1950.

Dienstag, Paul - Elster, Alexander: Handbuch des deutschen Theater-, Film-, Musik- und Artistenrechts. Berlin 1932.

Endemann, Wilhelm: Gesetz, betr. das Urheberrecht an Schriftwerken, Abbildungen, musikalischen Kompositionen und dramatischen Werken vom 11. 6. 1870. Kommentar. Berlin 1871.

Erman, Walter (Herausgeber): Handkommentar z. BGB. 2. Aufl., Münster 1958.

Fuld, Ludwig: Gesetz betr. das Urheberrecht an Werken der bildenden Künste und der Photographie. 2. Aufl., Berlin 1925

Furler, Hans: Geschmacksmustergesetz. 2. Aufl., München 1956

Goldbaum, Wenzel: Welturheberrechtsabkommen. Kommentar. Berlin 1956.

Ders.: Urheberrecht und Urhebervertragsrecht. Kommentar. 3. Auflage, Baden-Baden 1961.

Hillig, Curt - Greuner, Georg: Gutachten über urheberrechtliche, verlagsrechtliche und verlegerische Fragen. Bd. I u. II, photomechan. Nachdruck. Weinheim 1953.

Hubmann, Heinrich: Urheber- und Verlagsrecht. Ein Studienbuch. Mchn. 1959.

Hueck, Alfred - Nipperdey, Hans Carl: Lehrbuch des Arbeitsrechts. 6. Aufl., Berlin 1959.

Jolly, Julius: Die Lehre vom Nachdruck. Heidelberg 1852.

Klostermann, Richard: Das Urheberrecht an Schrift- und Kunstwerken, Abbildungen, Compositionen, Photographien, Mustern und Modellen nach deutschem und internationalem Rechte. Berlin 1876.

Kohler, Josef: Urheberrecht an Schriftwerken und Verlagsrecht. Stuttgart 1907 (UVR).

Ders.: Lehrbuch des Patentrechts. Mannheim 1908.

Larenz, Karl: Methodenlehre der Rechtswissenschaft. Berlin 1960.

Marwitz, Bruno - Möhring, Philipp: Das Urheberrecht an Werken der Literatur und der Tonkunst in Deutschland. Berlin 1929.

Osterrieth, Albert - Marwitz, Bruno: Das Kunstschutzgesetz. Kommentar. 2. Auflage, Berlin 1929.

Reimer, Eduard: Wettbewerbs- und Warenzeichenrecht. 3. Aufl., Köln 1954.

(RGRK): Das BGB mit besonderer Berücksichtigung der Rechtsprechung des Reichsgerichts und des Bundesgerichtshofs. III. Bd., 1. Teil (Sachenrecht). 11. Auflage, Berlin 1959.

Rintelen, Max: Urheberrecht und Urhebervertragsrecht nach österreichischem, deutschem und schweizerischem Recht. Wien 1958.

Runge, Kurt: Urheber- und Verlagsrecht. Bonn 1948-53 (UVR).

Savatier, Renè: Le droit de l'art et des lettres, Paris 1953.

Staudingers Kommentar zum BGB. III. Bd., Sachenrecht, 1. Teil, 11. Auflage, Berlin 1956.

Tetzner, Heinrich: Kommentar zum Warenzeichengesetz. Heidelberg 1958.

Troller, Alois: Immaterialgüterrecht. Band I. Basel 1959 (IGR).

Ulmer, Eugen: Urheber- und Verlagsrecht. 2 Aufl., Berlin 1960.

Valerio, Ettore - Algardi, Zara: Il diritto d'autore. Mailand 1943

Voigtländer, Robert - Elster, Alexander: Gesetz über das Urheberrecht. 3. Auflage, Berlin 1942.

Dies. - Kleine, Heinz: Die Gesetze, betr. das Urheberrecht an Werken der Literatur und der Tonkunst sowie an Werken der bildenden Kunst und der Photographie. Kommentar. 4. Aufl., Berlin 1952.

Wächter, Oskar: Das Autorrecht nach dem gemeinen deutschen Recht. Stuttgart 1875.

Westermann, Harry: Lehrbuch des Sachenrechts. 3. Aufl., Karlsruhe 1956.

Wolff, Martin - Raiser, Ludwig: Sachenrecht 10. Aufl., Tübingen 1957.

Monographien

Banaschewski, Edmund J. A.: Theorie des Verlages. Ein Beitrag zur Typo-Soziologie des Verlagswesens. Leipzig 1933.

Blomeyer, Arwed: Der Urheberrechtsschutz für den ausübenden Künstler nach deutschem Recht. Stuttgart 1960.

Bommeli, Ernst Gotthelf Roland: Das Übersetzungsrecht im schweizerischen Recht. Diss. Bern. Zürich 1948.

de Boor, Hans Otto: Vom Wesen des Urheberrechts. Marburg 1933 (Vom Wesen).

Büchen, Robert: Welche Rechte hat die Schallplattenindustrie gemäß § 2 Absatz 2 LitUrhG. Bd. 5 („Leistungsschutz") der Schriftenreihe der Intern. Ges. f. Urheberrecht (IGU). Berlin 1958.

Ders.: Leistungsschutz und Urheberrecht. Eine Untersuchung über Umfang und Grenzen des § 2 II LUG im Hinblick auf Tonträger. Diss. Köln. Hamburg 1959.

Deneke, J. F. Volrad: Die freien Berufe. Stuttgart o. J. (1956).

Ellinger, Werner Bruno: Der Rechtsschutz der künstlerischen Darstellung. Diss. Heidelberg, 1934.

v. Gamm, Otto-Friedrich Frhr.: Grundfragen des Filmrechts. Berlin 1957 (GF FilmR).

Gieseke, Ludwig: Die geschichtliche Entwicklung des deutschen Urheberrechts. Göttingen 1957.

Goldbaum, Wenzel: Schöpfung oder Leistung? Berlin 1957. (Sch. o. L?)

Gorn, Erich: Der Begriff der Bearbeitung im Urheberrecht. Diss. Köln. Würzburg 1935.

Haensel, Carl: Leistungsschutz oder Normalvertrag. Hamburg 1954 (LSchNV).

Hepp, François: Radiodiffusion, Télévision et Droit d'Auteur. Paris 1958.

Hirsch Ballin, Ernst D.: Kommt Herstellern von Tonträgern ein Quasi-Urheberrecht zu? — Bd. 12 der Schriftenreihe der Intern. Ges. für Urheberrecht (IGU). Berlin 1959.

Homburg, Robert: Le Droit d'Interprétation des Acteurs et des Artistes exécutants. Paris 1930.

Hubmann, Heinrich: Das Recht des schöpferischen Geistes. Berlin 1954 (RdschG).

Ders.: Der Schutz des ausübenden Künstlers nach geltendem Recht. Bd. 9 der Schriftenreihe der Intern. Ges. für Urheberrecht (IGU). Berlin 1959.

Keckeis, Peter: Entwicklung und Verhältnis des Übersetzungsrechts zum Urheberrecht in der Schweiz. Diss. Bern, Einsiedeln 1948.

Konda, Winfried: Der Schutz der beim Rundfunk tätigen ausübenden Künstler de lege lata und de lege ferenda. Diss. Köln, 1959.

Kruse, Vinding: Das Eigentumsrecht, Bd. I. Deutsch v. Knud Larsen, Berlin 1931.

Lehman, Liane: Le Droit de l'Artiste sur son interprétation. Paris 1935.

Lichtenstein, Walter: Das Urheber-, insbesondere das Schallplattenurheberrecht des wiedergebenden Künstlers. Diss. Frankfurt a. M., Günzburg 1934.

Liermann, Hans: Die Stellung der §§ 2 Abs. 2, 22 und 22a LUG im Rahmen der rechtsstaatlichen Ordnung. Bd. 11 der Schriftenreihe der Internat. Ges. für Urheberrecht (IGU). Berlin 1959.

Litten, Heinz Wolfgang: Die Änderung des Bühnenwerkes durch die Aufführung. Diss. Königsberg, 1927.

Möhring, Philipp - Elsaesser, Martin H.: Die internationale Regelung des Rechts der ausübenden Künstler und anderer sogenannter Nachbarrechte. Zur Frage ihrer Notwendigkeit. Bd. 6 der Schriftenreihe der Intern. Ges. für Urheberrecht (IGU). Berlin 1958.

Möller-Klepzig, Karl-Heinz: Das Urheberrecht an Sammelwerken nach deutschem und französischem Recht. Diss. Leipzig, 1934.

Moll, Theodor: Der quasi-urheberrechtliche Leistungsschutz. Diss. Basel 1948 (maschinenschriftlich).

Neumann-Duesberg, Horst: Das gesprochene Wort im Urheber- und Persönlichkeitsrecht. Münster 1949 (GW).

Ders.: Rechtsschutz der Leistung des ausübenden Künstlers. Bd. 9 der Schriftenreihe der Intern. Ges. für Urheberrecht (IGU). Berlin 1959.

Nipperdey, Hans Carl: Der Leistungsschutz des ausübenden Künstlers. Bd. 10 der Schriftenreihe der Intern. Gs. f. Urheberrecht (IGU). Berlin 1959.

Olagnier, Paul: Le droit des artistes interprètes et exécutants (Vorwort von Achille Mestre). Paris 1937.

Overath, Johannes: Urheber und Interpret in der Musik. Bd. 11 der Schriftenreihe der Intern. Ges. f. Urheberrecht (IGU), Berlin 1959.

Papaconstandinou, Helena: Schutz des ausübenden Künstlers (Vorrede von E. E. Hirsch). Schriftenreihe der UFITA, Heft 17. Baden-Baden 1960.

Peter, Wilhelm: Der Haager Entwurf (1960) eines internationalen Abkommens zum Schutze der ausübenden Künstler, der Hersteller von Tonträgern und der Sendegesellschaften. Schriftenreihe der UFITA, Heft 19. Baden-Baden 1960.

Raab, Dieter: Autor und Lektor. Ein Beitrag zum sozialistischen Verlagswesen und Verlagsrecht in der DDR. Berlin 1959.

v. Rauscher auf Weeg, Hans Heinrich: Das Aufführungsrecht der Interpreten u. Schallplattenhersteller nach geltendem deutschen Recht. Stuttgart 1960.

Roeber, Georg: Urheberrecht oder geistiges Eigentum. Schriftenreihe der UFITA, Heft. 1. Baden-Baden 1956.

Ders.: Der Bundesgerichtshof und die Probleme des künstlerischen Leistungsschutzes. Schriftenreihe der UFITA, Heft 21, Baden-Baden 1961.

Röber, Horst: Der Leistungsschutz des ausübenden Künstlers. Diss. Leipzig, Dresden 1935.

Schmidt-Joos, Siegfried: geschäfte mit schlagern. Bremen 1960.

Schorro, Ch.: La protection de l'artiste interprète en droit suisse. Diss. Freiburg (Schweiz), 1952.

Schramm, Carl: Grundlagenforschung auf dem Gebiete des gewerblichen Rechtsschutzes und Urheberrechts. Berlin 1954 (GF).

Ders.: Die schöpferische Leistung. Berlin o. J. (SchL).

Schulze, Erich: Der Künstler und die Technik. Bd. 5 („Leistungsschutz") der Schriftenreihe der Intern. Ges. für Urheberrecht (IGU). Berlin 1958.

Straschnov - Bergström - Greco: Protection Internationale des Droits Voisins. Brüssel 1958.

Streuli, Adolf: Gelegenheitsschriften zu den sogenannten Nachbarrechten. Brugg 1958 (Streuli).

Ders.: Examen du "Projet de Convention internationale concernant la protection des artistes interprètes ou exécutants, des producteurs de phonogrammes et des organismes de radiodiffusion" ... et du „Projet de clauses formelles" ... Brugg 1961 (Examen).

Süss, Theodor: Das Recht der ausübenden Künstler, der Schallplattenhersteller und des Rundfunks. Bd. 11 der Schriftenreihe der Intern. Ges. f. Urheberrecht (IGU). Berlin 1959.

Tournier, Alphonse: Das Quasi-Bearbeiterrecht im deutschen Gesetz. Bd. 5 („Leistungsschutz") der Schriftenreihe der Intern. Ges. für Urheberrecht (IGU). Berlin 1958.

Troller, Alois: Jurisprudenz auf dem Holzwege. Bd. 13 der Schriftenreihe der Intern. Ges. f. Urheberrecht (IGU). Berlin 1959.

Ulmer, Eugen: Der Rechtsschutz der ausübenden Künstler, der Hersteller von Tonträgern und der Sendegesellschaften in internationaler und rechtsvergleichender Sicht. München 1957 (RSch).

Vortisch, August: Das Urheberrecht des nachschaffenden Künstlers. Diss. Basel, 1935 (maschinenschriftlich).

Walther, Gottfried: Das Urheberrecht am Sammelwerk nach deutschem und französischem Recht unter besonderer Berücksichtigung der Rechtsprechung. Diss. Leipzig, Dresden 1935.

Wawretzko, Herbert: Leistungsschutz des ausübenden Künstlers in arbeitsrechtlicher Sicht. Bd. 11 der Schriftenreihe der Intern. Ges. f. Urheberrecht (IGU). Berlin 1959.

Zeitschriftenaufsätze

Bappert, Walter: Die Rechtsverhältnisse an der Übersetzung in deutscher und internationaler Sicht, BBl 17 (1961), 1298-1313.

Baum, Alfred: Zum Recht des ausübenden Musikers, GRUR 1952, 556-561.

Ders.: Über den Rom-Entwurf zum Schutze der vortragenden Künstler, der Hersteller von Phonogrammen und des Rundfunks, GRUR Int 1953, 197-220.

Ders.: Kann das Recht aus § 2 Abs. 2 LUG unbeschränkt und auch für erst in Zukunft herzustellende mechanische Vorrichtungen auf Dritte übertragen werden?, GRUR 1959, 69-75.

Benkard, Georg: Bearbeitungs-, Verwertungs- und Leistungsschutzrechte im Referentenentwurf zur Urheberrechtsreform, UFITA 19, (1955), 28-34.

Ders.: Bearbeitung, Verfilmung und Wiedergabe im Urheberrecht, GRUR 1955, 161-171.

Bodenhausen: Protection of „Neighbouring Rights", Law & Contemporary Problems 19 (1954), 156 ff.

de Boor, Hans Otto: Die Entwicklung des Urheberrechts im Jahre 1939, UFITA 13 (1940), 185-197.

Ders.: Konstruktionsfragen im Urheberrecht, UFITA 16 (1944), 345-363.

Ders.: Die Entwicklung des Urheberrechts im Jahre 1943, UFITA 17 (1944), 37 ff.

Ders.: Urheberrechtliche Grundsatzfragen in Schrifttum und Rechtsprechung, UFITA 21 (1956), 129-150.

Breit, James: Orientalische Teppichmuster und Kunstschutz. Ein Beitrag zur Schutzfähigkeit kunstgewerblicher Kopien, MuW XXVI (1926/27), 315-334.

Bussmann, Kurt: Urheberrechtsreform und Rundfunk, UFITA 18 (1954), 29-41.

Cahn-Speyer, Rudolf: Leistungsschutz oder Urheberrecht des ausübenden Künstlers? UFITA 4 (1931), 368—385.

Castanos, Stélios: Les droits intermédiaires, L'artiste 1956, 5—7.

Conradt, Joachim: Das Überspielen auf Tonträger zur privaten Nutzung, GRUR 1960, 592-597.

Deutsch, Erwin: Der Schutz der angrenzenden Rechte in den USA, GRUR Int. 1958, 114-127.

Eger, Leo: Der Ponograph und das Urheberrecht, Archiv für bürgerl. Recht 1900, 264-290.

Elsaesser, Martin H.: Die Rechte der ausübenden Künstler und ihre Übertragung, GRUR 1959, 312-316.

Elster, Alexander: Der Redaktionsvertrag, JW 1915, 257-261.

Ders.: Formgebung und Ausdrucksmittel in ihrer Bedeutung für das Recht des Urhebers, UFITA 2 (1929), 595 ff.

v. Erffa, Freiin: Einiges zum Recht des ausübenden Musikers, GRUR 1952, 334-339.

Erlanger, Fritz: Der Unternehmer als Urheber und Erfinder, GRUR 1930, 391-397.

Fischer, K. von: Ist die Interpretation eines Musikwerkes als schöpferische Leistung zu betrachten, Schweizerische Mitteilungen über Gewerbl. Rechtsschutz und Urheberrecht 1960, 123-149.

Freiesleben, Gerhard: Rechtsschutz der Regiekunst, GRUR 1916, 112-117.

Gamm, Otto-Friedrich Frh. v.: Photographieschutz und Schutzumfang, NJW 1958, 371-372.

Gentz, Günther: Urheberrechtliches Nachbarrecht oder Leistungsschutzrecht? GRUR Int. 1957, 538 ff.

Ders.: Interpretation und Phonogramm, GRUR 1960, 73-77.

Ders.: Elektronische Musik als Rechtsproblem, UFITA 34 (1961), 9-17.

Goldbaum, Wenzel: Die Urheberrechtsreform der Deutschen Bundesrepublik und die Revidierte Berner Übereinkunft, GRUR 1954, 513-516.

Ders.: Die urheberrechtlichen Befugnisse des Übersetzers ex lege, UFITA 23 (1957), 141-149.

Ders.: Die Rechtsstellung des fiktiven Bearbeiters, UFITA 26 (1958), 271-283.

Haeger, Siegfried: Der Film und der Leistungsschutz ausübender Künstler. Über die Auswirkungen der Grundsatzurteile des Bundesgerichtshofs, FuR 1960/11, 9-14.

Haensel, Carl: Die „Verwandten Schutzrechte" im Referentenentwurf, UFITA 19 (1955), 15-27.

Ders.: Das Orchester im Urheberrecht, GRUR 1955, 186-190.

Herrmann, Joachim: Werk und Wiedergabe, musica schallplatte 3 (1960), 100 ff.

Ders.: Werk oder Interpret, musica schallplatte 4 (1961), 25-27.

Hilber, J. B.: Werk und Wiedergabe. Die Ansicht eines Musikers über die Tätigkeit von Komponist und Interpret, Schweizer. Mitt. über Gewerblichen Rechtsschutz und Urheberrecht 1960, 150-154.

Hirsch Ballin, Ernst D.: „Verwandte Schutzrechte", UFITA 18 (1954), 310-328.

Ders.: Gewisse, sogenannt an das Urheberrecht grenzende Rechte, UFITA 25 (1958), 257-278.

Ders.: Zum sogenannten Leistungsschutz des Interpreten. Kritik einer Kritik. UFITA 35 (1961), 48-63.

Hoffmann, Willy: Vervielfältigungen von Druckwerken durch photographische Reproduktion, MuW XX (1920/21), 103.

Ders.: Bildfunk, Tonfilm und Tonbild, JW 1929, 1179-1181.

Ders.: Die Konkurrenz von Urheberrecht und Leistungsschutz, UFITA 12 (1939), 96-114.

Hubmann, Heinrich: Das Recht am Arbeitsergebnis, in: Beiträge zum Arbeits-, Handels- und Wirtschaftsrecht, Festschrift für Alfred Hueck. München 1959, S. 43-67.

Ders.: Die Auslegung des § 2 Abs. 2 LitUG durch die Leistungsschutzurteile des Bundesgerichtshofs, UFITA 34 (1961), 1-8.

Kaplan, Benjamin: Performer's Right and Copyright: The Capitol Records Case. Harvard Law Review 69 (1956), 409-439.

Kleine, Heinz: Die Urteile des Bundesgerichtshofs zum Leistungsschutz für die ausübenden Künstler, GRUR 1960, 577-582.

Kohler, Josef: Autorschutz des reproduzierenden Künstlers, GRUR 1909, 230 bis 232.

Ders.: Der Herausgeber, GRUR 1917, 1-3.

Kopsch, Julius: Urheber, Interpret, Verwerter und Publikum, UFITA 20 (1955), 283-295.

Krause, Günter B.: Zur Abgrenzung der Werkvermittlungsarten, GRUR 1960, 14-17.

Krüger-Nieland, Gerda: Die Rechtsprechung des BGH in Filmsachen, UFITA 32 (1960), 148-169.

Kühnemann, Herbert: Freie und unfreie Werkbenutzung im deutschen Urheberrechtsgesetzentwurf, UFITA 16 (1944), 9-15.

Laufke, Franz: Zum Eigentumserwerb nach § 950 BGB, in: Beiträge zum Arbeits-, Handels- und Wirtschaftsrecht, Festschrift Hueck, München 1959, S. 69-80.

Leinveber, Gerhard: Orchester und Urheberrecht, GRUR 1960, 599-603.

Lion, E.: Das Recht des wiedergebenden Künstlers, GRUR 1927, 296-300.

Ljungman, Seve: The Tendencies to Extend Intellectual Rights: "droits voisins" (rights of performers, recorders and broadcasters), L'artiste 1956, 23-28.

Marwitz, Bruno: Zur Neugestaltung des literarischen Urheberrechts, UFITA 1 (1928), 4-14.

Ders.: Erzeuger, Vermittler, Verbraucher geistiger Güter, GRUR 1929, 665 bis 669.

Ders.: Künstlerschutz, UFITA 3 (1930), 299-309.

Mediger, Harald: Magnetton und Urheberrecht, GRUR 1951, 382-386.

Mentha, Bénigne: Die an das Urheberrecht angrenzenden Rechte, UFITA 25 (1958), 42-48.

Ders.: Film und Fernsehen in der Berner Übereinkunft, UFITA 35 (1961), 1-25.

Metzler, Wolfram v.: Fragen des Titelschutzes beim Film, UFITA 20 (1955), 169-190.

Mittelstädt, Johannes: Schutz der Vortragskunst, GRUR 1909, 34-37.

Moser, Hans Joachim: Bearbeitung und wissenschaftliche Behandlung von Tonwerken, GEMA-Nachrichten Nr. 48 (Nov. 1960), Anlage 1, S. 43.

Müller, Gerhard: Zur arbeitsrechtlichen Problematik des Spitzenfilmdarstellers, UFITA 28 (1959), 134-149.

Neumann, Hans-Wolfgang: Urheberrecht und Technik, GRUR 1957, 579-589.

Osterrieth, Albert: Zum Ausbau des Urheberrechts. Ein Schutz phonographischer Aufnahmen, in: Studien zur Förderung des gewerblichen Rechtsschutzes, Berlin 1909 (Festgabe Kohler), S. 405-422.

Pakuscher, Ernst Karl: Zur Frage des Leistungsschutzes der angestellten Rundfunkmusiker, GRUR 1951, 303-305.

Peter, Wilhelm: Die Entwicklung der Leistungsschutzrechte im Spiegel des neueren Schrifttums, GRUR Int 1960, 176-186.

Pfennig, Bruno: Vier Grundsatzentscheidungen des BGH. Zum Leistungsschutz der ausübenden Künstler. FuR 1960/11, 14 f.

Pfitzner, Hans: Der Schutz des künstlerischen Schaffens (1927), in: Kontrapunkte. Schriften zur deutschen Musik der Gegenwart, herausgegeben v. H. Lindlar, Bd. 2: Die Stimme der Komponisten. Rodenkirchen/Rh. 1958, S. 115-122. (Kontrapunkte).

de Pirro, Nicola: Das Recht des ausübenden Künstlers, UFITA 15 (1942), 157-168.

Plaisant, Robert: Les droits sur les phonogrammes, L'artiste 1956, 61-66; 69-80.

Reichel, Werner: Zur Problematik des Gruppenwerks und des Rechts der Arbeitnehmer im Verlag in der Urheberrechtsreform, GRUR 1960, 582-585.

Riedel, H.: Grundprobleme der Urheberrechtsreform, NJW 1959, 2096-2100.

Ders.: Grundfragen der Urheberrechtsreform, GRUR 1960, 216-230.

Roeber, Georg: Urheberrecht und Leistungsschutz beim Film, UFITA 18 (1954), 9-28.

Ders.: Die Urheberschaft am Film, UFITA 22 (1956), 1-41.

Ders.: Spezialgesetz oder allgemeine Gesetze? FuR 1960/11, 2-9.

Ders.: Anwendbarkeit des urheberrechtlichen Beteiligungsprinzips auf ausübende Künstler, FuR 1960/12, 3-8.

Ders.: Zur Konkurrenz der Rechte. Anmerkungen zu den BGH-Urteilen vom 31. 5. 1960. FuR 1961/2, 3-10.

Ders.: Der Richter als Gesetzgeber, FuR 1961/3, 3-9.

Ders.: Film und Fernsehen und die Probleme des Leistungsschutzes, FuR 1961/7, 2-5.

Rudolph, Horst: Kann der Abdruck gemeinfreier Werke unlauterer Wettbewerb sein? GRUR 1935, 471-474.

Runge, Kurt: Der Schutz der Leistung des angestellten Rundfunkmusikers, GRUR 1951, 26-31.

Ders.: Urheberrechts- oder Leistungsschutz? GRUR 1959, 75-80.

Sahmer, Heinz: Der Arbeitnehmer im Spiegel des Urheberrechts und der verwandten Schutzrechte, UFITA 21 (1956), 34-39.

Samson, Benvenuto: Die Grenzen des Quasi-Urheberrechts der ausübenden Künstler nach § 2 LUG, GRUR 1960, 174-178.

Ders.: Die Rechte des nachschaffenden Künstlers, JuS 1962, 16-20.

Schiefler, Kurt: Verhältnis des Urheberrechts und des Leistungsschutzrechts des ausübenden Künstlers zum allgemeinen Persönlichkeitsrecht. GRUR 1960, 156-165.

Schlechtriem, Wilhelm: Urheberrecht und Recht am Werk, UFITA 16 (1943), 93-104.

Ders.: Stellung und Aufgabe des Übersetzers, GRUR 1948, 36-38.

Spaic, Vojislav: Der internationale Schutz ausübender Künstler, UFITA 35 (1961), 26-48.

Stoll, Heinrich: Begriff und Konstruktion in der Lehre der Interessenjurisprudenz. Archiv f. d. civilistische Praxis, Beilagenheft zu Bd. 133 (1931, Festgabe f. Heck, Rümelin, A. B. Schmidt), S. 60-117.

Strauß, Walter: Fragen der Urheberrechtsreform, UFITA 32 (1960), 259-278.

Troller, Alois: Les droits prétendument "voisins", L'artiste 1956, 21 f.; 29-35.

Voge, Richard: Über den Mißbrauch des Tonbandes, Musica 15 (1961), 417 ff.

Vogel, Karl-Heinz: Zum Leistungsschutzrecht des ausübenden Musikers beim Film, GRUR 1953, 199-203.

Voss, Hermann: Autor, Interpret, Schallkonserve und Konsument. Das Orchester, Septemberheft 1959 (Beilage).

Rechtsquellen, Entscheidungssammlungen, Enzyklopädien

2. Entwurf eines Gesetzes über das Urheberrecht ... (Regierungsvorlage) mit Begründung, Reichstagsverhandlungen, 10. Legislaturperiode, II. Session 1900/1902, 1. Anlageband, Berlin 1901, Aktenstück Nr. 97.

Entwurf eines Gesetzes über das Urheberrecht an Werken der Literatur, der Kunst und der Photographie mit Begründung, veröffentlicht durch das Reichsjustizministerium, Berlin 1932

Entwurf eines Urheberrechtsgesetzes, ausgearbeitet von der Akademie für Deutsches Recht, GRUR 1939, 242 ff.

Referentenentwurf eines Urheberrechtsgesetzes, veröffentlicht durch das Bundesjustizministerium, Bonn 1954. (RefE, RefE Begr.)

Ministerialentwurf eines Gesetzes über Urheberrecht und verwandte Schutzrechte (Urheberrechtsgesetz), veröffentlicht durch das Bundesjustizministerium, Bonn 1959. (MinE, MinE Begr)

Entwurf eines Gesetzes über das Urheberrecht, veröffentlicht vom Ministerium für Kultur in Ost-Berlin, 1959, in: Schriftenreihe der Intern. Ges. für Urheberrecht, Bd. 16, S. 27 ff. (EntwDDR)

Entwurf eines Übereinkommens über den Schutz der ausübenden Künstler, der Hersteller von Tonträgern und der Rundfunkorganisationen (Intern. Arbeitsamt, Genf, 10.—17. 7. 1956), im frz. Urtext u. dt. Übers. abgedruckt bei Möhring-Elsaesser, IGU 6, 94-108.

Entwurf einer Vereinbarung über den Schutz bestimmter, an das Urheberrecht angrenzender Rechte, erarbeitet von einem Ausschuß der Berner Union und der UNESCO in Monaco, 1957, im frz. Urtext und dt. Übers. abgedruckt bei Möhring-Elsaesser, IGU 6, 109-116.

Haager Entwurf (1960) eines internationalen Leistungsschutzabkommens, nebst Bericht des Generalberichterstatters W. Wallace, UFITA 32 (1960), 320-342.

Convention internationale sur la protection des artistes interprètes ou exécutants, des producteurs de phonogrammes et des organismes des radiodiffusion, beschlossen auf der diplomatischen Konferenz vom 10.—26. 10. 1961 in Rom, engl., franz. u. span. Text, in: DdA 1961, 346 ff.

Internationale Gesellschaft für Urheberrecht e. V.: Stellungnahme zu den Entwürfen des Bundesjustizministeriums zur Urheberrechtsreform mit einer synoptischen Darstellung des geltenden Rechts, der beiden BJM-Entwürfe, des Entwurfs Schulze und des Entwurfs des Ministeriums für Kultur in Ost-Berlin, Schriftenreihe, Bd. 16, Berlin 1960.

Delp, Ludwig (Herausgeber): Das gesamte Recht der Presse, des Buchhandels, des Rundfunks und des Fernsehens, Loseblattsammlung, Berlin, seit 1953.

Möhring, Philipp — Schulze, Erich — Ulmer, Eugen — Zweigert, Konrad: Quellen des Urheberrechts, Loseblattsammlung, Frankfurt a. M. seit 1960 (UrhQuellen)

Entscheidungen des Reichsgerichts in Zivilsachen, Bd. 1-172, Berlin 1880-1945 (RGZ).

Entscheidungen des Bundesgerichtshofes in Zivilsachen, Bd. 1-33, Detmold, seit 1951 (BGHZ).

Schulze, Erich (Herausgeber): Rechtsprechung zum Urheberrecht, Loseblattsammlung, seit 1956 (Schulze BGHZ, KGZ, LGZ usw.)

Calasso, Francesco (Herausgeber): Enciclopedia del diritto, o. O. seit 1958.

Pinner, H. L. (Herausgeber): World Copyright, Bd. I—V, Leyden 1953-1960.

Abkürzungsverzeichnis

aA	anderer Ansicht
aaO	am angegebenen Ort
Abs	Absatz
aE	am Ende
Anm	Anmerkung
L'artiste	L'artiste exécutant, Le fabricant de phonogrammes, Le radiodiffuseur, Beilage zu DdA, 1956 (mehr nicht erschienen)
Begr	Begründung
BBl	Börsenblatt für den deutschen Buchhandel (Frankfurter Ausgabe), zit. nach Jahrgang, Jahr und Seite
bzw	beziehungsweise
DdA	Le Droit d'Auteur, zit. nach Jahr und Seite
ebd	ebenda
Erl	Erläuterung
f.	und die folgende Seite
ff.	und die folgenden Seiten
FuR	Film und Recht, zit. nach Jahr, Heft, Seite
GRUR	Gewerblicher Rechtsschutz und Urheberrecht
GRUR Int	Auslands- und internationaler Teil, beide zit. nach Jahr und Seite
hL, hM	herrschende Lehre, herrschende Meinung

IGU	Internationale Gesellschaft für Urheberrecht e. V., Schriftenreihe, zit. nach Band und Seite
i. V. m.	in Verbindung mit
JuS	Juristische Schulung, zit. nach Jahr und Seite.
JW	Juristische Wochenschrift, zit. nach Jahr und Seite
KUG	Gesetz, betreffend das Urheberrecht an Werken der bildenden Künste und der Photographie vom 9. 1. 1907
lSp	linke Spalte
lt.	laut
LUG	Gesetz, betreffend das Urheberrecht an Werken der Literatur und der Tonkunst vom 19. 6. 1901
MinE	Ministerialentwurf eines Urheberrechtsgesetzes (siehe oben)
MuW	Markenschutz und Wettbewerb, zit. nach Jahrgang, Jahr und Seite
NJW	Neue Juristische Wochenschrift, zit. nach Jahr und Seite
RefE	Referentenentwurf eines Urheberrechtsgesetzes (siehe oben)
rSp	rechte Spalte
Rspr	Rechtsprechung
stRspr	ständige Rechtsprechung
str	strittig
UFITA	Archiv für Urheber-, Film-, Funk- und Theaterrecht, zit. nach Jahrgang, Jahr und Seite
u. ö.	und öfter
URG UrhRG	Urheberrechtsgesetz
UVR	Urheber- und Verlagsrecht (als Buchtitel)
UWG	Gesetz gegen den unlauteren Wettbewerb vom 7. 6. 1909
vgl.	vergleiche
WUA	Welturheberrechtsabkommen
z B	zum Beispiel
zit.	zitiert

A. Einleitung

Zum Gegenstand, Verlauf und Ziel der Untersuchung.

Die moderne Technik hat es ermöglicht, dramatische und musikalische Werke nicht mehr allein in symbolischer Form durch Buchstaben- oder Notenschrift, sondern daneben mittels Schall- und Bildaufnahmegeräten auch in ihrer konkreten Wiedergabe mit allen Feinheiten der persönlichen Interpretation festzuhalten, zu vervielfältigen und zu verbreiten. Damit sind — in historischer Folge gesehen — neben Verleger und Autor, die nach der Erfindung von Buchdruck und Notenstich zunächst allein Schutzrechte geltend gemacht und durchgesetzt haben, [1] die Hersteller von Ton- und Bildträgern sowie die ausführenden Künstler in das Blickfeld des Urheberrechts getreten. Die Erfindung des Rundfunks hat weiterhin die Frage eines rechtlichen Schutzes der Sendung aufgeworfen.

In einer kaum noch übersehbaren Fülle von Äußerungen der Wissenschaft, der Gesetzgebung und der Rechtsprechung sind im In- und Ausland zahlreiche Versuche gemacht worden, die neu entstandenen rechtlichen Probleme (auch international) zu lösen. [2] Keiner dieser Lösungsversuche hat aber bisher in der Fachliteratur so allgemeine Anerkennung gefunden, daß es berechtigt wäre, sich mit dem Hinweis auf eine gefestigte „herrschende Meinung“ zufrieden zu geben. [3] Den Mittelpunkt des Streites bilden dabei nach wie vor die Rechte der ausübenden Künstler, und zwar sowohl de lege lata als auch de lege ferenda. Während die Interpreten auf der einen Seite ähnlich den Bearbeitern als Urheber von „Werken zweiter Hand“ angesehen werden, [4] wird ihnen von der Gegenmeinung jegliches Urheberrecht abgesprochen, da sie gerade nicht schöpferisch, sondern nur reproduzierend tätig seien. [5]

Es gibt zu denken, daß diese Frage nunmehr seit zwei Generationen umstritten ist und daß sich immer wieder neue Stimmen der einen oder anderen Ansicht mit guten Gründen anschließen, ohne doch zur Annäherung der Standpunkte etwas beizutragen. [6] Zu denken gibt vor

---

1) Gieseke. 13 f., 72 ff.

2) Hier kann zunächst nur auf das allgemeine Literaturverzeichnis im ganzen verwiesen werden; die einschlägigen Arbeiten werden weiter unten im einzelnen zitiert.

3) Ebenso für den Rechtsschutz der ausübenden Künstler: Samson, GRUR 1960, 174.

4) Eger, Archiv f. bürgerl. Recht 1900, 283, 287 ff.; Mittel tädt, GRUR 1909, 34 (zustimmend zu LG Leipzig vom 7. 12. 1908 ebd.); Osterrieth, Festgabe Kohler, 411; Freiesleben, GRUR 1916, 112; Vinding Kruse, 553 f.; Cahn-Speyer, UFITA 4 (1931), 368 ff. Homburg, 65 ff., 96; Lehman, 159; Schorro, 101 u. ö.; Mediger GRUR 1951, 382 f.; Hirsch-Ballin, UFITA 18 (1954), 322; 32 (1960), 295; 35 (1961), 48 ff.; Savatier, 138; Voss, Das Orchester, Sept. 1959 (Beilage).

5) Lion GRUR 1927, 296 ff; Horst Röber, 33; Ellinger 16; Hepp, 128; Olagnier 172; Schramm, GF, 225; Haensel, 12; Goldbaum, Sch o L, 25; E. E. Hirsch, UFITA 26 (1958), 18; Schulze, IGU 5, 11 f.; Büchen, IGU 5, 77; Diss. 34; Möhring, IGU 6, 25, 28 f.; Nipperdey, IGU 10, 39 f.; Overath, IGU 11, 43 f. ;Süss, ebd. 56; Wawretzko, ebd. 76; Ulmer, § 27 III, 141; Gentz, GRUR 1960, 74; Kleine, GRUR 1960, 578; Strauß UFITA 32 (1960), 273; Pfennig, FuR 1960/11, 14; Peter, UFITA 33 (1961), 26; Streuli, Examen 10.

6) So neuestens Papaconstandinou 31; Konda, 4 f.; Büchen, Diss. 33 f. einerseits, Blomeyer, 25 f.; v. Rauscher auf Weeg, 20, 27; Spaic, UFITA 35 (1961), 33 f. andererseits.

allem auch, daß eine nicht geringe Anzahl namhafter Fachjuristen deutlich geschwankt und ihre Meinung im Laufe der Zeit sogar grundlegend geändert haben, und zwar bezeichnenderweise zum Teil in entgegengesetzter Richtung. [7]

Ähnliches ist auf dem Gebiete der höchstrichterlichen Rechtsprechung zu beobachten: Erst kürzlich ist das Schweizerische Bundesgericht von seiner früheren Ansicht ausdrücklich abgerückt, [8] und fast zur gleichen Zeit hat der deutsche Bundesgerichtshof seine Judikatur zu dieser Frage — wenn auch ohne äußeren Bruch mit früheren Grundsätzen — sehr stark weiterentwickelt, und zwar genau im umgekehrten Sinne. [9]

Diese innere Unsicherheit und leichte Wandelbarkeit der Auffassungen müssen zu der Überlegung führen, ob nicht ein Fehler bereits in den allgemein anerkannten Voraussetzungen dieser so verschiedenen und doch in sich wohlbegründeten Folgerungen liegt, ob nicht das überkommene Begriffssystem des Urheberrechts unzulänglich geworden ist und zur richtigen Einordnung der technisch bedingten neuen Schutzbedürfnisse abgewandelt und erweitert werden muß. [10]

Das Ziel der vorliegenden Arbeit ist es daher nicht, den zahlreichen Untersuchungen über die Rechte der ausübenden Künstler unter neuer Gruppierung und Betonung der alten, kaum mehr ergänzungsfähigen Argumente eine weitere an die Seite zu stellen. Es soll vielmehr versucht werden, die Grundlagen des Urheberrechts und der angrenzenden Rechtsgebiete neu zu überdenken, dabei den eigentlichen Grund für den unversöhnlichen Meinungsstreit aufzuzeigen und durch Klärung der Voraussetzungen mit Hilfe neuer Ordnungsbegriffe zu bestimmten, formal möglichst einfachen Reformvorschlägen zu kommen. Dabei wird es notwendig sein, das gesamte Gebiet des sogenannten „Leistungsschutzes" zunächst in die Betrachtung einzubeziehen. Erst nachdem der äußere Rahmen systematisch abgesteckt ist, kann sich die Darstellung mehr auf die Rechte der ausübenden Künstler konzentrieren. Um dem Vorwurf einseitiger Begriffsjurisprudenz zu begegnen, sind methodische Bemerkungen über den heuristischen Wert und die Ordnungsfunktion der neu eingeführten Begriffe unerläßlich. Es wird sich aber im Laufe der Untersuchung zeigen, daß die hier vorgeschlagene urheberrechtliche Systematik besser als die herkömmliche den ästhetischen, soziologischen und

---

7) (Hier und in den folgenden Anmerkungen bedeuten: (+) für, (—) gegen Urheberrecht oder — sachlich gleiches — urheberrechtsartiges Ausschließlichkeitsrecht des ausübenden Künstlers).
Kohler, UVR (1907), 137 (—); GRUR 1909, 230 (+); Hoffmann, GRUR 1927, 69 ff. +) GRUR 1932, 44 (—); de Boor, UVR (1917), 152 und UFITA 13 (1940), 185 (+); UFITA 18 (1954), 273 und Anm. bei Schulze BGHZ 3, 13 (—); Hubmann, R d sch G (1954), 36 f., 179 (+); IGU 9 (1959), 24, 42 (—); Troller L'artiste 1956, 29 ff., 31 (—); IGU 13 (1959), passim. (+).

8) Entsch. v. 7. 7. 1936, BGE 62 II, 243 (+); v. 8. 12. 1959, UFITA 31 (1960), 119 (—).

9) BGH v. 21. 11. 1952, BGHZ 8, 88 (90) (—); v. 31. 5. 1960, NJW 1960, 2043 (2044); 2051 (2053) (Frage der urheberrechtlichen Schutzfähigkeit ausdrücklich offengelassen, der Sache nach bejaht, vgl. Pfennig, FuR 1960/11, 14; Roeber, FuR 1960/11, 7; 1960/12. 6; Haeger, FuR 1960/11, 11.)

10) Ebenso Bodenhausen, Law & Contemporary Problems 19 (1954), 159.

rechtspolitischen Gegebenheiten entspricht, wie sie sich aus der technischen Entwicklung ergeben haben, und daß sie daher geeignet ist, die hauptsächlichen Streitfragen zumindest in einem neuen Lichte zu sehen und damit vielleicht zu ihrer Lösung beizutragen.

B. Hauptteil

1. Abschnitt: Einführung des Begriffs „Werkmittler".

§ 1 Die werkvermittelnden Leistungen und die herkömmlichen Materien des „Leistungsschutzes"

Es gehört auf einer fortgeschrittenen Kulturstufe zu den ganz seltenen Ausnahmen, daß der schöpferische Mensch sein Werk unmittelbar, d. h. ohne irgendwelche „Zwischenträger", anderen Menschen darbietet. Der heutige „Kulturverbraucher" ist Leser, Theater-, Konzert- und Museumsbesucher, er ist Rundfunkhörer und Fernsehzuschauer; fast immer treten zwischen die schöpferische Leistung des Autors und den Verstand des aufnahmebereiten anderen Menschen sonstige Leistungen künstlerischer, wissenschaftlicher, technischer, organisatorischer oder gewerblicher Art.
Grundsätzlich unterliegt auf dem Gebiete der Kunst und Literatur nur die schöpferische Leistung einem besonderen Rechtsschutz außerhalb der allgemeinen bürgerlich-rechtlichen Bestimmungen, nämlich dem Schutze des Urheberrechts. Die Rechtsentwicklung geht aber heute dahin, auch einem Teil der sonstigen, zwischen Schöpfer und Publikum vermittelnden Leistungen einen ähnlichen besonderen Rechtsschutz zu gewähren. Die neuen nach den nationalen und internationalen Entwürfen und Kodifikationen in Aussicht genommenen Rechte werden üblicherweise als dem Urheberrecht „verwandte" oder „benachbarte", auch als „angrenzende" oder „abgeleitete" Schutzrechte bezeichnet. Diese Terminologie ist mit Recht oft angegriffen worden, da sie die vielfach bestrittene enge Beziehung dieser Rechte zum Urheberrecht einfach voraussetzt und daher als petitio principii irreführend wirken kann.[1] Auch der in Deutschland häufig verwendete Begriff „Leistungsschutz" ist kaum glücklicher. Er vermeidet zwar eine suggestive Anlehnung an das Urheberrecht, ist aber allzu farblos und nichtssagend.[2] Auch der Sportler, der Schachspieler, der wissenschaftliche Forscher erbringen individuelle Leistungen, und doch steht deren Schutz durch Einführung besonderer Rechte nicht ernsthaft zur Debatte.[3] Richtiger erscheint es vielmehr, den Namen des Schutzrechts wie bei dem Ausdruck „Urheberrecht" von der Funktion seines Trägers herzuleiten und demgemäß von „Werkmittlerrechten" zu sprechen.

---

1) Vgl. Moll, 225; Gentz, GRUR Int 1957, 538; Goldbaum, Sch o L, 20 ff.; Troller, IGU 13, 17 f.; E. E. Hirsch, UFITA 26 (1958), 18; Hirsch Ballin, IGU 12, 5 f., 17; UFITA 32 (1960), 129 ff,; Neumann-Duesberg, UFITA 31 (1960), 163; Straschnov, 38; Hepp, 129; Bogsch, L'artiste 1956, 40; Plaisant, ebd. 73.

2) Ebenso Hirsch Ballin, IGU 12, 11.

3) Runge, UVR, 18, sieht die originelle Schachpartie als urheberrechtsfähig an; aA Hubmann, § 13 I, 83. Gegen ein besonderes Schutzrecht für den Sportler: Goldbaum aaO 21 f.; ebenso die hM in den USA, vgl. Deutsch, GRUR Int 1958, 126.

Dieser Gedanke ist nicht ganz neu. Bereits im Jahre 1956 hat Castanos zur Eröffnung der Zeitschrift „L'artiste exécutant, Le fabricant de phonogrammes, Le radiodiffuseur“ (erschienen als Beilage zu: Le Droit d'Auteur) in einem Aufsatz unter dem Titel „Les droits intermédiaires“ ausgeführt, es sei das gemeinsame Kennzeichen der ausübenden Künstler, der Hersteller von Tonträgern und der Sendegesellschaften, daß ihre Tätigkeit als Vermittlung zwischen Originalwerk und Publikum diene, und daher müsse man das jeweilige Schutzrecht als ein „Vermittlungsrecht“ („droit intermédiaire“ oder „droit de médiation“) bezeichnen.[4]) Nur Plaisant hat in der Folgezeit, soweit ersichtlich, den Ausdruck aufgegriffen,[5]) im übrigen blieb er unbeachtet und unbenutzt, zumal die genannte Zeitschrift ihr Erscheinen schon bald wieder einstellte. Kritisch äußerten sich lediglich Möhring-Elsaesser;[6]) doch hatten sie gegen die Terminologie als solche nichts einzuwenden, lehnten nur die rechtlichen Folgerungen Castanos' ab.[7])

Hier geht es zunächst nur darum, für die zwischen Werkschöpfer und „Konsument“ vermittelnden Leistungen eine brauchbare Sammelbezeichnung zu finden. Das Wort „Werkvermittlung“ wird auch schon von jeher als Oberbegriff für „Vortrag“, „Aufführung“, „Vorführung“, „Sendung“ benutzt,[8]) und der Ausdruck „(Werk-)Vermittler“ (oder kürzer: „Werkmittler“) findet sich nicht selten in Schrifttum und Rechtsprechung als gemeinsame Benennung der in Frage stehenden Rechtssubjekte, wobei manchmal nur an die gewerbliche Seite (vor allem an die Verleger) gedacht wird,[9]) manchmal nur an die künstlerische (die Interpreten),[10]) mitunter aber auch an beide zugleich.[11]) Die hier vorgeschlagene Einführung der Begriffe „Werkmittler“ und „Werkmittlerrecht“ entspringt also nicht einer Neuerungssucht um jeden Preis. Sie wird vielmehr angeregt und getragen von den zahlreichen, bisher allerdings unbeachtet gebliebenen und meist auch nur als „obiter dicta” gemeinten Äußerungen in Rechtsprechung und Literatur, die eine solche Begriffsbildung nahelegen. Sie ist vor allem gerechtfertigt im Interesse der Klarheit und Unmißverständlichkeit des Ausdrucks und durch die Notwendigkeit, möglichst vorurteilslos und unbelastet von der bisherigen „nachbarrechtlichen“ Terminologie an die zu lösenden Probleme heranzugehen.

Allerdings muß hier von vornherein einem gewichtigen Einwand begegnet werden: Nicht alles, was bisher üblicherweise unter den Sammelbegriffen „Leistungsschutz“ oder „angrenzende Rechte“ zusammengefaßt wurde, dient wirklich der Vermittlung fremder Geisteswerke. Zwar sind inzwischen der Brief- und der Bildnisschutz allgemein als Materien des reinen Persönlichkeitsrechts erkannt,[12]) vom deutschen Gesetzgeber auch

---

4) L'artiste 1956, 5 (Anm 1).
5) L'artiste 1956, 63, 71.
6) IGU 6, 36 f.
7) Dazu vgl. unten Seite 61.
8) vgl. Krause, „Zur Abgrenzung der Werkvermittlungsarten”, GRUR 1960, 14 ff.; Hubmann, § 9 II 1 c, 59; § 24 I 2, 117.
9) Marwitz, GRUR 1929, 665; de Boor, UFITA 21 (1956), 137; Neumann, GRUR 1957, 582; BGH NJW 1958, 459 (460 rSp); Hubmann § 7 VI, 42 f.
10) Ellinger, 16, 19 ff.; E. E. Hirsch, UFITA 26, (1958), 18; Möhring-Elsaesser aaO 20; BGH GRUR 1960, 623; Konda, 6; Raab, 19.
11) Lion, GRUR 1927, 296; De Sanctis, Enciclopedia del Diritto IV, 432 („mediatrici”); Troller, IGR, 64 ff., 379; UFITA 21 (1956), 217.
12) Hubmann, Rd sch G, 161 f.; Ulmer, UFITA 33 (1961), 3.

bereits in die geplante Persönlichkeitsrechtsnovelle zum BGB [13]) herübergenommen worden und daher aus dem Kreis der „benachbarten Rechte“ ausgeschieden. Übrig geblieben ist aber als Gegenstand des sogenannten „Leistungsschutzes“ neben der Textherausgabe und der Interpretation (die sich zwanglos als Werkvermittlung bezeichnen lassen) eine Reihe von Leistungen, deren Funktion entweder nicht ausnahmslos oder nur in seltenen Fällen oder auf den ersten Blick sogar überhaupt niemals in der Vermittlung von Geisteswerken besteht. Solche Leistungen sind: die Schallaufnahme, die Funksendung, das Lichtbild und die artistische Darbietung. [14]) Zwar steht bei der Sendung und vor allem bei der Tonträgerherstellung die Werkmittlerfunktion deutlich im Vordergrund; [15]) es wird aber häufig betont, daß der Schutz des Schallplattenfabrikanten und der Sendegesellschaft nicht davon abhängig gemacht werden könne, ob urheberrechtlich schutzfähige Werke festgehalten oder gesendet würden oder etwa nur Naturlaute, Nachrichten oder ähnliche Dinge. [16]) Noch weniger läßt sich von der Photographie im allgemeinen sagen, daß sie fremde Geisteswerke vermittle; ihr hauptsächliches Anwendungsgebiet ist vielmehr die Darstellung der Natur, des Menschen und sonstiger Dinge, die nichts mit menschlichem Schöpfergeist zu tun haben. Vollends nimmt der Artist nur in den seltensten Fällen ein fremdes Geisteswerk in seine „Nummer“ auf, sondern beschränkt sich im allgemeinen auf die Vorführung körperlich-technischer Fertigkeiten.

Der Begriff des Werkmittlers könnte sich also als nicht umfassend genug erweisen und damit als nicht geeignet, die bisherige Terminologie ganz zu ersetzen. Bezeichnenderweise ist aber die Ausgestaltung des Rechtsschutzes der Artisten, der Lichtbildner und der sonstigen „Sachmittler“ aller Art in Form der sogenannten „angrenzenden Rechte“ lebhaft umstritten, und so ist es nicht ausgeschlossen, daß gerade die Klarstellung der Funktion dieser Leistungen als nicht-werkvermittelnde hier zur Lösung mancher Streitfrage beitragen kann.

Was zunächst den Schutz der Photographie angeht, so darf die Rechtsordnung an der Tatsache nicht vorübergehen, daß es sehr viele verschiedene Arten von Lichtbildern gibt — von der mechanischen Pho-

---

[13]) Entwurf eines Gesetzes zur Neuordnung des zivilrechtlichen Persönlichkeits- und Ehrenschutzes (Bundesrats-Drucksache Nr. 217/59), abgedruckt in IGU 16 (Anhang).

[14]) Auch der Titelschutz wird mitunter als „dem Urheberrecht verwandte" Materie angesehen und dem Erfinder eines originellen Titels de lege ferenda ein Leistungsschutzrecht besonderer Art zuerkannt (vgl. Hubmann, R d sch G, 173 f.; kritisch v. Gamm, NJW 1959, 2106). So haben auch einige Reformentwürfe zugunsten eigenartiger Titel ein „verwandtes Schutzrecht" vorgesehen (§ 63 Entwurf 1932; §§ 88 bis 90 EntwDDR); jedoch ist dieser besondere Leistungsschutz bei näherem Zusehen rein wettbewerbsrechtlich ausgestaltet. In der gleichen Richtung liegt es, wenn die westdeutschen Urhebergesetzentwürfe von einer Regelung des Titelschutzes völlig absehen, da sie es nicht als Aufgabe eines Urheberrechtsgesetzes betrachten, eine Frage zu regeln, die in Wahrheit wettbewerbsrechtlicher Natur sei (RefE, Begr 76; MinE, Begr 66). Ob auch der Titelerfinder in manchen Fällen als Werkmittler bezeichnet werden könnte, braucht also nicht näher erörtert zu werden. Möglich wäre es jedenfalls dann, wenn der Titel eines Werkes — wie praktisch nicht selten — vom Verleger oder Lektor stammt, nicht vom Autor selbst.

[15]) ebenso Ulmer, RSch, 26.

[16]) So de Boor, UFITA 21 (1956); 140; Hubmann, R d sch G. 177 f., 182; Kleine, GRUR 1960, 578; entsprechend auch RefE §§ 82, 84; MinE §§ 90, 92.

tokopie über das laienhafte „Knipsphoto“ und die gekonnte gewerbliche Aufnahme (zur Bildberichterstattung, für Ansichtskarten oder Porträts) bis hin zur künstlerisch aussagekräftigen, auch „subjektiv“ oder „total“ genannten Photographie. [17])

Daß die letztere Urheberrechtsschutz verdient, wird ganz überwiegend anerkannt [18]) und wird auch von denen nicht bestritten, die wegen angeblicher Abgrenzungsschwierigkeiten gegenüber den nicht schöpferischen Lichtbildern allen gemeinsam nur ein gleiches „Leistungsschutzrecht“ minderen Umfangs gewähren wollen. [19]) Die photographische Technik mit ihren vielen Möglichkeiten [20]) ist eine Technik wie jede andere auch (z. B. des Malers, Bildhauers) und kann durchaus der Schaffung eines Kunstwerkes dienen. Freilich ist es angesichts der „Objektivität“ der Kamera schwer, mit ihr ein schöpferisch einmaliges, unverwechselbar persönliches Gebilde zustande zu bringen. Ein Blick in die photographischen Fachzeitschriften zeigt jedoch mit aller Deutlichkeit, daß viele Lichtbilder geschaffen werden, die zwar objektiv gesehen nur einen Ausschnitt der Wirklichkeit wiedergeben, die aber doch mehr sind als ein bloßer Abklatsch dieser Wirklichkeit, weil sie durch die besondere Sicht des Photographen neben dem rein tatsächlichen Bildgehalt einen darüber hinausgehenden, oft symbolischen, Aussagewert haben. [21])

Allerdings gibt es daneben auch sehr viele Lichtbilder, die nicht um ihrer selbst willen gemacht sind, deren einzige Funktion es vielmehr ist, fremde Werke der bildenden Kunst zu vermitteln; man denke nur an die photographischen Abbildungen in kunstgeschichtlichen Büchern. Auch hier, insbesondere bei der Wiedergabe von Architektur und Plastiken, kann es sehr auf das Verständnis und die Einfühlungsgabe des Photographen ankommen, damit das Kunstwerk durch den richtigen Blickwinkel, günstige Beleuchtung, vielleicht auch durch die Wahl eines passenden Hintergrundes „richtig“, d. h. dem künstlerischen Ausdruckswillen angemessen, dargestellt wird. [22]) Es kann hier zahllose feine Unterschiede in der Abbildung ein und desselben Werkes geben, und es leuchtet ein, daß diese — aber auch nur diese! — Tätigkeit des Lichtbildners derjenigen des musikalischen oder szenischen Interpreten sehr nahesteht. Insoweit läßt sich also die Photographie zwanglos als „Werkmittlerleistung“ bezeichnen.

Es bleiben nun freilich neben den Lichtbild„werken“ und -„werkvermittlungen“ noch die wohl weitaus überwiegende Zahl der Photographien gewerblicher Art übrig, die sich in der bloßen Wiedergabe rein tatsächlicher Gegebenheiten erschöpfen. Landschaftsaufnahmen, Bilder des Tagesgeschehens, Aufnahmen für Paßbilder spiegeln in aller Regel nicht

---

17) Vgl. Karl Pawek, Totale Photographie, Olten 1960.

18) von Moll, 191; Schramm GF 220; Furler, 83; Hirsch Ballin, IGU 12, 9 f.; Riedel, NJW 1959, 2099; Troller, IGR 441; aA Hubmann, § 53 I, 212.

19) So Ulmer, § 95 I 2, 424; Kleine, BBl 1961, 587; RefE §§ 68 ff.; MinE §§ 77 ff.; dagegen mit Recht: Hirsch Ballin, UFITA 32 (1960), 140 f.; Schramm, GF, 221.

20) Man denke nur an Doppelbelichtung, Papierwahl, Retuschen aller Art.

21) Treffend Goldbaum, WUA, 18: „Es ist das Auge des Photographen und nicht der technische Vorgang der Strahlenenergie, wodurch die Photographie ein Kunstwerk wird.“

22) Ebenso Troller, IGR, 454; aus ästhetischer Sicht: Richard Hamann, Original und Kopie, Marburger Jahrbuch für Kunstwissenschaft 15 (1949/50), 138 f.

so stark die Persönlichkeit des Photographen, daß nicht auch ein anderer mit den gleichen technisch-handwerklichen Kenntnissen, vor dieselbe Aufgabe gestellt, im wesentlichen das gleiche Bild herstellen würde. Man denke nur an den Schwarm von Reportern, die bei einem politischen oder sportlichen Ereignis gleichzeitig oder kurz nacheinander von derselben Stelle aus photographieren. Hier kann von einer schöpferischen Eigenart des einzelnen keine Rede sein, ein Urheberrechtsschutz kommt daher de lege ferenda nicht in Betracht. [23]) Dennoch ist ein berechtigtes Interesse des Photographengewerbes nicht zu verkennen, auch für diese nicht-schöpferischen Leistungen den bislang durch § 1 KUG gewährten Schutz gegen die arbeits- und kostensparende Aneignung durch einen „Schmarotzer“ auch weiterhin zu behalten. Man könnte versuchen, diesen Rechtsschutz aus dem Wettbewerbsrecht herzuleiten. Es sei an die frühe Entscheidung des Reichsgerichts [24]) erinnert, in der es das Nachpressen von Schallplatten als unlauteren Wettbewerb nach § 1 UWG verurteilt hat, noch bevor über § 2 Abs. 2 LUG der Tonträgerindustrie ein besonderes Schutzrecht zur Verfügung stand. Dieses Erkenntnis hat inzwischen nichts von seiner Berechtigung verloren. [25]) Die Rechtsprechung würde es gewiß aufgreifen und auf den analogen Fall der „Raubkopie“ eines Lichtbildes übertragen, wenn das nach allgemeiner Ansicht [26]) zu weit gehende und das Urheberrecht unnötig belastende Kunstschutzrecht aller Photographien abgeschafft würde. Allerdings ist zu beachten, daß sich die höchstrichterliche Rechtsprechung zu § 1 UWG seit jener Reichsgerichtsentscheidung insofern grundlegend gewandelt hat, als nicht schon jede beliebige mühe- und kostensparende Ausnutzung eines fremden Arbeitsergebnisses als „unlauter“ angesehen wird, sondern nur dann, wenn besondere Umstände hinzutreten, die das Verhalten des Konkurrenten als sittenwidrig erscheinen lassen. [27]) Im Interesse der Rechtssicherheit wird man deshalb nicht umhin können, den gewerblichen Lichtbildern de lege ferenda ein besonderes Schutzrecht zu widmen. Nur ist nicht recht einzusehen, warum die rein dokumentierende Sachphotographie im systematischen Rahmen des Urheberrechts geschützt werden soll. Der Sache nach wäre eher das Geschmacksmusterrecht zuständig; denn auch bei den gewerblichen Mustern und Modellen handelt es sich um nicht-schöpferische, also nicht kunstschutzfähige, aber doch schutzwürdige Gegenstände. [28]) Die veralteten Bestimmungen des Geschmacksmusterrechts sind allerdings

---

[23]) Die französische Rechtsprechung verneint ebenfalls den Urheberrechtsschutz für Landschaftsaufnahmen, da in der glücklichen Auswahl des aufzunehmenden Gegenstandes noch keine künstlerische Leistung liege (Cour de Cassation v. 23. 6. 1959, GRUR Int 1960, 478 Nr. 1605).

[24]) v. 7. 4. 1910, RGZ 73, 294 (297); bestätigt 11. 7. 1925, RGZ 111, 254 — „Käthe-Kruse-Puppen“.

[25]) Ebenso Marwitz, UFITA 3 (1930), 309; Haensel, 102; Hirsch Ballin, IGU 12, 15; auch BGH v. 31. 5. 1960 — „Künstlerlizenz bei öff. Wiedergabe v. Rundfunksendungen“ —, NJW 1960, 2048 (2050 rSp), beruft sich heute noch auf dieses Urteil.

[26]) Ulmer, § 95 I 1, 423; Stellungnahme der IGU 16, 10; Goldbaum, Einl I vor § 1 LUG, 11.

[27]) RG v. 13. 2. 1929, MuW XXIX, 220 f.; v. 19. 3. 1932, RGZ 135, 385 (393 ff.); BGH v. 22. 1. 1952, BGHZ 5, 1 (11 ff.), bestätigt in GRUR 1953, 40.

[28]) Ebenso Hubmann, Festschrift Hueck, 57.

in ihrer Schutzwirkung zeitlich ungenügend und mit ihren Formalitäten zu umständlich. Es wird seit langem eine Reform dieses Rechtsgebiets befürwortet. [29]) Somit könnte man daran denken, den angemessenen Schutz der unschöpferischen Sachphotographie gemeinsam mit dem der Muster und Modelle durch ein besonderes gewerbliches Schutzrecht zu gewährleisten.

Jedenfalls muß eines ganz klar herausgestellt werden: Was in keinerlei Beziehung zu menschlichem Schöpfergeist steht — sei es durch Schaffung oder Vermittlung geistiger Werke — kann nicht beanspruchen, als Urheber- oder Werkmittlerleistung angesprochen und diesen oder jenen rechtlich gleichgestellt zu werden. Es ist demnach durchaus sachgerecht und keine willkürliche Maßnahme, den Leistungsschutz des Lichtbildners, soweit es dabei nicht irgendwie um schöpferische Werke geht, aus einer urheberrechtlichen Betrachtung auszuklammern und auf ein anderes Rechtsgebiet zu verweisen. Damit zeigt sich aber zugleich, daß die hier eingeführte „Werkmittler"-Terminologie nicht unzulänglich und sogar nützlich ist; denn sie macht deutlich, daß der photographische Apparat mehreren völlig verschiedenen Funktionen dienen kann: dem Werkschaffen, der Werkvermittlung und der sachlichen Dokumentation.

Diese verschiedenen Funktionen sind hier genauso streng zu unterscheiden wie auf anderen Gebieten. Wer mit dem Federhalter auf ein Blatt Papier schreibt, kann ein Gedicht oder eine formlose Notiz, einen Essay oder einen brieflichen Bericht über alltägliche Erlebnisse in alltäglichem Stil zustande bringen — je nachdem genießt die Niederschrift urheberrechtlichen Schutz oder nicht. Niemand käme auf den Gedanken, die rechtlichen Folgerungen nur deshalb zu verallgemeinern, weil jedesmal Papier und Schreibgerät als technisches Mittel verwendet werden. Das Gleiche gilt für den Zeichner: Er kann aus seiner Phantasie heraus oder nach der Natur zeichnen — das Ergebnis wird stets ein urheberrechtsfähiges Werk sein. Er kann ein vorgegebenes Bildwerk aus freier Hand abzeichnen oder (mit Hilfe von Pauspapier, Storchschnabel, Zirkel, Lineal u. ä.) sklavisch kopieren oder eine technische Planskizze nach vorgegebenen Daten anfertigen — hier zögert man bereits, von einer „schöpferischen" Leistung zu sprechen, und so ist beispielsweise der Urheberrechtsschutz des Kartographen und technischen Zeichners nach wie vor umstritten. [30]) Kein taugliches Argument für oder gegen diesen Schutz ist jedenfalls die Gleichartigkeit des Handwerkszeuges in allen hier genannten Fällen. Am deutlichsten wird schließlich der Vorteil einer klaren, funktionsbestimmten Terminologie, wenn man Lichtbild und Schallträger miteinander vergleicht: Es kann jemand seine eigene musikalische Improvisation auf Tonband aufnehmen, oder aber seine Interpretation eines fremden Musikstücks oder schließlich eine beziehungslose Tonleiter oder Akkordfolge (etwa zur akustischen Prüfung des Musikinstrumentes oder eines Raumes). In allen Fällen werden dieselben Geräte verwendet, es entsteht auch, äußerlich betrachtet, jeweils das gleiche technische Produkt: ein bespieltes Magnetophonband. Dennoch wäre es absurd, diese Leistungen jeweils rechtlich gleich zu bewerten, und daher unzweckmäßig, sie auch nur gleich zu benennen. Insbesondere wird an diesem Beispiel

---

[29]) Vgl. Furler, 84 ff.

[30]) Vgl. Marwitz-Möhring, Anm. 27, 28 zu § 1 LUG; Voigtländer-Elster-Kleine, Anm C 2 zu § 1 LUG; bejahend die französische Rspr.: Cour de Lyon v. 17. 3. 1955, GRUR Int 1957, 144 Nr. 478. Cour de Paris v. 2. 7. 1956, GRUR Int 1958, 463 Nr. 1692, gewährt Urheberrechtsschutz für die genaue Abzeichnung eines mikroskopisch vergrößerten Zellenschnitts. Ebenso BGHZ 18, 319 (322) für Bebauungspläne.

klar, daß der sogenannte „Leistungsschutz“ des ausübenden Künstlers (Werkmittlers) etwas ganz anderes ist als der bisher noch kaum ins Auge gefaßte „Leistungsschutz“ des „Akustographen“, des Schallbildners, der einfach irgendwelche vorgegebenen Töne (z. B. auch Naturlaute) mit Hilfe einer technischen Apparatur aufzeichnet, ähnlich wie es der Photograph mit den durch das Licht vermittelten Sinneseindrücken tut.[31])

Die Herstellung eines Lichtbildes ist also ähnlich komplexer Natur wie die eines Schallträgers: Der technische Teil der Leistung (Auswahl und Einlegen des Films, Einstellen von Entfernung, Belichtungszeit und Blende, Auslösen des Verschlusses, Entwickeln, Kopieren, Vergrößern) entspricht der Bedienung des lediglich fixierenden und danach das Fixierte wiedergebenden Tonbandgerätes und muß unterschieden werden von der Motivwahl, der Wahl des Aufnahmestandortes, der Brennweite des Objektivs, kurz: der „Sicht“ des Gegenstandes, der „Bildkomposition“ — was bei der Schallträgerherstellung entweder der eigenen Erzeugung der Töne oder dem Aussuchen einer vorgegebenen Tonquelle gleichkommt.

Es leuchtet demnach ein, daß je nachdem, ob neben die technische Leistung eine schöpferische oder eine künstlerisch-vermittelnde Leistung tritt oder ob die technische Leistung überhaupt alleinsteht, ein ganz anderer Sachverhalt gegeben ist, den man nicht einfach mit „Leistung des Photographen“ verallgemeinern darf. Der Begriff „Leistungsschutz“ enthält also bezüglich des Lichtbildes mehrere Komponenten, von denen sich die rein technische Seite allerdings mit dem Begriff „Werkvermittlung“ nicht fassen läßt. Das spricht aber nur gegen die allzu summarische Bezeichnung „Leistungsschutz“, welche die technischen und künstlerischen Elemente in unklarer Weise vermengt. Die hier vorgeschlagene Terminologie hat demgegenüber den Vorzug, die jeweils verschiedene Funktion des Lichtbildners differenzierter herauszustellen und damit feinere Kriterien für die Abstufung des Rechtsschutzes zu liefern.

Es ist zwar zuzugeben, daß die Art der Leistung keine wesentlich andere ist, ob jemand etwa eine im Freien aufgestellte Plastik oder eine Landschaft photographiert. Beides kann entweder in bloß technisch-dokumentierender oder in künstlerisch-eigenwilliger Weise geschehen. Danach könnte die Unterteilung der Lichtbilder in Werk- und „Sach“-mittlerleistungen willkürlich und überflüssig erscheinen. Für eine urheberrechtliche Betrachtung kann es aber nicht gleichgültig sein, ob die Leistung ein vorgegebenes urheberschutzfähiges Werk verwertend einbezieht oder ob sie nur an urheberrechtlich ganz irrelevanten Dingen geübt wird. Die Gleichartigkeit der Leistung ist wohl ein starkes Argument für eine entsprechende Gleichartigkeit des Rechtsschutzes. Es soll auch die Möglichkeit gar nicht in Abrede gestellt werden, daß vielleicht beide Arten von Lichtbildern letzten Endes rechtlich gleich zu behandeln sind. Die Antwort auf diese Frage kann aber erst am Schluß als ein Ergebnis dieser Untersuchung gegeben werden.[32]) Zunächst handelt es sich nur darum, nachzuweisen, daß der Begriff „Werkmittler“ auch auf dem Gebiete der Photographie seinen Sinn hat[33]) und daß er nicht einfach deshalb als unzulänglich ab-

31) Voge, Musica 15 (1961), 419, spricht hier treffend von der „Ebene physikalischer Anonymität“.

32) Vgl. unten Seite 99.

33) Schramm, GF 221; Moll, 197. Das schweizerische URG unterscheidet ausdrücklich Werke der Photographie (Art. 2) und photographische Wiedergaben von Werken, die als Werke zweiter Hand geschützt sind (Art. 4 Abs. 1 Ziff. 2).

getan werden kann, weil nicht alle schutzwürdigen Lichtbilder die Funktion haben, fremde Bildwerke zu vermitteln.

Entsprechendes gilt auch für die Leistungen der Tonträgerhersteller und der Sender. Auch sie können es mit urheberrechtsfähigen Werken oder mit sonstigen Dingen (Naturgeräuschen, Nachrichten und Dokumentarberichten ohne eigenschöpferische Gestaltung) zu tun haben. Die Art der Leistung mag im wesentlichen die gleiche sein. Dennoch ist es vertretbar, auch auf die Gefahr eines sich später vielleicht als notwendig und richtig erweisenden gleichartigen Rechtsschutzes zunächst die Werkmittler unter den Tonträgerfabrikanten und Sendern gesondert zu betrachten und von den bloßen „Sachmittlern“ begrifflich zu unterscheiden. So wie es ein schwerer Fehler und ein Rückfall in die Methoden einseitiger Begriffsjurisprudenz wäre, aus dem für mehrere Tatbestände einheitlichen sprachlichen Begriff auf eine notwendigerweise gleiche Rechtsfolge schließen zu wollen, [34]) so kann es umgekehrt nicht falsch sein, rechtlich möglicherweise gleichzuachtende Dinge zum Zwecke der Klärung und Erarbeitung der lex ferenda zunächst verschieden zu bezeichnen. Ob die als Handwerkszeug aufgestellte und benutzte Terminologie der schließlich erarbeiteten rechtlichen Regelung systematisch genügt, ist eine andere Frage, die an späterer Stelle dieser Untersuchung zu erörtern ist und erst dort beantwortet zu werden braucht. [35])

Schließlich werden auch die Artisten aller Art (Clowns, Akrobaten, Zauberkünstler, Tierstimmenimitatoren) von dem Begriff „Werkmittler“ nicht gedeckt. Das wird all denen als Unzulänglichkeit erscheinen, die auch den Artisten als „ausübenden Künstler“ ansehen und daher dem Interpreten rechtlich gleichstellen wollen. [36]) Diese Ansicht ist jedoch in der Literatur nicht unbestritten,[37]) und die deutsche Urheberrechtsreform ist ihr bisher nicht gefolgt. [38]) Bezeichnenderweise hat auch das internationale Leistungsschutzabkommen von 1961 nur den Schutz der werkvermittelnden Leistungen für die Vertragsstaaten verbindlich festgelegt, es dagegen den einzelnen Ländern überlassen, ob sie auch die Artisten in gleicher Weise schützen wollen oder nicht. [39])

Es gilt hier sinngemäß das Gleiche, was oben zum Rechtsschutz der Photographie gesagt wurde: Manche artistische Leistung — man denke etwa an Grocks berühmte Clownerien mit der winzigen Geige — läßt sich meines Erachtens als schöpferisches, urheberrechtsfähiges Werk ansprechen, nämlich dann, wenn sie sketchartig einen geistigen Inhalt zum Ausdruck bringt. [40]) Ausnahmsweise kann auch der Artist zum

---

[34]) de Boor, UFITA 16 (1944), 349; dazu eingehend unten Seite 64 f.
[35]) Vgl. unten Seite 26.
[36]) So Plaisant, L'artiste 1956, 71; Möhring-Elsaesser, IGU 6, 39; Kleine, GRUR 1960, 578; Streuli, Examen 10.
[37]) aA zB Ulmer, RSch 36 f.; Strauß, UFITA 32, (1960), 273 f.; Konda, 12 ff.; Papaconstandinou, 16.
[38]) MinE, Begr 66, 69.
[39]) Art. 3 (a), 9; vgl. auch Wallace im Generalbericht über den Haager Entwurf, UFITA 32 (1960), 332.
[40]) Ebenso De Sanctis, Enciclopedia del Diritto III, „artisti esecutori“, 10 aE.

werkvermittelnden Interpreten werden, etwa wenn jemand im Rahmen einer Variété-Veranstaltung den Klang einer Orgel auf dem Akkordeon täuschend echt nachahmt und dabei ein Präludium von Bach zum besten gibt. Beschränkt sich die Leistung dagegen auf die Darstellung rein körperlicher oder auch geistig-kombinatorischer Fertigkeiten (so z. B. beim Schnellrechner, Schachspieler), so kommt ein Rechtsschutz im Rahmen des Urheberrechts so wenig in Frage wie bei allen sportlichen Betätigungen, für die ein besonderes Schutzrecht überhaupt bisher kaum ernstlich in Erwägung gezogen wurde. [41]) Der Begriff „Werkmittler" hat also auch hier den Vorzug einer besseren Klärung und feineren Unterscheidung dessen, was häufig unzulässigerweise in der mehrdeutigen Bezeichnung „ausübender Künstler" zusammengefaßt wird: des Interpreten fremder Geisteswerke und des zu menschlichem Schöpfergeist regelmäßig in keinerlei Beziehung stehenden Artisten.

Nachdem sich also die grundsätzlichen Einwände gegen die Brauchbarkeit der Begriffe „Werkmittler" und „Werkmittlerleistung" zur systematischen Erarbeitung des Rechtsschutzes der ausübenden Künstler und sonstiger Leistungsschutzberechtigter als nicht stichhaltig erwiesen haben, kann nunmehr des näheren dargestellt werden, was im einzelnen im Anwendungsbereich dieser Terminologie liegt.

§ 2 Die verschiedenen Arten der Werkmittler.

Selbstverständlich entfalten diejenigen, die als Werkmittler an irgendeiner Stelle zwischen dem Schöpfer und seinem Publikum stehen, im einzelnen sehr verschiedenartige Tätigkeiten, und es wäre abwegig, alle Werkmittlerleistungen als gleich schutzwürdig anzusehen und allen Werkmittlern die gleichen besonderen Schutzrechte zukommen zu lassen.

So ist es schon häufig betont worden, daß die Tonträgerhersteller und Sendegesellschaften mit ihren Toningenieuren rechtlich anders behandelt werden müßten als die ausübenden Künstler.[1]) So liegt es auf der Hand, daß der Theater- oder Filmunternehmer eine andere Rechtsstellung haben muß als sein Regisseur oder seine Schauspieler, und daß sich diese wiederum nicht ohne weiteres mit den Statisten, dem Beleuchter oder den Bühnenarbeitern vergleichen lassen.

Trotz dieser scheinbar unübersichtlichen Vielfalt von Werkmittlerleistungen führt eine nähere Betrachtung der Personenkreise, die als Werkmittler in Frage kommen, leicht zu einer Einteilung in mehrere Gruppen, die in sich wesentliche Gemeinsamkeiten aufweisen und demgemäß auch eine rechtliche Gleichbehandlung nahelegen.

Es lassen sich drei grundverschiedene Arten von Werkmittlerleistungen in der heutigen gesellschaftlichen Wirklichkeit feststellen: die organisatorische, die technische und die individuell geprägte (künstlerische oder wissenschaftliche) Leistung.

---

[41]) Vgl. Ulmer, RSch, 36 f.; Goldbaum, Sch oL, 21 f. gegen Hubmann, R d sch G, 161 Anm 9.

[1]) Ellinger, 38; Moll, 165; Kopsch, UFITA 20 (1955), 287; Plaisant, L'artiste 1956, 73; Hirsch Ballin, IGU 12, 24; Kleine, GRUR 1960, 578; BGH v. 31. 5. 1960 — „Künstlerlizenz bei öff. Wiedergabe von Schallplatten" — NJW 1960, 2051 (2055 lSp); Spaic, UFITA 35 (1961), 35, 37.

Der organisatorische Werkmittler ist derjenige, der planmäßig, in der Regel mit Hilfe von Kapital, technische oder künstlerische (oder beide) Werkmittler einsetzt, um schöpferische Werke einem möglichst breiten Publikum zugänglich zu machen, also z. B. der Verleger, der Hersteller von Tonträgern, die Sendegesellschaft,[2]) der Konzertagent, der Filmhersteller, die Leiter von Bibliotheken und Museen. Technische Werkmittler sind demgegenüber die Drucker, Notenstecher, Toningenieure, Beleuchter, Schnittmeister, Kameramänner, Filmvorführer, technischen Bibliothekbare — also alle diejenigen, die rein handwerklich der Vervielfältigung des Werkes oder auf sonstige Weise seiner Massenwirksamkeit dienen. Schließlich tritt die besonders für Musik, Theater und Film wichtige Gruppe der künstlerisch-individuellen Werkmittler hinzu, also die der Dirigenten, Musiker, Regisseure, Schauspieler, kurz: der ausübenden Künstler.

Aus dieser zunächst nur unvollständig skizzierten Bestandsaufnahme[3]) lassen sich drei verschiedene soziologische Funktionen der Werkvermittlung entnehmen: Erstens die Auswahl des Kulturgutes (mitunter auch die Anregung zum Werkschaffen), seine Propagierung und Verbreitung in den interessierten Kreisen. Zweitens die technische Ermöglichung einer breiten Wirkung des Kulturgutes. Drittens die geistige Erschließung des Kulturgutes dort, wo es der Konsument allein nicht oder nur unvollkommen erfassen kann.

Diese verschiedenen soziologischen Funktionen der organisatorischen, technischen und künstlerischen Werkmittler rechtfertigen es, von der Vermutung auszugehen, daß die Rechtsstellung dieser verschiedenen Gruppen sowohl in sich einheitlich, als auch im Vergleich untereinander verschieden gestaltet sein muß.

Im folgenden sollen deshalb diese Personenkreise jeweils zunächst noch genauer und vollständiger umschrieben, sodann auf ihre Rechtsstellung de lege lata und schließlich de lege ferenda untersucht werden. Dabei wird sich die Darstellung bei den organisatorischen und technischen Werkmittlern (wie schon in der Einleitung angekündigt) auf die groben Umrisse beschränken müssen, um den Umfang der Arbeit nicht allzu weit auszudehnen.

2. Abschnitt: Grundzüge des Rechts der organisatorischen und technischen Werkmittler.

§ 3 Der Rechtsschutz des organisatorischen Werkmittlers.

I. Genaue Umschreibung des Personenkreises.

Grundvoraussetzung einer breiten Massenwirkung schöpferischer Werke ist das Vorhandensein und der persönliche Einsatz von Menschen, die

---

2) ebenso Moll, 169, 199 f.; ähnlich Banaschewski, 57; Bussmann, UFITA 18 (1954), 32.

3) Über den vollständigen Kreis der künstlerischen und sonstigen individuellen Werkmittler vgl. unten Seite 31.
Bewußt beiseitegehalten sind die nur verteilenden Werkmittler (wie Buchhändler, Filmtheaterbesitzer), die zwar auch eine wichtige kulturelle Funktion haben, deren Leistung aber eindeutig mit den Einkünften aus ihrem Gewerbe abgegolten ist und keines besonderen Schutzes bedarf.

mit Hilfe der von der Technik geschaffenen Massenmedien die Begegnung zwischen dem Autor-Werk und dem Publikum organisieren. Es genügt für ein reiches Kulturleben nicht, daß von einzelnen Menschen schöpferischer Geist aufgewendet und im stillen Kämmerlein Werke produziert werden. Es müssen außerdem Persönlichkeiten da sein, die mit einem sicheren Blick für das Wertvolle oder jedenfalls allgemein Interessierende geistige Schöpfungen auswählen und mit einem (nicht minder wichtigen) organisatorischen und geschäftlichen Talent für deren Verbreitung und gegenseitige Befruchtung sorgen. Zu diesen persönlichen Fähigkeiten muß der Einsatz eines gewissen, in der Regel recht beträchtlichen, Kapitals hinzukommen, das von den Erträgnissen erst auf längere Sicht wieder aufgewogen wird, unter Umständen sogar ganz oder teilweise verloren sein kann.

Zwar mag es ausnahmsweise vorkommen, daß z. B. ein Schriftsteller vermögend und geschäftstüchtig genug ist, seine Werke im Selbstverlag herauszugeben. Der Selbstverlag ist aber meist nur die Zuflucht dessen, der keinen Verleger für sein Werk findet, folglich fast immer ein Verlustgeschäft und daher für die kulturelle Wirklichkeit keineswegs typisch. Vor allem aber ist der schöpferische Mensch selten ein guter Organisator und Kaufmann. Er hat kein Interesse an geschäftlichen Dingen, wohl auch zu wenig Abstand von seinem Werk, um dessen Aussichten auf dem Kulturmarkt richtig beurteilen zu können. Daher gibt es von jeher auf allen Gebieten der Kunst und Literatur den Stand der auswertenden Vermittler fremden Geistesgutes, die hier wegen des Schwerpunkts ihrer Funktion im Organisatorischen „organisatorische Werkmittler" genannt werden.

Organisatorische Werkmittler sind: die Buchverleger (einschließlich der Verleger von Musikalien), die Schallplattenfabrikanten, die Hörfunk- und Fernsehsendegesellschaften, die Filmhersteller, die Theaterunternehmer mit ihrer Dramaturgie, die Konzertagenten, die Galerie- und Museumsdirektoren, auch die Leiter von Bibliotheken und Phonotheken, die für Auswahl und Anschaffung des Schrifttums oder der Schallplatten verantwortlich sind. Sie alle erbringen für das kulturelle Leben wertvolle und unentbehrliche Leistungen. Es ist zu prüfen, welchen Rechtsschutz diese organisatorischen Werkmittlerleistungen gegenwärtig genießen, ob dieser Rechtsschutz ausreichend ist oder ob (und gegebenenfalls welche) Reformen notwendig sind.

II. Geltendes Recht und Reformvorschläge in rechtsvergleichender Sicht.

Es muß zunächst festgestellt werden, daß als rechtliches Schutzobjekt von vornherein nur solche Leistungen der organisatorischen Werkmittler in Betracht kommen, die sich in einem bestimmten Leistungsergebnis objektivieren. „Leistungsschutz" ist nur dann notwendig und sinnvoll, wenn die Gefahr besteht, daß ein anderer sich die Leistung aneignen und ohne eigenen geistigen oder materiellen Aufwand zunutze machen kann. [1])

[1]) Ähnlich Gentz, GRUR Int 1957, 539: Die Gemeinsamkeit aller Leistungsschutz-Tatbestände liege darin, daß sie den wirtschaftlichen Schutz von Personen oder Gesellschaften behandeln, die man bestehlen könnte, ohne ihnen eine körperliche Sache wegzunehmen.

Was also nicht als selbständiger Gegenstand, losgelöst von dem jeweiligen Werkmittlersubjekt, besteht, kann auch nicht Gegenstand eines besonderen Rechtsschutzes sein.

Mit viel Mühe und Geschick geknüpfte und gepflegte Verbindungen zu Künstlern zum Beispiel, die Aneignung von Fachwissen, der Aufbau und die Führung eines verlegerischen oder sonstigen organisatorischen Werkmittlerunternehmens unter Heranziehung tüchtiger Mitarbeiter — all das sind wesentliche, ja eigentlich die grundlegenden Leistungen des organisatorischen Werkmittlers, auf denen alles Weitere aufbaut. Dennoch bedarf es kaum näherer Begründung, daß solche Leistungen als Rechtsobjekt nicht in Frage kommen, weil sie eben ihrer Natur nach unlösbar mit der Person des Leistenden verbunden und daher von fremder Seite nur zum Vorbild genommen, nicht als fertiges, einfach kopierbares Muster ausgeschlachtet werden können.[2])

Im Bereich eines möglichen Rechtsschutzes bleiben also nur die organisatorischen Leistungs**ergebnisse**, die Produkte von Auswahl-, Kapital- und Organisationsleistung, also das Buch, die Schallplatte, die Sendung, der Film, die Inszenierung, das Konzertprogramm, die Bildreproduktion, die „Hängung" in der Galerie sowie der Magazinbestand einer Bibliothek oder Phonothek, wie er sich in den Katalogen niederschlägt. Diese Leistungsergebnisse sind nach geltendem Recht zum größeren Teil urheberrechtlich, teilweise auch nur wettbewerbsrechtlich oder sogar überhaupt nicht vor Nachahmung und Ausbeutung geschützt. Ein Buch darf gemäß §§ 1, 11 LUG von Unbefugten nicht nachgedruckt, eine Schallplatte nach §§ 2 Abs. 2, Abs. 1, 11 LUG nicht nachgepreßt, ein Film nach §§ 15a KUG, 1, 11 LUG analog [3]) nicht kopiert, ein Hörspiel nach den gleichen Grundsätzen des Urheberrechts nicht fixiert und wiederholt werden. Dieser Schutz gründet sich allerdings auf die urheberrechtlich allein wesentliche Leistung der Werkschöpfer, die hinter den Produkten der Verleger, Schallplattenfabrikanten, Filmhersteller und Sendegesellschaften steht, nicht auf deren besonders geartete Vermittlerleistung.

a) Für die **Bücher**produktion ist das unbestritten, seit das einstige Druckprivileg des Verlegers, das allein auf der sittlichen Verurteilung unanständig schädigenden Wettbewerbes gegen den literarischen Unternehmer beruhte, [4]) über die Lehre vom Verlagseigentum und den Gedanken des Gewerbeschutzes [5]) zu den Grundsätzen des geistigen Eigentums und damit zum Urheberrechtsschutz des Geisteswerkes geführt hat. So gründet sich der Rechtsschutz des Verlegers heute im allgemeinen auf das Urheberrecht des Autors, das dieser teilweise — nämlich soweit es die Verfügungsmacht über Vervielfältigung und Verbreitung

---

[2]) vgl. die Sentenz: „Was du bist und weißt, das kann dir niemand rauben." — Dieser „good will" eines Unternehmens kann zwar nicht „gestohlen", wohl aber durch äußere Eingriffe gestört („beschädigt") werden. Insoweit ist natürlich auch ein rechtlicher Schutz denkbar und von der Rspr. über § 823 BGB („Recht am eingerichteten und ausgeübten Gewerbebetrieb") und § 1 UWG bereits verwirklicht.

[3]) hM, vgl. **Ulmer**, § 26 I 2, 134.

[4]) Oscar **von Hase**, Die Koberger, 2. Aufl., Leipzig 1885, 214, zit. bei Gieseke aaO, 36.

[5]) **Gieseke**, 51 ff., 62.

bedeutet — vertraglich auf den Verleger überträgt und ihm damit das sogenannte „Verlagsrecht“ in die Hand gibt.[6])
Hinzu kommt allerdings für die Verlagsproduktion von urheberrechtlich nicht mehr geschützten Werken unter bestimmten Umständen die Möglichkeit eines Rechtsschutzes nach § 1 UWG. Zwar wäre es ein grober Fehler, die 50jährige Schutzfrist des Urheberrechts mittels der wettbewerblichen Generalklausel zu umgehen und damit praktisch ein „ewiges“ Urheberrecht zu schaffen. Selbstverständlich ist es jedermann gestattet, ein gemeinfrei gewordenes Werk nachzudrucken: Das ist ja geradezu der Sinn der Befristung des Urheberrechtsschutzes. Aber es ist dennoch als Verstoß gegen die Grundsätze des lauteren Wettbewerbes anzusehen, wenn jemand ein urheberrechtlich gemeinfreies Verlagsobjekt — etwa durch photomechanischen Nachdruck — in der Weise schmarotzerhaft nachbildet, daß er sich die von seinem Vorgänger aufgewandten Überlegungen, Mühen und Kosten einfach aneignet und sich dadurch ohne eigenes Verdienst Vorteile am Markt sichert.[7]) Es sind dies die gleichen Überlegungen, die bereits oben[8]) zum Rechtsschutz der nicht-künstlerischen Photographie gegen die unlautere „Raubkopie“ angestellt wurden. Jedenfalls ist — ganz im Gegensatz zu den systematisch verfehlten „Leistungsschutz“-Entwürfen bezüglich der Photographie — ein besonderer Rechtsschutz der Werkmittlerleistung des Verlegers bisher weder in Deutschland noch in anderen Ländern vorgesehen.[9])

Nur England bildet hier eine Ausnahme. Das englische Recht gewährt neuerdings als sogenanntes „ancillary right“ dem Verleger ein auf 25 Jahre befristetes Copyright an der typographischen Gestaltung von Ausgaben literarischer, dramatischer oder musikalischer Werke, das vor Reproduktionen mittels photographischer oder ähnlicher Verfahren schützt.[10])

b) Wesentlich verwickelter sind dagegen die rechtlichen Verhältnisse bei der Tonträgerfabrikation: Nachdem im Jahre 1910 durch Einfügung des § 2 Abs. 2 LUG zugunsten der Schallplattenindustrie ein urheberrechtlicher Schutz der technischen „Vorrichtung“ eines Tonträgers als „Bearbeitung“ eingeführt wurde, lag der Gedanke nahe, daß hier eigentlich nur die kaufmännische und technisch-organisatorische Leistung des Herstellers der Grund des Rechtsschutzes sei,[11]) zumal noch kurz vor Inkrafttreten des neuen Schutzrechts das Reichsgericht den Schallplattenfabrikanten mittels § 1 UWG vor dem Nachpressen

6) RG v. 17. 1. 1908, RGZ 68, 49 (51); Ulmer, § 76, 336.
7) hM, vgl. Hoffmann, MuW XX (1920/21), 103; Rudolph, GRUR 1935, 471 ff.; Runge, UVR, 327 f.; Ulmer, § 5 IV 3 b, 29; Hubmann, § 54, II, 224; Rintelen, 176 Anm 1; aA Hillig, Gutachten I Nr. 321—26; II Nr. 56.
8) Seite 7 f.
9) In seiner Stellungnahme zum MinE hat allerdings der Buchhändler-Börsenverein einen solchen Rechtsschutz im Rahmen der „verwandten Schutzrechte“ vorgeschlagen, da der wettbewerbsrechtliche Schutz zu unsicher sei, vgl. BBl 1961, 586 f.
10) Sec. 15 URG v. 1956, vgl. D. Reimer, UrhQuellen, Großbritannien 1. 22.
11) vgl. Hubmann, IGU 9, 31 f. und die jüngste Kontroverse zwischen diesem. UFITA 34 (1961), 1 ff. und Hirsch Ballin, UFITA 35 (1961), 48 ff. über den Schutzgegenstand des § 2 Abs. 2 LUG.

seiner Platten geschützt hatte. [12]) So ist mehrfach betont worden, daß die Bestimmung des § 2 Abs. 2 LUG eine systematische Entgleisung darstelle und ihren richtigen Ort, da es sich nicht um geistiges Werkschaffen handele, nicht im Urheberrecht, sondern im Wettbewerbsrecht habe. [13]) Demgegenüber hat die höchstrichterliche Rechtsprechung [14]) in Deutschland [15]) stets daran festgehalten, daß nur der ausübende Künstler bei der Tonträgerherstellung derjenige sei, der die „schutzwerte Leistung" vollbringt. Nur als eine für die Entscheidung unerhebliche Hilfsbegründung hat das Reichsgericht nebenbei darauf hingewiesen, daß auch die Herstellung guter Schallplatten ein großes Maß von geistiger Tätigkeit, künstlerischem Verständnis und Empfinden, Geschick, Arbeit und Kosten erfordere. [16]) Dieser organisatorischen Leistung wurde also durch § 2 Abs. 2 LUG nur mittelbar Schutz gewährt, indem der Schallplattenfabrikant sich jeweils vom ausübenden Künstler dessen Quasi-Bearbeiterrecht abtreten ließ und so aus abgeleitetem Recht gegen etwaige „Plagiatoren" vorgehen konnte.

Nachdem nun in neuerer Zeit das urheberrechtlich ausgestaltete Recht des ausübenden Künstlers mehr und mehr als eine systematische Fehlleistung des Gesetzgebers angesehen, daher überwiegend abgelehnt und stattdessen ein „verwandtes Schutzrecht" befürwortet wurde, [17]) mußte auch der Rechtsschutz des Tonträgerherstellers auf eine neue Grundlage gestellt werden. So kam es zu den Reformvorschlägen, wonach den Herstellern von Tonträgern ein Vervielfältigungs- und Verbreitungsrecht, begrenzt auf 25 Jahre nach der Aufnahme, sowie ein Recht auf angemessene Beteiligung an der dem ausübenden Künstler für jede weitere Nutzung seiner Leistung zustehende Vergütung eingeräumt werden soll. [18]) Hier ist also erstmalig für Deutschland ein unmittelbarer Schutz der organisatorischen Werkmittlerleistung geplant.

Einige ausländische Rechte kennen einen solchen Schutz bereits. Vorangegangen ist auch hier England [19]) mit der Bestimmung, daß der Tonträgerfabrikant, d. h. genauer: der Eigentümer der Originalmatrize zur Zeit ihrer Herstellung, ein volles (jetzt 50 Jahre währendes) Urheberrecht am Tonträger genießt und somit jede Vervielfältigung, Sendung und öffentliche Aufführung seiner Aufnahme untersagen bzw. nur gegen Entgelt gestatten kann. Entsprechend ist die gesetzliche Regelung in den ebenfalls britischen Kolonialgebieten Australien, Kanada, Indien. [20]) Ebenfalls ein urheberrechtlicher Schutz, zum Teil allerdings in zeitlich beschränkterer Form, wird dem Schallplattenhersteller

---

[12]) Urt. v. 7. 4. 1910, RGZ 73, 294 (297 f.).

[13]) Voigtländer-Elster-Kleine, 3 c zu § 2 LUG; Büchen, IGU 5, 78 f.; Süß, IGU 11, 53.

[14]) RG v. 14. 11. 1936, RGZ 153, 1 (8); BGH v. 21. 11. 1952, BGHZ 8, 88 (94); vom 31. 5. 1960 -- „Künstlerlizenz bei öff. Wiedergabe v. Schallplatten" —, NJW 1960, 2051.

[15]) anders bei im wesentlichen gleicher Gesetzeslage das Schweizerische Bundesgericht vom 8. 12. 1959, DdA 1960, 74.

[16]) aaO S. 21. f.

[17]) vgl. die Schrifttumsübersicht auf Seite 1, Anm. 5.

[18]) RefE §§ 82, 83, 74 II, 77; MinE §§ 90, 91, 83 II, 84.

[19]) Art. 19 I Copyright Act 1911; jetzt: Art. 12 Copyright Act 1956.

[20]) Pinner, III, „Mechanical Contrivances"

in Dänemark, Polen, Rumänien,[21]) der Schweiz,[22]) Spanien,[23]) Kolumbien, Japan und China gewährt.[24]) Österreich[25]) und Italien[26]) haben eine sachlich weitgehend entsprechende, jedoch systematisch anders, nämlich auf der Grundlage besonderer „verwandter" oder „angrenzender" Schutzrechte neben dem eigentlichen Urheberrecht begründete Lösung, wie sie jetzt auch in den deutschen Entwürfen zur Diskussion gestellt worden ist. In den übrigen Ländern, die dem Tonträgerfabrikanten weder ein Urheberrecht noch ein besonderes „verwandtes" Schutzrecht gewähren, wird man mit Hilfe der jeweiligen Gesetzesbestimmungen über unlauteren Wettbewerb oder unerlaubte Handlungen praktisch doch zu einem ähnlichen Rechtsschutz gelangen.[27])
Auf internationaler Ebene ist die „nachbarrechtliche" Lösung im Vordringen: Der Entwurf des Internationalen Arbeitsamtes von 1956[28]) ebenso wie der Entwurf von Monaco (1957)[29]) und schließlich der Haager Entwurf aus dem Jahre 1960[30]) sehen ein Vervielfältigungsrecht und den Anspruch auf Sondervergütung bei weiterer Nutzung eines Tonträgers durch Rundfunksendung und öffentliche Wiedergabe vor.

c) Während also für den Schallplattenfabrikanten sich mehr und mehr (abgesehen und unabhängig von dem etwaigen Urheberrechtsschutz eines aufgenommenen Werkes und der darstellerischen Leistung) ein besonderes Schutzrecht für seine organisatorische Werkmittlerleistung durchzusetzen scheint, wird ein solches Recht für den Filmproduzenten bisher nur von wenigen befürwortet, so vor allem von Ulmer,[31]) dessen Auffassung sich der deutsche Ministerialentwurf von 1959 in § 98 zu eigen gemacht hat. Diese bisherige Zurückhaltung hat zwei Gründe: Erstens ist die Vervielfältigung von Filmen nach dem heutigen Stande der Technik noch ein sehr kostspieliges Verfahren und keinesfalls für jedermann in der gleichen einfachen Weise zu bewerkstelligen wie das Überspielen einer Schallplatte auf Tonband. Mit Recht hat aber Plaisant bereits darauf hingewiesen,[32]) daß in nicht allzu ferner Zukunft sicherlich mit einer wesentlichen Vereinfachung und Verbilligung der Bildaufnahme- und -wiedergabegeräte zu rechnen ist. Wenn erst einmal elektromagnetische Licht-Tonbandgeräte (nach der Art des Ampexverfahrens) zu erschwinglichen Preisen auf dem Markt sein und so selbstverständlich zum Fernsehgerät gehören werden wie heute der Plattenspieler und das Magnetophongerät zum Hörfunkempfänger, wird zumindest der Schutz des Fernsehfilmproduzenten, der dann vielleicht sogar mit einer Art Licht-Schallplatte auf dem Markt erscheint, höchst aktuell werden.

---

21) Art. 9, 11 UrhRG 1956
22) Art. 4 Abs. 2 UrhRG
23) Dekret des Erziehungsministers vom 10. 7. 1942, DdA 1946, 4.
24) vgl. jeweils die betreffenden Abschnitte bei Pinner aaO.
25) § 76 UrhRG von 1936
26) Artt. 72 f. UrhRG v. 1941
27) So ausdrücklich Art. 84 des türkischen UrhRG, der auf die Vorschriften über den unerlaubten Wettbewerb in Artt. 56—65 türk. HGB verweist, vgl. E. E. Hirsch, UrhQuellen, Türkei II, 34 f.
28) Art. 6
29) Artt. 3 f.
30) Artt. 8—16; inzwischen in Rom am 26. 10. 1961 mit einigen Änderungen unterzeichnet, jetzt: Artt. 10—12 der Konvention.
31) § 35 IV 3, 180; ebenso Baum, GRUR 1952, 480 ff.
32) L'artiste 1956, 79 f.

Der zweite Grund für die bisherige Vernachlässigung eines Leistungsschutzes für den Filmhersteller liegt wohl darin, daß dieses Problem eng mit der nach wie vor umstrittenen Frage der Urheberschaft am Filmwerk zusammenhängt. Diese Frage müßte zuvor geklärt sein, ehe man sich neben dem Urheberrecht mit einem „benachbarten" Recht am Film auseinandersetzen kann. Denn für alle diejenigen, die dem Hersteller ein Urheberrecht am Film geben wollen, [33]) erübrigt es sich sowieso, ein besonderes Schutzrecht für die organisatorische Leistung des Produzenten in Erwägung zu ziehen.

So steht auch im ausländischen Recht unser Problem ganz im Schatten der Frage, ob der Filmproduzent Urheber des Filmes ist oder nicht. Überwiegend gewähren die fremden Rechtsordnungen dem Hersteller ein Urheberrecht am Film als Ganzem, meist unbeschadet der Rechte derer, die am Zustandekommen des Filmes schöpferisch beteiligt sind (z. B. des Drehbuchverfassers, des Komponisten der Filmmusik, des Regisseurs. [34]) Oft wird der Produzent im Verhältnis zu dem Filmschaffenden wie ein Sammelherausgeber verschiedener schöpferischer Beiträge angesehen, [35]) manchmal als Miturheber des Filmwerkes neben die schöpferisch Beteiligten gestellt. [36]) Dem steht eine nicht geringe Anzahl von Staaten vor allem Kontinentaleuropas gegenüber, in denen der Filmhersteller kein eigenes, originäres Urheberrecht genießt, sondern über das Filmwerk nur in der Weise verfügen kann, daß er sich die Urheberrechte der Filmautoren, also der schöpferisch Beteiligten, vertraglich abtreten läßt. [37]) Es ist dies dieselbe Auffassung, die auch für das geltende Recht in Deutschand vorherrschend ist, [38]) wobei der Bundesgerichtshof zwar ein originäres Urheberrecht des Filmproduzenten ablehnt, durch Vertragsauslegung jedoch erreicht, daß die Rechte der Filmschaffenden durch Abtretung beim Hersteller „gebündelt" und damit praktisch doch als ein einheitliches Verfügungsrecht über den Film als Ganzes in die Hand des Produzenten gegeben werden. [39]) Überhaupt ist die Rechtslage in den verschiedenen Ländern oft unklar und umstritten, so daß die hier versuchte systematische Zusammenstellung nur Anhaltspunkte geben kann. [40]) Der Konzeption eines besonderen Leistungsschutzrechts kommen die Gesetze Österreichs, Italiens und Uruguays am nächsten. Sie rechnen den Filmhersteller zwar nicht zu den Autoren, geben ihm also auch kein originäres Urheberrecht, sehen aber ein alleiniges Verwertungsrecht des Produzenten am fertigen Film vor, wobei das italienische Gesetz dies rechtstechnisch durch eine cessio legis der Urheberrechte aller schöpferisch Beteiligten erreicht. [41])

Die internationalen Konventionen sehen zwar einen Urheberrechtsschutz vor, [42]) lassen es aber offen, wer Träger des Urheberrechts sein soll. Ein internationales Abkommen über den Leistungsschutz von Bildträgern (entsprechend dem oben erwähnten Haager Entwurf für Tonträger) ist vorläufig nicht geplant.

---

[33]) Goldbaum, B I zu § 2 LUG, 43 ff.; Hoffmann, JW 1929, 1181; Erlanger, GRUR 1930, 393; Roeber, UFITA 18 (1954), 9 ff.; 22 (1956), 1 ff.

[34]) Vgl. Pinner aaO, I, „Cinematographic Works", für die Länder Brasilien, Bulgarien, Kanada, Chile, China, England, Indien, Span. Marokko, Nicaragua, Norwegen, Panama, Polen, Portugal, Syrien und Libanon, Venezuela; Suppl.-Bd. S. 46 f. für die Türkei.

[35]) so in Finnland, Guatemala, Niederlande, Rumänien, Siam, USA, vgl. Pinner aaO.

[36]) So die Lösung in Argentinien, Kolumbien, Paraguay, vgl. Pinner aaO.

[37]) So die Regelung in Belgien, der Tschechoslowakei. Dänemark, Frankreich, Griechenland, Franz. Marokko, Spanien, Schweden, der Schweiz, vgl. Pinner aaO.

[38]) vgl. Ulmer, § 35 I, 175; v. Gamm, GF FilmR, 18; Berthold v. Hartlieb, 74.

[39]) Beschl. v. 13. 7. 1955, UFITA 20 (1955), 358 (360 f.) = GRUR 1955, 596; weitere Nachweise bei Krüger-Nieland, UFITA 32 (1960), 149 f.

[40]) In Ungarn zB gewährt die Rspr. dem Produzenten ein eigenes Urheberrecht, während das jur. Schrifttum ihm nur abgeleitete Rechte zugesteht, vgl. Szladits bei Pinner aaO. — Ausführliche Angaben für die wichtigsten Länder auch bei Berthold v. Hartlieb, 572 ff.

[41]) Österreich: § 38 I URG 1936; Italien: Art. 45 URG 1941; Uruguay: Art. 29 URG 1938.

[42]) RBÜ Art. 14 II, III; WUA Art. 1.

d) Was die Sendungen der Rundfunkanstalten betrifft, so fehlt es bisher in Deutschland an einem besonderen Rechtsschutz. Die Sendegesellschaft hat als organisatorische Werkmittlerin nur insoweit ein Monopolrecht an ihrer Sendung, als das Sendegut — wie z. B. bei einem Hör- oder Fernsehspiel — selbst urheberrechtlich geschützt ist und sein Autor (wie in der Praxis üblich) das Urheberrecht in dem nötigen Umfange gegen Honorar auf den Sender übertragen hat. Gegen die Festlegung und (oder) Weitersendung des Programms, soweit es dem Urheberrechtsschutz nicht unterliegt, kommt wiederum (wie bei der Buchproduktion) nur der Schutz vor sittenwidriger Ausbeutung und vor wettbewerbsfremden Unlauterkeiten nach § 826 BGB und § 1 UWG in Betracht. Auf diesem Wege hat z. B. das Kammergericht einmal die Aufnahme einer Reportage-Sendung zum Zweck des gewerbsmäßigen Vertriebs danach hergestellter Schallplatten als unzulässig verurteilt.[43]) Ob hier zwischen den Parteien wirklich ein Wettbewerbsverhältnis vorlag, erscheint zweifelhaft; daß jedoch das Vorgehen der Beklagten „mit dem Anstandsgefühl aller billig und gerecht Denkenden nicht zu vereinbaren“ ist, dürfte zutreffen.[44])

Schwierigkeiten bereitet in diesem Zusammenhang die in Deutschland ausschließlich übliche öffentlich-rechtliche Organisation der Rundfunkanstalten. Es ist gewagt, hier von einem „Wettbewerb“ der einzelnen Sender untereinander zu sprechen, da es auf dem Gebiete der Sendeleistungen keinen freien Markt gibt.[45]) Das hat aber auch andererseits zur Folge, daß privatrechtliche Streitigkeiten über die Übernahme von Sendungen zwischen öffentlich-rechtlichen Sendeanstalten kaum denkbar sind. Auch das Verhältnis zwischen Sendegesellschaft und Empfänger ist nach deutschem Recht öffentlich-rechtlich ausgestaltet,[46]) indem nicht nur der Betrieb von Sendeanlagen, sondern auch die Aufstellung von Empfangsgeräten der Funkhoheit des Staates unterliegen. Private und öffentliche „Aufführung“, Vervielfältigung und Verbreitung von Funksendungen werden also durch die hoheitsrechtlichen, strafbewehrten Bestimmungen gegen das „Schwarzhören“ und die allgemeinen Genehmigungsbedingungen geregelt, durch die z. B. das öffentliche Zugänglichmachen von Sendungen (etwa in Gaststätten) von einer erhöhten Gebühr abhängig gemacht und jede weitere Verwertung überhaupt untersagt werden kann.[47]) Das Problem eines Schutzes der organisatorischen Werkmittlerleistung des Rundfunksenders ist also in Deutschland ganz überwiegend öffentlich-rechtlich gelöst.

Die neuesten Entwürfe zur Urheberrechtsreform sehen nun auf privatrechtlicher Ebene ein besonderes (auf 25 Jahre befristetes) „verwandtes Schutzrecht“ zugunsten der Sendegesellschaft vor, ähnlich wie es in Zukunft auch den Tonträgerherstellern zukommen soll. Dieses Recht umfaßt nach den bisherigen Vorschlägen die Weitersendung und die Vervielfältigung, für Fernsehsendungen auch die öffentliche Wiedergabe zu gewerblichen Zwecken,[48]) wobei von anderer Seite empfohlen

---

[43]) v. 7. 7. 1928, JW 1929, 1251 f., mit zust. Anm. von Endemann.
[44]) Ebenso Ulmer, § 99 II, 445.
[45]) Hubmann, § 55 II, 227.
[46]) § 1 des Gesetzes über Fernmeldeanlagen (FAG) v. 14. 1. 1928 (RGBl. I, 8); Aubert, 75.
[47]) Vgl. Hubmann aaO; § 15 FAG i.V.m. den auf Grund des § 2 FAG vom Reichspostminister erlassenen „Bestimmungen über den Rundfunk“ vom 27. 11. 1931 (Amtsbl. 509) sowie den Verfügungen über den Fernseh-Rundfunk Nr. 176/1956 und 372/1958 (Delp III, Nr. 434/434 a).
[48]) RefE § 84; MinE § 92.

wurde, dieses Fernseh-Aufführungsrecht nur gegenüber solchen Veranstaltungen zu gewähren, für die ein Eintrittsgeld erhoben wird.[49]

Auch hier ist die Rechtslage im Ausland sehr uneinheitlich. Einzelne Staaten kennen bereits ein urheberrechtsartiges Ausschließlichkeitsrecht an der Sendung ähnlich dem bei uns geplanten Leistungsschutz, so Italien,[50] die Tschechoslowakei[51] und England.[52] Etwa der gegenwärtigen deutschen Regelung entspricht die rechtliche Situation in Dänemark, Frankreich, Ungarn, Rumänien, der Schweiz und Island.[53] Hier beseht zwar kein eigener Privatrechtsschutz der Sendung; sie untersteht jedoch dem staatlichen Rundfunkmonopol und es müssen für besondere Nutzungen des Sendegutes — z. B. im Rahmen einer Zeitungsredaktion, einer Nachrichtenagentur, oder für den Betrieb einer Empfangsanlage auf öffentlichen Plätzen — Spezialgenehmigungen eingeholt werden, für die unter Umständen höhere Gebühren festgesetzt sind. Überhaupt können die allgemein übliche Rundfunkgebühr und das Verbot des „Schwarzhörens" als Zeichen eines (wenn auch sehr begrenzten) Rechtsschutzes der Sendung gesehen werden, der hier mit hoheitlichen Mitteln erreicht wird. Daneben besteht vielfach noch die Möglichkeit, die Weitersendung oder die Vervielfältigung fremden Sendegutes mit den Generalklauseln über Wettbewerbsverstöße oder unerlaubte Handlungen zu verhindern.[54]

Die internationalen Konventionen auf dem Gebiete des Urheberrechts kannten einen Rechtsschutz der Sendung bisher nicht. Es waren aber, in Verbindung mit den schon erwähnten Rechten der Tonträgerhersteller, seit langem Bestrebungen im Gange, der Sendung als solcher auch auf internationaler Ebene ein besonderes Schutzrecht zu garantieren. Vorangegangen war auch hier (wie beim Schallplattenschutz) der Entwurf des Bureau International de Travail[55] und der Monaco-Entwurf[56] mit dem urheberrechtsartigen Vorbehalt aller wesentlichen Nutzungsrechte am Sendegut zugunsten der Sender. Der Haager Entwurf von 1960 und die darauf beruhende, in Rom am 26. 10. 1961 unterzeichnete Übereinkunft der beteiligten Staaten (zu denen auch die Bundesrepublik Deutschland gehört) gewähren nunmehr den Sendegesellschaften an ihren Sendungen das Recht des „Wiedersendens" (= réémission),[57] der Festhaltung und deren Vervielfältigung sowie der öffentlichen Wiedergabe, letzteres jedoch nur in bezug auf Fernsehsendungen und nur dann, wenn die Sendung an Orten sichtbar gemacht wird, die dem Publikum gegen Zahlung eines Eintrittsgeldes zugänglich sind.[58] Als Mindestschutzdauer sind 20 Jahre vorgesehen.[59] Der internationale Schutz der Fernsehsendungen wurde bereits durch ein Abkommen des Europarates[60] in ähnlichem Sinne vorweggenommen, da hierfür anläßlich der Olympischen Spiele in Rom und der von dort übertragenen Sportwettkämpfe ein besonders dringendes Bedürfnis bestand.

e) Während also die organisatorische Werkmittlerleistung der Hersteller von Tonträgern, der Filmproduzenten und der Sendegesellschaften schon weitgehend nach geltendem Recht oder mindestens de lege ferenda mit

---

49) So die Deutsche Vereinigung für gewerblichen Rechtsschutz und Urheberrecht, Fachausschuß für Urheber- und Verlagsrecht, 9. Arbeitssitzung, Juni 1960 in München, lt. Bericht v. D. Reimer, GRUR 1961, 131.
50) vgl. Enciclopedia del Diritto, IV, 433.
51) Art. 93 URG 1953
52) Sec. 14 Copyright Act 1956.
53) Pinner aaO, „Broadcasting", „Television".
54) Pinner aaO für die Niederlande, Bulgarien, Brasilien, USA; Knauer UrhQuellen für Belgien (I, 15).
55) Art 7
56) Art. 5
57) zu diesem Begriff und seiner umstrittenen Bedeutung vgl. Peter, Haager Entwurf, 24, Anm. 42.
58) Art. 12 Haager Entwurf; Art. 13 Rom-Konvention.
59) Art. 13 Abs. 2 Haager Entwurf; Art. 14 (c) Rom-Konvention.
60) UFITA 32 (1960), 71.

einem besonderen Schutzrecht bedacht sind, sehen sich Theaterunternehmer und Konzertveranstalter bisher recht stiefmütterlich behandelt. Das mag daran liegen, daß deren organisatorische Leistungen nicht in gleicher Weise schmarotzerhaft ausgebeutet werden können, wie es bei der Schallplatte und Rundfunksendung möglich ist. Immerhin hat die Aufnahme- und Sendetechnik von Ton und Bild auch die weitere Auswertung ganzer Inszenierungen und Konzertabende über den Theaterraum oder den Konzertsaal hinaus ermöglicht und wird bei der zu erwartenden Verbilligung, Verkleinerung und Vereinfachung der technischen Geräte wahrscheinlich in Zukunft auch dem einzelnen Konzert- oder Theaterbesucher noch die Möglichkeit zu selbständiger, privater Nutzung des Gebotenen durch eigene Aufnahme und beliebige Wiedergabe eröffnen.

Schon heute wäre es theoretisch denkbar, daß jemand z. B. in einem Klavierabend ein Magnetophongerät bei sich hat, mit Hilfe dieses Apparates (mit oder ohne Einwilligung des Pianisten) das gesamte Programm aufnimmt und es später seinen Bekannten zu Hause vorspielt (denen vielleicht die Eintrittskarten zu teuer waren) oder gar Platten davon herstellen läßt und vertreibt.[61])

Im allgemeinen kann der Veranstalter einem derartigen Vorgehen dadurch begegnen, daß er von seinem „Hausrecht“ Gebrauch macht unter Hinweis darauf, daß er durch den Abschluß des Werkvertrages mit dem Konzertbesucher keineswegs verpflichtet ist, ein Bandgerät im Saale zu dulden, weil dies über die übliche, vertragsgemäße Leistung hinausgeht. Die Ausübung dieses Hausrechts setzt aber voraus, daß die Vertragsverletzung durch den Besucher vom Veranstalter rechtzeitig bemerkt wird.

Es gibt bereits kleine, batteriegespeiste Aufnahmegeräte, beinahe im Westentaschenformat, mit denen es nicht schwer wäre, jeden Saaldiener zu überlisten. Auch muß man den Fall berücksichtigen, daß z. B. eine vom Theaterunternehmer genehmigte Fernseh-Live-Sendung gleichzeitig aufgezeichnet und später wiederholt wird, ohne daß dazu der Intendant um Erlaubnis gefragt wurde.

In diesen und ähnlichen Fällen stellt sich die Frage, ob nicht das, was zugunsten der Schallplattenfabrikanten, Filmproduzenten und Sendegesellschaften recht ist, für die Theaterunternehmer und Konzertagenten billig sein müßte, ob nicht auch diesen Werkmittlern ein besonderes Schutzrecht an ihrer organisatorischen Leistung gebührt.

Diese Frage ist bisher im urheberrechtlichen Schrifttum, soweit ersichtlich, kaum je erörtert worden. Sie wird bejaht von Peter, der ihr in seiner Besprechung des Haager Entwurfs einen kurzen Abschnitt widmet.[62]) Aus eigenem Recht könnte der Veranstalter eine Klage gegen den mißbräuchlichen Verwerter seiner Werkmittlerleistung in Deutschland zur Zeit nur auf die Generalklauseln des § 1 UWG und des § 826 BGB stützen, wobei jeweils das Vorliegen eines „Wettbewerbsverhältnisses" einerseits, eines wirklichen Schadens auf der anderen Seite zweifelhaft ist.[63]) Daneben besteht die Möglichkeit, daß der Veranstalter sich im Aufführungsvertrag das Urheber- oder

61) Über solche Fälle aus der Sicht des Kirchenmusikers: Voge, Musica 15 (1961), 417 ff.
62) UFITA-Schriftenreihe, Heft 19, 105.
63) Vgl. dazu Schramm, GF, 233.

Bearbeiterrecht auch insoweit abtreten läßt, als es die Befugnis zur Abwehr ungenehmigter Vervielfältigung, Verbreitung und Sendung des aufgeführten Werkes umfaßt. In diesem Falle könnte der Veranstalter aus abgeleitetem Recht gegen etwaige Schmarotzer vorgehen. Eine solche Abtretung wird aber selten ausdrücklich vereinbart sein und kaum als stillschweigende Abmachung unterstellt werden können. Wie man sieht, ist also der Rechtsschutz des Musik- und Theaterveranstalters nach geltendem deutschen Recht noch ziemlich unsicher und ungeklärt.

De lege ferenda soll dem Theater- und Konzertunternehmer das ausschließliche Recht der Aufnahme und Vervielfältigung sowie der Weiterübertragung aus den Veranstaltungsräumen (insbesondere auch der Funksendung) zugebilligt werden, soweit es sich um Chor-, Orchester- und Bühnenaufführungen handelt. [64])

Einige ausländische Rechtsordnungen tragen jetzt schon dem technischen Fortschritt und dem daraus erwachsenen Schutzbedürfnis der Veranstalter öffentlicher Aufführungen durch eine besondere gesetzliche Vorschrift Rechnung. Nach § 66 Abs. 3 des österreichischen Urheberrechtsgesetzes dürfen Aufführungen, die auf Anordnung eines Veranstalters vorgenommen werden, unbeschadet der Rechte der ausübenden Künstler nur mit Einwilligung des Veranstalters auf Bild- oder Schallträgern festgehalten werden. Dieser Vorschrift zuwider hergestellte Aufnahmen dürfen weder vervielfältigt noch verbreitet werden. Das türkische Urheberrechtsgesetz macht in Art. 81 Abs. 3 die Aufnahme, Vervielfältigung und Verbreitung einer Werkdarbietung auch von der Genehmigung des Unternehmers abhängig, von dem der Künstler oder die Truppe zur Aufführung engagiert sind. Eine ähnliche Regelung kennen bezüglich der Übernahme einer Aufführung zur Sendung einige Staaten Mittel- und Südamerikas: Ein im Theater oder sonst an einem öffentlichen Ort aufgeführtes Werk darf nur mit Zustimmung des Veranstalters gesendet werden, unbeschadet der Rechte des Autors. [65])

Auf internationaler Ebene sind besondere Schutzrechte der Veranstalter weder anerkannt noch vorgesehen.

f) Sind schon auf dem Gebiet der organisatorischen Vermittlung von Theater- und Musikaufführungen positive Gesetzesvorschriften äußerst dünn gesät, so läßt uns das gesetzte Urheberrecht bei der Vermittlung b i l d e n d e r K u n s t durch Ausstellungen völlig im Stich. Es kann z. B. vorkommen, daß jemand heimlich bestimmte Bilder einer Galerie photographiert und als Postkarten oder Diapositive vertreibt, oder vielleicht sogar eine ganze Ausstellung filmt — was bei einem fortgeschritteneren Stand der Technik durchaus auch unbemerkt geschehen könnte. Auch hier kann also das Hausrecht des Ausstellers unter Umständen nicht zum Zuge kommen, und es bleibt dann nur der ungeklärte und problematische Weg über die erwähnten Generalklauseln der §§ 1 UWG und 826 BGB, wenn der Organisator sich gegen die Ausbeutung seiner Leistung zur Wehr setzen will.

Das gleiche Problem taucht nicht selten auch bei B i b l i o t h e k e n mit kostbaren alten Bücher- und Handschriftenbeständen auf: Die Leiter solcher Institute sehen es nicht gern, wenn wissenschaftlich interessante

---

[64]) § 79 II RefE; § 87 I Satz 2 MinE.

[65]) Mexiko: Art. 68 URG 1956; Argentinien: Art. 56 (4) URG; Paraguay: Art. 42 URG 1951; Uruguay: Art. 39 URG 1938; vgl. P i n n e r, I und Suppl.-Bd., "Broadcasting".

Unika oder Rara, die sicherheitshalber nicht ausleihbar sind, zu Studienzwecken photokopiert werden, weil immer die Gefahr besteht, daß eine solche Kopie zu einer Veröffentlichung des Werkes benutzt wird, die sich die Bibliothek entweder selbst vorbehalten oder doch zumindest von gewissen Bedingungen (z. B. angemessene Erwähnung der Bibliothek als Eigentümerin der Quelle, Gewährung von Freiexemplaren) abhängig machen möchte. Es fragt sich, ob nicht auch diese organisatorische Leistung der Werkvermittlung durch Sammlung, Archivierung und Erschließung mittels sinnreicher Katalogsysteme derart geschützt werden müßte, daß fremdes Schmarotzen an dieser Leistung ausgeschlossen wird. Andererseits ist aber zu berücksichtigen, daß die freie Initiative der wissenschaftlichen Arbeit nicht eingeengt werden darf.

In öffentlichen wissenschaftlichen Bibliotheken ist es üblich, daß der Benutzer einer Handschrift oder sonstiger Raritäten eine vorgedruckte Erklärung unterschreibt, in der er sich verpflichtet, den Zweck der Benutzung anzugeben, die Bibliothek für einen Textabdruck, eine Nachbildung oder sonstige Vervielfältigung jeder Art um Genehmigung zu ersuchen und ihr dafür ein Freiexemplar der Veröffentlichung zur Verfügung zu stellen.[66] Hier wird also das „Hausrecht" des Eigentümers regelmäßig durch vertragliche Abreden ergänzt. Unabhängig davon sind Schutzrechte weder nach geltendem Recht gegeben noch in Zukunft vorgesehen.[67]

III. Kurze Betrachtung de lege ferenda.

Vergegenwärtigt man sich rückblickend noch einmal die verschiedenen Schutzmöglichkeiten der organisatorischen Werkmittlerleistung (auch nach den jüngsten Reformvorschlägen), so fällt die starke Zersplitterung und Uneinheitlichkeit des Rechtsschutzes auf, obwohl es sich doch um soziologisch verwandte Tatbestände handelt. Zwar könnte es verständlich erscheinen, daß Werkmittler, welche die Herstellung und den Vertrieb körperlicher Vervielfältigungsstücke organisieren, möglicherweise andere Schutzbedürfnisse und damit andere Rechte haben als Werkmittler, deren organisatorisches Leistungsergebnis den unmittelbaren, d. h. von der Vervielfältigungstechnik unberührten Werkgenuß zum Ziele hat. Warum aber beispielsweise Buchverleger und Schallplattenhersteller nach der Urheberrechtsreform rechtlich auf ganz verschiedene Weise behandelt werden sollen, dafür gibt es nur historische, keine sachlichen Gründe.

In Frankreich ist es bezeichnenderweise üblich, der „édition papier" die „édition sonore" an die Seite zu stellen,[68] und das neue französische Urheberrechtsgesetz gebraucht daher in den Artt. 47 ff. im Rahmen des allgemeinen

---

66) So die Praxis in der Stadt- und Universitätsbibliothek Frankfurt am Main; weitere Nachweise bei Abb-Luther, Bibliotheksbenutzung, in: Milkau-Leyh, Handbuch der Bibliothekswissenschaft, 2. Aufl., Wiesbaden 1958/60, Bd. II (Bibliotheksverwaltung), 429 Anm. 2.

67) Ebenso Treplin-Kirchner, Bibliotheksrecht, ebd. 812, allerdings in mißverständlicher Formulierung: Auch bei einem gemeinfreien Werk steht der Bibliothek auf Grund ihres Eigentums keinesfalls ein „Urheberrecht" zu; sie ist nur selbst ohne weiteres zur Veröffentlichung berechtigt wie jeder andere auch, den sie an das Werk gelangen läßt. § 29 Satz 2 LUG ist nur als Beweislastregelung zu verstehen für den Fall, daß ein Außenstehender Urheberrechte geltend machen will (vgl. Hubmann, § 37 I 2 b, 161 f.).

68) Savatier, 42, spricht sogar nebeneinander von „empreinte visuelle" und „sonore" (= Sicht- und Schalldruck, d. h. Buch- und Tonträgerherstellung).

Urhebervertragsrechts den Begriff des „contrat d'édition" in dem umfassenden Sinne eines jeden Vertrages über die Herstellung und Verbreitung von Vervielfältigungsstücken, so daß Schallplattenfabrikanten und Filmhersteller gemeinsam mit den Buchverlegern rechtlich denselben Grundsätzen unterworfen sind. [69])

Mit Recht hat bereits vor längerer Zeit auch in Deutschland Banaschewski in einer ausführlichen soziologischen Studie über das Verlagswesen nachgewiesen, daß die kulturelle Aufgabe sowohl für den drucktechnisch wie den optisch oder akustisch darstellenden und vervielfältigenden Verlag die gleiche ist. [70]) Nur die stufenweise fortgeschrittene technische Entwicklung habe diesen Sachverhalt verschleiern können, indem der Buchdruck lange vor der Bild- und Tonträgerherstellung bekannt war. [71]) Buch, Schallplatte, Film, Rundfunksendung sind in dieser Sicht sämtlich „Verlagsprodukte". [72]) Elster hat dieser Auffassung seinerzeit zugestimmt und versucht, daraus juristische Folgerungen zu ziehen, indem er das Recht des Filmproduzenten als Verlagsrecht charakterisierte. [73]) Dabei ist allerdings zu berücksichtigen, daß Elster sich für ein „selbständiges Verlagsrecht" nach Art eines besonderen Leistungsschutzrechts einsetzte. [74]) Zwar übernimmt Kleine diese These in der Neubearbeitung des Kommentars nicht in ihrer früheren Ausführlichkeit, bezeichnet aber gleichfalls die Tätigkeit des Filmherstellers als „Verlag" und befürwortet ein besonderes Schutzrecht zugunsten des Produzenten. [75])

Hierzu kann im Rahmen dieser Arbeit nur andeutungsweise Stellung bezogen werden. Wie man auch die Schutzbedürfnisse der organisatorischen Werkmittler im einzelnen einschätzen mag, so erscheint jedenfalls die rechtliche Gleichstellung derer, die eine Vervielfältigung und Verbreitung von Werkstücken organisieren, vom systematischen Standpunkt aus unausweichlich. Die offensichtliche Parallele zum Verlagsrecht [76]) sollte dabei zu denken geben und davor warnen, allzu leichtfertig neue Ausschließlichkeitsrechte zu begründen. [77]) Das Verlagsrecht hat sich als vom Verfasser abgeleiteter Ausschnitt des Urheberrechts durchaus bewährt. Es müßte also genügen, wenn die Tonträgerfabrikanten, Filmproduzenten und Sendegesellschaften sich ganz analog zum Verleger — gegen festes Honorar oder entsprechende Beteiligung am Umsatz — die Rechte der Urheber und der künstlerischen Werkmittler [78]) abtreten ließen, soweit erforderlich, d. h. in der Regel nur das Vervielfältigungs- und Verbreitungsrecht. [79]) Würde außerdem noch das Aufführungsrecht übertragen, so entspräche dies den Verhältnissen beim Bühnenverlag. [80]) Das geltende Verlagsrecht kann demnach de lege ferenda als Kern und Grundlage eines allgemeinen, umfassenden Rechts

---

69) Vgl. Ulmer, § 72 VI, 318.
70) aaO Seite 68.
71) aaO Seite 65.
72) aaO S. 66 f., 68.
73) Voigtländer-Elster, 3. Aufl., 6 B 1 zu § 2 LUG.
74) aaO, 5 zu § 4 LUG; JW 1915, 258; BBl 1935 Nr. 212; aA Runge, UVR 44.
75) Voigtländer-Elster-Kleine, 2 c zu § 12 LUG.
76) vgl. auch Mediger, GRUR 1951, 383; Baum, GRUR 1959, 75; Voss, 21; Spaic UFITA 35 (1961), 36.
77) Ebenso Hirsch Ballin, IGU 12, 22; zögernd gegenüber dem von Ulmer vorgeschlagenen Leistungsschutzrecht d. Filmproduzent. auch Mentha, UFITA 35 (1961), 15 f.
78) darüber unten im 3. Abschnitt dieser Arbeit.
79) Auch Castanos, L'artiste 1956, 6 Anm 6, sieht keinerlei Unterschied zwischen einem Verlagsvertrag und einem Vertrag zwischen dem ausübenden Künstler und dem Plattenfabrikanten.
80) Ulmer, § 74 I 3, 324.

der organisatorischen Werkmittler dienen, ohne daß es der Begründung besonderer Schutzrechte für diese Art der Mittlerleistung bedarf. [81])

Zweifelhaft sind — ähnlich wie beim Photographieschutz — auch hier wieder die Fälle, in denen es nicht um Werkvermittlung, sondern um sachliche Dokumentation geht. Mit Recht weist de Boor darauf hin, daß auch eine Schallplatte, die „Löwengebrüll in der Wüste" wiedergibt oder die Aufnahme einer alten Spieluhr enthält, durchaus eine schützenswerte Leistung darstellt. [82]) Diese Fälle zeigen sachlich eine starke Übereinstimmung mit dem Verlag von Ansichtspostkarten und ähnlichen unschöpferischen Lichtbildern, auf die oben [83]) bereits ausführlich eingegangen wurde. [84]) Soweit man den bestehenden wettbewerblichen Rechtsschutz nach der Generalklausel des § 1 UWG für unzureichend hält, [85]) wäre das UWG durch eine besondere Norm zu ergänzen, welche die dokumentierende Wiedergabe von sachlichen Erscheinungen der Umwelt vor schmarotzender Ausbeutung schützt. Der Werkmittler bedarf solcher Sonderschutzrechte jedenfalls nicht, weil er sich in aller Regel Urheberrechte oder Rechte von ausübenden Künstlern übertragen lassen und damit (wie bisher schon der Verleger) aus abgeleitetem Recht gegen etwaige Konkurrenten vorgehen kann. Das gilt uneingeschränkt für den Schallplattenfabrikanten, den Filmhersteller, die Sendegesellschaft, das Theaterunternehmen, die Konzertagentur.

Nur bei den organisatorischen Werkmittlerleistungen der Museen und Bibliotheken bestehen insofern Schwierigkeiten, als in der Mehrzahl aller Fälle an den ausgestellten oder archivierten Werken keine Urheberrechte mehr bestehen und künstlerische Werkmittlerleistungen nicht in Betracht kommen, so daß diese Institute auch keine abgeleiteten Rechte geltend machen können.[86]) Im allgemeinen werden hier das Hausrecht und die sonstigen Abwehrrechte des Eigentümers ausreichen, die Interessenten zu zwingen, durch einen Benutzungsvertrag (bzw. bei öffentlich-rechtlicher Organisation der Anstalt durch Unterwerfung unter die Benutzungsordnung) die Bedingungen des Eigentümers anzuerkennen. Werden dennoch Faksimiles oder Reproduktionen ohne Wissen und Willen der Institute hergestellt, veröffentlicht und vertrieben, so kann darin eine sittenwidrige Wettbewerbshandlung liegen, wenn durch die Veröffentlichung das Publikumsinteresse vom Original auf die Vervielfältigungen abgelenkt wird. Nach der deutschen Rechtsprechung stellt es einen Verstoß gegen die Grundsätze des lauteren Wettbewerbs gemäß § 1 UWG dar, Leistungen Dritter, die erfahrungsgemäß nur gegen eine angemessene Gegenleistung zur Verfügung gestellt werden, sich ohne Erlaubnis des Leistenden anzueignen und kostenlos zur Förderung des eigenen gewerblichen Gewinnstrebens auszunutzen. [87]) Auch im Schrifttum wird anerkannt, daß § 1 UWG durchaus auf „musische" Tatbestände anwendbar ist, da auch das Kulturleben eine nicht zu unterschätzende wirtschaftlich-geschäftliche Seite hat. [88])

---

[81]) Im Ergebnis ebenso für die Rechte der Tonträgerhersteller: I G U 16, 12; für die Sendegesellschaften: Roeber, FuR 1961/7. 5.
[82]) UFITA 21 (1956), 140; ebenso Gentz, UFITA 34 (1961), 12 ff.
[83]) Seite 6 ff.
[84]) Auch Moll, 189 f. (mit weiteren Zitaten), sieht eine „frappante Ähnlichkeit" der Leistung des Photographen mit derjenigen des Tonträgerherstellers.
[85]) so de Boor aaO: Deutsch, GRUR Int 1957, 587.
[86]) Anders nur, wenn zB die Filmung eines Museums gerade auch die besondere „Hängung" zur Geltung bringt, die eine künstlerische Werkmittlerleistung sein kann.
[87]) BGH vom 31. 5. 1960 — „Figaros Hochzeit" — NJW 1960, 2043 (2045).
[88]) Schramm GF, 233; Samson, JuS 1962, 19 f.

Allerdings muß man bei den meisten Museen und Bibliotheken, die als gemeinnützige Einrichtungen dem Publikum unentgeltlich oder gegen einen geringen Unkostenbeitrag offenstehen, den Schutz des Wettbewerbsrecht verneinen, da solche Institute ihrer ganzen Zweckbestimmung nach jedermanns uneigennützige Diener und damit wettbewerblich neutral sind. Auch § 826 BGB ist in solchen Fällen schwerlich anzuwenden, weil es im allgemeinen nicht sittenwidrig ist, das Kulturgut öffentlicher Sammlungen, die ohnedies jedermann ohne unternehmerisch kalkulierte Vergütung zugänglich sind, weiteren Kreisen zu erschließen.[89] Was das „Anstandsgefühl aller billig und gerecht Denkenden" auf diesem Gebiete zuläßt, braucht auch vom Gesetz nicht neuen Beschränkungen unterworfen zu werden. Besondere wirtschaftliche Schutzrechte für organisatorische Werkmittler, die sich nicht derartige Rechte von ihren künstlerischen Partnern übertragen lassen können, sind daher rechtspolitisch weder erforderlich noch zweckmäßig.

Insgesamt ist demnach als Schlußfolgerung festzuhalten, daß ein echtes Bedürfnis nach einem originären Leistungsschutzrecht des organisatorischen Werkmittlers nicht besteht. Die Reformvorschläge, die ein solches Recht — in systematisch unzulänglicher Weise — auf Teilgebieten verwirklichen wollen, sind daher abzulehnen.

Infolgedessen ist es auch nicht notwendig, den aus Gründen der Systematik gebildeten Begriff der „organisatorischen Werkvermittlung" als besonderen rechtlichen Tatbestand de lege ferenda in die Gesetzessprache zu übernehmen. Damit entfällt ohne weiteres die oben[90] angedeutete Schwierigkeit beim Gebrauch der hier eingeführten „Werkmittler"-Terminologie. Mögen auch die Leistungen der organisatorischen Sach- und Werkmittler im wesentlichen gleichartig und damit gleich schutzwürdig sein, so hat doch die gesonderte Betrachtung der Werkmittler nicht geschadet, weil sie nicht zur Empfehlung einer rechtlichen Sonderregelung gegenüber den dokumentierenden Sachmittlern geführt hat. Beide Organisatoren genießen vielmehr gleichermaßen wettbewerbsrechtlichen Schutz. Wenn dieser durch den Gesetzgeber klargestellt[91] oder durch eine ständige Rechtsprechung (zu der genügend Ansätze vorhanden sind) auf Grund der Generalklausel des § 1 UWG gewährleistet wird, bedarf es darüber hinaus keiner „verwandten Schutzrechte". Die Besonderheit der Werkvermittlung liegt dann nur darin, daß hier der allgemeine wettbewerbsrechtliche Schutz in herkömmlicher Weise nach den Normen des Verlagsrechts durch abgeleitete urheberrechtliche Befugnisse unterstützt und damit für den Regelfall praktisch in den Hintergrund gedrängt wird.

---

[89] Nur die „Erschleichung" von Nachbildungen durch heimliches Aufnehmen der Bild- oder Schriftwerke könnte als Sittenverstoß gelten, falls dem Institut daraus ein Schaden erwächst, vgl. OLG Dresden v. 6. 10. 1925, MuW XXVI (1926), 57 — sklavische Nachahmung durch Erschleichung des Zutritts zu einer Maschine als angeblicher Kaufinteressent; OLG Köln v. 10. 4. 1957, GRUR 1958, 95 — sklavische Nachahmung durch Erschleichung einer Mustersendung.

[90] Seite 10.

[91] siehe oben Seite 25.

§ 4 Der Rechtsschutz des technischen Werkmittlers.

I. Genaue Umschreibung des Personenkreises.

Erst die Entwicklung der Technik hat es ermöglicht, Geisteswerke über Zeit und Raum hinweg einer breiten Öffentlichkeit zu vermitteln. Die modernen Vermittlungsarten der Vervielfältigung (durch Druck, Photographie, Tonträgerherstellung) und der Sendung (durch Hör- und Fernsehfunk) sind daher nicht denkbar ohne die Mitwirkung von Menschen, welche die notwendigen technischen Anlagen bedienen oder auf sonstige Weise bei der mitunter sehr verwickelten Herstellung von Vervielfältigungsstücken oder der Ausstrahlung von Sendungen technisch mitarbeiten.

Außer Betracht bleiben dabei jedoch die Erfinder der verschiedenen Werkvermittlungstechniken selbst, also die Gutenbergs, Daguerres, Edisons, Marconis, Nipkows, deren Leistung ja bereits durch das Patentrecht geschützt wird. Nicht vom schöpferischen, sondern nur vom „ausübenden" Techniker ist hier die Rede, also vom Schriftsetzer, Drucker, Notenstecher, Toningenieur, Kameramann, Beleuchter, Schnittmeister, soweit dessen Tätigkeit im Einzelfall nicht künstlerischen oder wissenschaftlichen Charakter hat.

Dabei ist hier als künstlerisch- (oder wissenschaftlich-) individuelle Werkvermittlung all das auszuscheiden, was Einfühlungsgabe, Selbständigkeit im Nachvollzug und persönliche Durchdringung des Gegenstandes verlangt. Der technische Werkmittler beschränkt sich auf das fremdbestimmte, stoffgebundene „Machen" nach festen Regeln des Handwerks, der „Zunft"; er ist fachlich geschult für eine Aufgabe, die für den Ausdruck der eigenen Persönlichkeit keinen wesentlichen (d. h. irgendwie individualisierbaren) Raum läßt.

Hier sind allerdings die Übergänge fließend. Es kann schwierig sein, festzustellen, welche Leistung schon künstlerische Gestaltung enthält und welche sich noch im rein Technischen, Unpersönlichen erschöpft. Ähnlich wie bei Feststellung des schöpferischen Charakters einer Leistung [1] läßt sich auch über das Vorhandensein künstlerischer Elemente nur von Fall zu Fall eindeutig entscheiden. Grundsätzlich verdient also auch hier die „Fallmethodik" gegenüber der „Kategorienmethodik" den Vorzug. [2] Dennoch gibt es typische Tatbestände, die weit genug von der abstrakt schwer zu bestimmenden Grenzlinie entfernt sind und deren zweifelsfreie Einordnung daher von vornherein keine Schwierigkeiten macht. Das sind die Fälle, in denen der Werkmittler sich besonders weitgehend der technischen Apparatur, der Maschine bedient und im Idealfall durch sie ersetzt werden kann. So gehört das rein mechanische Kopieren von Bild und Ton in jedem Fall zu den technischen Werkmittlerleistungen, während bei handwerklicher Arbeit (z. B. des Lithographen, des Stukkateurs, des Trickfilmzeichners) ausnahmsweise auch künstlerische Eigenart hervortreten kann.

---

[1] Hirsch-Ballin, UFITA 32 (1960), 134; v. Gamm, GF FilmR, 18.
[2] Berthold-v. Hartlieb, 54.

II. Geltendes Recht und Reformvorschläge in rechtsvergleichender Sicht.

a) Das geltende Recht kennt für die Leistung des technischen Werkmittlers kein besonderes Schutzrecht. Nur auf dem Gebiete der Photographie macht das Gesetz insofern eine Ausnahme, als der eingeschränkte Urheberrechtsschutz nach §§ 1, 15 II, 26 KUG auch für rein technisch reproduzierende Lichtbilder ohne jede künstlerische Gestaltung gilt. [3]) Es wurde oben schon erwähnt, daß diese Regelung allgemein als unsachgemäß und urheberrechtsfremd abgelehnt wird, [4]) und aus diesem Grunde soll auch im Rahmen der westdeutschen Urheberrechtsreform die Photographie nurmehr mit einem „verwandten" Leistungsschutzrecht bedacht werden. [5]) Im Ergebnis wird dies nichts daran ändern, sondern im Gegenteil noch deutlicher machen, daß jedem Lichtbild — ob künstlerisch oder nicht — Schutz vor unbefugter Verwertung gewährt wird.

Auch der mitteldeutsche Urheberrechtsentwurf stellt ausdrücklich fest, daß Photographien, die nicht als Ergebnis künstlerischen oder wissenschaftlichen Schaffens urheberrechtlich geschützt sind. [6]) dennoch einen besonderen (auf 10 Jahre beschränkten) Leistungsschutz genießen. [7])
Viele ausländische Rechtsordnungen lassen — wie es Art. 3 RBÜ als Mindestforderung vorschreibt [8]) — nur künstlerischen Lichtbildern („Lichtbildwerken") einen besonderen Rechtsschutz angedeihen. [9]) Soweit aber den Photographen für alle ihre Erzeugnisse Ausschließlichkeitsrechte gewährt werden (sei es durch einheitliches Urheberrecht, oft mit verkürzter Schutzfrist wie in Deutschland, [10]) sei es durch einen besonderen Rechtsschutz außerhalb des allgemeinen Urheberrechts [11]) oder mittels eines sogenannten „verwandten Schutzrechts" wie bei uns de lege ferenda). [12]) hat der Lichtbildner auch als rein technischer Werkmittler ein eigenes Recht an seinem Leistungsergebnis.

b) Dies ist jedoch vorläufig der einzige Fall, daß einer rein technischen Werkmittlerleistung in den meisten Ländern ein besonderer Rechtsschutz zugestanden wird. Insbesondere hat der Toningenieur, sozusagen der „Akustograph", bisher im allgemeinen kein vergleichbares eigenes Recht. [13])

Nur die Türkei macht hier eine bemerkenswerte Ausnahme. Das türkische Gesetz hat die Parallele von Bild und Ton erkannt und schützt in Art. 84 jede Zeichen-, Bild- oder Schallaufnahme vor unbefugter Vervielfältigung und Verbreitung unter Benutzung desselben Zeichen-, Bild- oder Tonträgers. Es wird auf die Vorschriften des türkischen Handelsgesetzbuches über den uner-

---

[3]) RG vom 28. 4. 1942, RGZ 169, 109 (114); BGH vom 21. 4. 1953, BGHZ 9, 262 (264); vom 28. 3. 1961 — Autohochhaus —, GRUR 1961, 489 (400 lSp); Osterrieth-Marwitz, C III zu § 1 KUG; v. Gamm, NJW 1958, 371; aA Hubmann, § 27 II 6, 135.

[4]) siehe Seite 7, Anmerkung 26.

[5]) §§ 68 ff. RefE = §§ 77 ff. MinE

[6]) § 2 II g

[7]) §§ 80, 82, 86

[8]) RGBl 1933 II, 889 (896)

[9]) So zB Argentinien, Belgien, CSR, Frankreich (str) Ungarn, Mexiko, Portugal, Schweiz, Türkei, UdSSR, Jugoslawien, vgl. Pinner III, 490 ff. Stichwort „Photographs"

[10]) so zB in Bulgarien, Polen, Griechenland, Spanien, Niederlande, England, Indien, Kanada, USA, Japan, China, vgl. Pinner aaO.

[11]) so in den nordischen Staaten: Dänemark, Norwegen, Schweden, Finnland, vgl. Pinner aaO.

[12]) was der Sache nach weitgehend dasselbe ist: so Italien, vgl. Pinner aaO.

[13]) Gentz, UFITA 34 (1961), 14 f.

laubten Wettbewerb (Artt. 56—65) verwiesen mit der Maßgabe, daß diese Bestimmungen auch dann anwendbar sind, wenn der Verletzer Nichtkaufmann ist.

Im Schrifttum wird die technische Werkmittlerleistung im allgemeinen nicht gesondert betrachtet. Da solche Leistungen kaum anders als im Dienste eines organisatorischen Werkmittlers erbracht werden und dieser die Möglichkeit hätte, sich etwa bestehende Schutzrechte seines Arbeitnehmers vertraglich abtreten zu lassen, wird diese Frage meist im Zusammenhang mit dem Schutz des organisatorisch tätigen Unternehmers erörtert.

So will Gentz die Rechte des Schallplattenfabrikanten vor allem aus der hochwertigen technischen und kunstverständigen Leistung des an der Aufnahme beteiligten Toningenieurs herleiten, [14]) und Hirsch Ballin verneint ein Quasi-Urheberrecht der Tonträgerhersteller unter anderem mit der Begründung, daß die Aufnahmeleiter keinesfalls schöpferisch tätig seien. [15]) Die oben erwähnten [16]) für organisatorische Werkmittlerleistungen de lege ferenda vorgesehenen Leistungsschutzrechte werden daher auch meistens nicht allein mit der unternehmerischen Organisation, sondern daneben mit dem technischen Aufwand bei der Werkvermittlung gerechtfertigt, [17]) obwohl die technische Leistung in aller Regel nicht vom Unternehmer selbst, sondern nur in dessen Auftrag und auf dessen wirtschaftliches Risiko erbracht wird. Dem technischen Werkmittler selbst für seine Leistung allgemein ein Schutzrecht zu gewähren, ist in den Entwürfen zur Urheberrechtsreform nicht vorgesehen und wird auch im Schrifttum nur vereinzelt befürwortet. [18])

III. Kurze Betrachtung de lege ferenda.

Auch de lege ferenda muß der technische Vermittler von Kulturgut in seiner engen Beziehung zum organisatorischen Werkmittler gesehen werden. Der Unternehmer ist es, der mit dem gemeinsamen Produkt am Markt ist und dort im Wettbewerb steht, der allein das wirtschaftliche Risiko trägt und daher einen besonderen Rechtsschutz weit eher benötigt als der technische Werkmittler, dessen schutzwürdige Interessen sich im Empfang des vertraglich ausbedungenen Entgelts erschöpfen. Es wäre lebensfremd und eine unnötige Fiktion, dem als Arbeitnehmer oder sonst im Auftrage eines Unternehmers tätigen Techniker ein besonderes Recht an seinem Leistungsergebnis (Satzspiegel, Stichplatte, Matrize, Gußform usw.) zu geben und dieses Recht gleichzeitig stillschweigend durch die Zahlung des Arbeits- oder Werklohnes als abgegolten und auf den Auftraggeber übertragen anzusehen.

Hier taucht das gleiche Problem auf, das sich auch bei der Auslegung des § 950 BGB stellt: Es besteht in Schrifttum und Rechtsprechung seit langem Einigkeit darüber, daß die sogenannte „Spezifikation" durch die Tätigkeit anderer für einen Geschäftsherrn geschehen kann, daß also der Unternehmer

---

14) GRUR Int 1957, 540 ff.

15) IGU 12, 26 f.; ebenso Troller, L'artiste 1956, 31, zugleich auch für das Sendepersonal (aaO 32); Streuli, 44 f., 88.

16) Seite 16, 19 f.

17) Ulmer, RSch, 52; Hubmann, § 55 I, 224.

18) Schramm, GF, 226, will allgemein jeder eigenartigen oder fortschrittlichen Leistung für einen angemessenen Zeitraum Schutz gegen wettbewerbliche Nachahmung gewähren (aaO 230), meint aber wiederum in erster Linie die unternehmerische Leistung, die sich technisch-handwerklicher Kräfte bedient.

durch die Arbeit seiner Angestellten das Eigentum an den Erzeugnissen seines Betriebes erwirbt. [19]) Darüber hinaus wird nach einhelliger Ansicht im Rahmen eines Werkvertrages auch der selbständig Verarbeitende, der nicht in einem arbeitsrechtlichen Abhängigkeitsverhältnis steht, nicht selbst Eigentümer der von ihm aus fremdem Stoff gefertigten neuen Sache, sondern das Eigentum fällt sogleich an den Besteller. [20])

Ganz analog zu den Verhältnissen bei der Spezifikation kann auch bei der Schaffung eines Immaterialgutes als „Hersteller“ und damit als Träger des absoluten Rechts nur der risikobeladene Unternehmer, nicht der einzelne Arbeiter oder Beauftragte in Frage kommen. Dem entspricht auch die Regelung in § 2 des Geschmackmustergesetzes. [21]) Wollte man also das Leistungsergebnis des technischen Werkmittlers als Immaterialgut charakterisieren, so müßte das diesem gewidmete Schutzrecht (also gewissermaßen das „geistige Eigentum“ an der technischen Vermittlungsform) nach der Interessenlage letztlich doch dem organisatorischen Werkmittler zustehen. Auch aus diesem Blickwinkel erscheint es daher verständlich, wenn in den Entwürfen zur Urheberrechtsreform ein besonderer Leistungsschutz nur für die Tonträgerhersteller, Sendegesellschaften und Filmproduzenten, also nur für die unternehmerisch Tätigen, vorgesehen ist. Auf die Fragwürdigkeit dieses Rechtsschutzes wurde bereits hingewiesen. [22]) Ein solcher Rechtsschutz wird auch nicht dadurch überzeugender, daß er nicht aus der eigenen organisatorischen Leistung abgeleitet wird, sondern aus der Leistung derer, die das Werk nach Weisung und im Auftrage eines Unternehmers technisch vermitteln.

Wenn man allerdings dem Photographen für eine rein dokumentarische, nicht künstlerische Aufnahme auch in Zukunft neben dem Wettbewerbsrecht einen besonderen Leistungsschutz gewähren will, [23]) so muß man folgerichtig dasselbe auch dem Tontechniker zubilligen, der — wie jener das Licht — in gleicher Weise den Schall zum Zwecke der Wiedergabe und Vervielfältigung aufnimmt. [24])

Dabei kommt es auf der Stufe des Technikers nicht darauf an, ob urheberrechtsfähige Werke oder sonstige Dinge (z. B. Bilder und Laute der Natur) Gegenstand der Mittlertätigkeit sind. Es geht hier ganz allgemein um den Schutz bestimmter technischer Fertigkeiten, die wohl schöpferischen Leistungen dienstbar sein können, es aber nicht notwendig sind und daher auch nur

---

[19]) Wolff-Raiser, 272 f.; RGSt 55, 49 (50): BGHZ 14, 114 (117).

[20]) Dies wird entweder aus einem mutmaßlichen oder stillschweigend erklärten Parteiwillen hergeleitet („Abdingungslehre“, so Staudinger-Berg, 15 zu § 950 BGB; RGRK, 2, 10 zu § 950 BGB; BGH NJW 1952, 662; vgl. die Übersicht bei Laufke, Festschrift Hueck, 70 Anm 3) oder — einfacher und richtiger — damit begründet, daß nach allgemeiner Verkehrsanschauung derjenige „Hersteller“ einer Sache ist, der wirtschaftlich gesehen das Risiko der werteschaffenden Arbeit trägt („Zuordnungslehre“, so Erman-Hefermehl, 3 b zu § 950 BGB; ähnlich Westermann, § 53 II 2 d. 259).

[21]) Hueck-Nipperdey I, 451, sieht ebenfalls eine deutliche Parallele zwischen Spezifikation und Immaterialgüterproduktion. Auch Hubmann, Festschrift Hueck, 43 ff., geht von dem Grundsatz aus, daß das Recht am Arbeitsergebnis dem Unternehmer zusteht, und weist die Geltung dieses Satzes für verschiedene Arten nicht-schöpferischer („fachlicher“) Leistungen nach. — Zum Recht des risikolos arbeitenden, unselbständigen Schöpfers und individuellen Werkmittlers wird weiter unten (Seite 139 ff.) noch ausführlich Stellung genommen.

[22]) Oben Seite 23 ff.

[23]) der bei gewerbsmäßig hergestellten Lichtbildern dem Unternehmer gilt, vgl. RefE § 71, MinE § 80.

[24]) Vgl. oben Seite 8 f.; 25 (Anm. 84).

in einer sehr losen Beziehung zum Urheberrecht stehen. Damit fällt der Rechtsschutz der handwerklich-technischen Leistung ganz von selbst aus dem Rahmen dieser Untersuchung heraus, die sich vom Thema her nur mit der Vermittlung von Kulturgut, von Geisteswerken aller Art, befaßt.

3. Abschnitt: Der Rechtsschutz des individuellen Werkmittlers.

§ 5 Der Kreis der individuellen (künstlerischen und wissenschaftlichen) Werkmittler.

Der Kreis der individuellen Werkmittler umfaßt mehr als núr die ausübenden Künstler (die Musiker, Schauspieler, Rezitatoren). Auch die Übersetzung, die einrichtende Bearbeitung, die literarische Sammlung (z. B. die Zeitschrift, die Anthologie), die Textherausgabe, insbesondere die „editio princeps", manche Photographien sind bei näherer Betrachtung künstlerische oder wissenschaftliche Werkmittlerleistungen; denn sie bilden nicht selbst ein neues Werk, sondern dienen sämtlich dazu, fremde Werke dem Verständnis des Publikums zu erschließen oder neuen Konsummöglichkeiten anzupassen.

Das mag auf den ersten Blick befremdlich erscheinen. Der Übersetzer und jeder sonstige Bearbeiter sowie der Herausgeber eines Sammel„werkes" werden von jeher als „Urheber" eines "Werkes zweiter Hand" angesehen.[1]) Schon mehrfach sind allerdings die verblüffenden Parallelen zwischen der Bearbeitung, insbesondere der Übersetzung, und der Interpretation eines Sprach- oder Musikwerkes herausgestellt worden.[2])

Unser Fremdwort „Interpret" ist vermutlich vom französischen „interprète" übernommenen, was nicht nur „Deuter", „Auslegender", sondern auch „Dolmetsch", „Übersetzer" bedeutet als Synonym zu "traducteur". Ganz analog findet sich im Italienischen „interprete" neben „traduttore", im Englischen „interpreter" neben „translator". Das lateinische Stammwort lautet „interpres"; seine Wurzel ist zwar unklar, seine ursprüngliche Bedeutung wird aber von der Sprachwissenschaft überwiegend mit „Vermittler, Unterhändler bei Kaufverhandlungen" angenommen. [3])

Diese Doppelbedeutung des Wortes „Interpret" in mehreren Sprachen und ihre etymologische Herleitung scheinen mir sehr bezeichnend zu sein. Der Übersetzer steht zwischen dem Werkschöpfer und einem Publikum, das dessen Sprache nicht versteht. Er schafft so wenig etwas Neues wie der ausübende Künstler. Beide dienen einem fremden Werk unter Einsatz ihrer künstlerischen Persönlichkeit, ihrer Einfühlungsgabe auf der einen und ihres eigenen, unverleugbaren „Stils" auf der anderen Seite. Der Leser einer Übersetzung so gut wie der Zuschauer oder Hörer einer Interpretation nehmen das Werk nicht unmittelbar auf, sondern gebrochen durch die Künstlerpersönlichkeit des Interpretierenden. Bei der Übersetzung sowohl wie bei der ausführenden

---

1) §§ 2, 4 LUG; statt aller: Ulmer, § 27 I 1, 138.

2) Freiesleben, GRUR 1916, 112; Litten, 25; Homburg, 65; Lehman, 154; Valerio, 233; Desbois, 236; Kaplan, aaO 414; Bodenhausen, aaO 159; Hirsch-Ballin, UFITA 18 (1954), 322 f.; Blomeyer, 25; Keckeis, 79, nennt die Tätigkeit des Übersetzers eine Vermittlung bereits geformter Vorstellungen in einer anderen Sprache. Schorro, 51, und v. Fischer, aaO 146, stellen die „Freiheit" des Interpreten sogar noch über diejenige des Über etzers.

3) Walde-Hofmann, Lateinisches etymologisches Wörterbuch, 3. Aufl., Heidelberg 1938; Ernout-Meillet, Dictionnaire étymologique de la langue Latine, 4. Aufl., Paris 1959 — vgl. jeweils das Stichwort "interpres". — Auch Möhring-Elsaesser, IGU 6, 20, berufen sich auf die etymologische Wurzel "interpres".

Wiedergabe kommt es auf die Werktreue an. Das Originalwerk soll möglichst unverfälscht im Sinne seines Schöpfers beim Publikum „ankommen". Daran haben beide Seiten das größte Interesse; daran wird der Wert einer Übersetzung ebenso wie der einer Interpretation gemessen.

Es gibt viele verschiedene Möglichkeiten, ein Werk zu übersetzen; die nach dem Geschmack der Zeit jeweils „kongenialste" wird sich durchsetzen. Dasselbe gilt für die künstlerische Ausführung. Das Werk besteht, die Übersetzungen wechseln. Jede Epoche bemüht sich, die Werke der Vergangenheit sich anzuverwandeln, der Gegenwart zu erschließen, ihr verständlich zu machen. Die Voß'schen Homerübersetzungen erscheinen uns heute in vielen Einzelheiten philologisch „überholt". Wir empfinden sie nicht mehr so sehr als Erkenntnisquelle für die homerischen Epen, sondern eher als Zeugnisse der Zeit unserer Klassiker und ihres Interesses für die Antike. Ähnliches läßt sich für die Interpretation sagen,[4] obwohl wir hier erst einen verhältnismäßig kurzen Zeitraum (seit Erfindung der Tonträgertechnik) aus eigener Anschauung überblicken können. Aus der Musik- und Theatergeschichte wissen wir aber mit genügender Sicherheit, daß die Aufführungspraxis ein- und desselben Werkes immer wieder Wandlungen durchmacht.[5] Ein Theaterabend mit den „Meiningern" käme uns heute sicherlich ebenso „veraltet" vor, wie ein von Eugen d'Albert gebotenes Konzert mit Werken von Bach.

Auch in der Möglichkeit einer verschiedenen Tendenz des Vermittelns zeigt sich eine deutliche Parallele zwischen Übersetzung und Interpretation: Schon Goethe hat als grundverschiedene Arten des Übersetzens herausgestellt, daß es das Ziel des Übersetzers sein könne, entweder den Urheber eines fremden Volkes zu uns herüberzubringen oder sich mit der eigenen Sprache zu dem Fremden hinüberzubegeben.[6] In neuerer Zeit hat insbesondere Schadewaldt die Unterschiede der transponierenden und der bewahrenden Übersetzung eines Sprachkunstwerks deutlich gemacht.[7]

Dieselbe Erscheinung findet sich auf dem Gebiet der künstlerischen Darstellung.[8] Der ausübende Künstler ist entweder bestrebt, das Werk genauso zu reproduzieren, wie es zur Zeit seiner Schöpfung dargestellt wurde (z. B. durch Spiel auf alten Instrumenten, die heute nicht mehr in Gebrauch sind, oder durch Aufführung einer antiken Tragödie im Amphitheater, mit Masken, männlicher Besetzung der Frauenrollen, in singender Sprechweise); er verlangt damit vom Hörer oder Zuschauer, sich in die Vergangenheit, in den längst dahingegangenen Kosmos des alten Werkes und seiner Entstehungszeit zu versetzen. Die andere und häufiger geübte Möglichkeit besteht darin, sich ohne Rücksicht auf das Alter des Werkes der modernen Aufführungsmittel zu bedienen, es unseren stilistischen Gewohnheiten anzupassen und gleichsam wie ein ewig junges Geschöpf der Gegenwart erscheinen zu lassen. Bei dieser Art von Vermittlung sind die Anforderungen an das Publikum geringer; umso größer ist die Gefahr einer Verfälschung des Werkes durch allzu „moderne" Interpretation.

Aus alledem geht hervor, daß die geistig-ästhetische Funktion des ausübenden Künstlers sehr weitgehend derjenigen des Übersetzers ent-

---

4) ebenso Homburg, 79.

5) Vgl. Rudolf Stephan, Fischer-Lexikon 5, „Musik", Frankfurt/M. 1957, Stichwort „Aufführungspraxis".

6) Rede zum Andenken an Wieland, 18. 2. 1813, JA 37, 22, zit. nach Müller, Goethes urheberrechtliche Gedanken, UFITA 12 (1939), 33. Entsprechend unterscheidet Bappert, BBl 1961, 1299 f., „Übertragung" und „Nachdichtung".

7) Vortrag, gehalten in der Aula der Frankfurter Johann Wolfgang Goethe-Universität im Rahmen des Freien Deutschen Hochstifts, Winter 1958/59; ebenso Ortega y Gasset, Elend und Glanz der Übersetzung, 2. Aufl., Ebenhausen 1957, S. 77, unter Berufung auf Schleiermacher.

8) Fred Hamel, Die Wiederbelebung der alten Musik, in: Musik und Dichtung, 50 Jahre GEMA, München 1953, S. 72.

spricht. Soweit im Schrifttum diese Parallele überhaupt gesehen wird, ist der häufigste Einwand gegen die Analogie zwischen Interpretation und Übersetzung: der Übersetzer schaffe im Gegensatz zum ausübenden Künstler eine neue Ausdrucksform, die sich der Schöpfer des Originalwerks nicht vorgestellt habe. Der Übersetzer ändere das Werk ab, der Interpret gebe es unverändert wieder.[9])

Dem ist entgegenzuhalten, daß die Realisierung eines schriftlich vorliegenden Musik- oder Bühnenwerkes, also die erklingende Musik, das gespielte Drama, durchaus als „neue Form" gegenüber dem nur durch unvollständige Symbole fixierten Grundwerk anzusprechen ist. Bei der Gegenmeinung scheint immer noch die an sich längst überwundene Vorstellung zu herrschen, daß nur die Schriftform werkgestaltend wirken könne. Heute ist es aber unbestritten, daß auch das nur mündlich geäußerte Wort, die sogleich wieder verklingende musikalische Improvisation ohne irgendeine Aufzeichnung Werksqualität haben.[10]) Der urheberrechtlich wesentliche Anknüpfungspunkt ist also **nicht** die Schriftform, sondern die hinter den Buchstaben oder Notenzeichen stehende Wort-, Klang- oder Bildfolge. Das Wesentliche an der Übersetzerleistung ist demnach nicht die Schaffung eines neuen Schriftbildes, sondern die Umsetzung des Schriftwerkes in die Formen- und Gedankenwelt einer anderen Sprache; die schriftliche Aufzeichnung ist dabei ganz nebensächlich. Die Leistung des ausführenden Künstlers besteht analog in der Umsetzung graphischer Symbole in Klang- oder Bildgestalt. „Unveränderte Wiedergabe" eines Musikwerkes wäre die Abschrift des Notentextes oder die akustische Reproduktion einer Aufführung mittels Tonbandes; das ist die Aufgabe des Druckers, des Notenstechers oder des Toningenieurs. Der ausführende Künstler dagegen „verändert" ganz bewußt und legitim die Schriftform, indem er dem Werk die lebendige Form gibt, wie sie — zugegebenermaßen — in ganz ähnlicher Weise dem Schöpfer vorgeschwebt hat.[11]) Was aber an lebendiger Form

---

9) Mestre bei Olagnier, 3: Hoffmann, UFITA 12 (1939), 113; Gorn, 24 f.· Möhring-Elsaesser, IGU 6, 29; Hubmann, IGU 9, 25.

10) Freiesleben, GRUR 1916, 114; Schramm, GF, 31 f.; Neumann-Duesberg, GW, 53; Ulmer, § 24 I 2, 126; Hubmann, § 12 II 2 b, 78; OLG Stuttgart vom 29. 6. 1956, Schulze OLGZ 25, 7.

11) Troller, IGU 13, 82, 93; Litten, 8 f.; ähnlich Schramm, GF, 35: „Niemand wird z. B. das schöpferische Werk einer Symphonie mit den Noten gleichsetzen. Die Noten sind die Vorlage zur Wiederholung der Symphonie." Ders., SchL, 34 f.: „Der Dirigent gibt nicht nur rein reproduktiv ein Musikwerk wieder ... Er gibt vielmehr seine eigene Anschauung vom Musikwerk wieder. Die Vitalität und das Temperament des Dirigenten „tönen" das Werk. Vielfach wird also auch bei Interpretationen aus dem unterbewußten seelischen Bereich, aus der Fantasie geschöpft. Insoweit nähert sich die Interpretation der schöpferischen Leistung." Ähnlich auch Neumann-Duesberg, GW, 47: Die Schrift habe abgeleiteten Charakter, sei das Sekundäre. Tonkunstwerk und Notenwerk sei nicht dasselbe. Freiesleben, GRUR 1916, 113: „Der individuelle künstlerische Vortrag ist eine ... selbständige geistige Produktion, weil dabei nicht nur das abstrakte Klanggebilde wiedergegeben wird, sondern der ausübende Künstler die nicht notierbaren Intentionen des Tondichters durch eigene schöpferische Tätigkeit ergänzen muß." Samson, GRUR 1960, 176: „Die Fähigkeit, die invisibilia in visibilia umzuformen, ist auch dem ausübenden Künstler gegeben." Spaic, UFITA 35 (1961), 34: „In der Leistung des Künstlers vereinigen sich eigene Vorstellungen mit Vorstellungen des Werkurhebers. Aus dieser Vereinigung erwächst ein neuer Gegenstand des Urheberrechts. Das Werk gewinnt die Form seiner Darstellung."

(Fortsetzung siehe nächste Seite!)

nur in der Phantasie des Schöpfers und noch gar nicht in Wirklichkeit vorhanden ist, kann auch nicht „unverändert wiedergegeben" werden. Der ausübende Künstler formt also das Werk in ganz ähnlichem Sinne neu wie der Übersetzer: Beide versuchen an Hand des Urtextes zu ergründen, was das Werk besagt, was sein Schöpfer ausdrükken wollte, und bemühen sich darum, das so verstandene Werk in einem neuen Ausdrucksmittel nachzuvollziehen.[12])

Dem steht auch nicht entgegen, daß eine Übersetzung im allgemeinen zur Vermittlung eines Schriftwerks weniger notwendig erscheint als die Aufführung zum Verständnis eines Bühnen- oder Musikwerkes. Die Begriffe „natürliches (immanentes, notwendiges)" und „gewillkürtes (fakultatives, mögliches) Ausdrucksmittel", die Elster zur Unterscheidung von urheberrechts- und nicht-urheberrechtsfähigen Werkmittlerleistungen eingeführt hat, [13]) sind zu relativ, um als brauchbares Kriterium zu dienen. Wer das absolute Gehör hat, Noten lesen und den musikalischen Zusammenhang erfassen kann, vermag sich auch schon aus dem bloßen Schriftbild eines Klaviersatzes oder einer Partitur den Klang der Musik vorzustellen, ohne unbedingt der Realisation durch den ausführenden Künstler zu bedürfen. [14]) Der Phantasiebegabte ist in der Lage, einen Dramentext oder ein Filmszenario so zu lesen, daß die Handlung ähnlich wie auf der Bühne oder Leinwand vor seinem inneren Auge ersteht. Umgekehrt ist die Übersetzung unentbehrlich für jeden, der die Sprache des Originals nicht versteht. Die Unterscheidung in notwendige und fakultative Ausdrucksmittel läßt sich also in der von Elster vorgeschlagenen Form kaum durchführen. Seine Abgrenzung bietet vor allem keinerlei Erklärung dafür, weshalb der „natürliche" Werkmittler weniger Rechte haben soll als der „gewillkürte". Nicht die Notwendigkeit, sondern Charakter und kulturelle Funktion der Leistung sind für ihre rechtliche Einordnung entscheidend.

Die zahlreichen wichtigen Gemeinsamkeiten sollen nicht darüber hinwegtäuschen, daß die äußere Art der Tätigkeit von Übersetzer und Interpret sehr unterschiedlich ist. Der Übersetzer schreibt nach und nach seine Übersetzung nieder, feilt daran und übergibt sie schließlich als fertiges Manuskript dem Verleger. Mündliches Übersetzen als künstlerische Leistung (also nicht das einfache Dolmetschen von Sätzen der täglichen Rede) kommt praktisch überhaupt nicht vor. Demgegenüber liegt der Schwerpunkt der musikantischen und schauspielerischen Leistung von jeher — und trotz Erfindung der Bild- und Tonträger wohl auch heute noch — auf der einheitlichen Darstellung, die nach mehr oder weniger langer Vorübung und Vorbereitung (und dann meist in häufiger Wiederholung) erbracht wird. Während also der Übersetzer

---

In sich widersprüchlich Hubmann, GEMA-Nachrichten Nr. 38/1958, 7, zit. bei Wawretzko, IGU 11, 76: H. sagt, die Leistung des ausübenden Künstlers liege in der Übertragung des Werkes in eine andere Erscheinungsform; wenige Zeilen später: der darstellende Künstler ändere weder Form noch Inhalt eines Werkes. Ähnlich Homburg, 75: „Schon die einfache Rezitation oder Deklamation (abgesehen vom Spiel) macht aus dem literarischen ein künstlerisches Werk . . ."; anders jedoch S. 90: Es finde keine Umformung des Werkes durch den ausübenden Künstler statt. — Der gleiche Widerspruch bei Pfitzner, Kontrapunkte, 117: „Es ist nun einfach eine rein logische Tatsache, daß Aufzeichnung und sinnliche Erscheinung in Ansehung des Kunstwerkes nicht zweierlei sind, sondern ein Ding." Dagegen auf S. 122: „Es liegt im Wesen der von uns besprochenen Kunstgattungen: Musik, Theaterstück, daß das, was in „dauernden Gedanken befestigt" ist, wenn es in die „schwankende Erscheinung" schwebt, sowieso immer verändert wird."

12) Ähnlich Homburg, 82; Olagnier, 25.

13) UFITA 3 (1930), 378.

14) Das übersieht Spaic, UFITA 35 (1961), 33.

ähnlich wie ein Autor arbeitet und nach einiger Zeit wie dieser auf eine gewisse Anzahl abgeschlossener Übersetzungs„werke“ zurückblicken kann, liegt es im Wesen der Interpretation, sich weiterzuentwickeln, nach größerer Vollendung zu streben, eigentlich nie ganz „fertig“ zu sein. Der Übersetzer muß sich, ähnlich wie der Buchautor, mit einer endgültigen Fassung zufriedengeben, während der Interpret dasselbe Werk immer wieder neu — und damit je nach seiner Stimmung und Disposition auch immer wieder anders — wiedergibt und wiedergeben will.[15])

Dennoch sind dies keine wirklich wesentlichen Unterschiede. Auch der Schöpfer eines Originalwerkes, vor allem der bildende Künstler, ringt oftmals lange mit dem Stoff, macht Skizzen, Vorstudien, behandelt dasselbe Motiv immer wieder neu mit oft nur leichten Abwandlungen. Insoweit steht also der Interpret in seiner Arbeitsweise dem Schöpfer nicht ferner als der Übersetzer auch. Richtig betrachtet, ist die Art der Tätigkeit nur eine Funktion der technischen Möglichkeiten: Das Tonbandgerät eröffnet dem Musiker gleichfalls die ständig kontrollierte, ausgefeilte, „endgültige“ Interpretationsmöglichkeit im Tonstudio oder sogar in den eigenen vier Wänden. Auch ausübende Künstler können heute, soweit Aufnahmen von ihnen auf dem Schallplattenmarkt zu haben sind, auf ein bestimmtes festgelegtes „Oeuvre“ zurückblicken, das unabhängig von einer stets neuen Bemühung um das dargestellte Werk auch schon zu Lebzeiten des Interpreten selbständig fortwirkt. Das Gleiche gilt für den Filmschauspieler, der sich ebenfalls — den Möglichkeiten und Anforderungen der Filmtechnik entsprechend — in aller Regel mit der einmaligen Realisation seiner Rolle begnügt.

§ 6 Geltendes Recht und Reformvorschläge in rechtsvergleichender Sicht.

I. Der Rechtsschutz des Übersetzers.

Nachdem nun klargestellt ist, daß die Übersetzung im Grunde der vermittelnden Leistung des Interpreten ihrer ästhetischen und soziologischen Funktion nach wesentlich näher steht als der schöpferischen des Autors, muß es überraschen, daß der Übersetzer nach ganz herrschender Meinung als „Urheber“ gilt, als solcher vom geltenden Recht (§ 2 Abs. 1 LUG) geschützt wird und sein ausschließliches Bearbeiterrecht auch nach sämtlichen Entwürfen zur Urheberrechtsreform ungeschmälert bleiben soll.[1])

Dieses Recht an der Übersetzung war bis zu seiner gesetzlichen Normierung nicht unbestritten, und auch später sind vereinzelt kritische Stimmen laut geworden.

---

[15]) Vgl. Olagnier, 16.
[1]) Vgl. Entwurf 1932, § 4 I und S. 36; RefE, MinE § 2; EntwDDR § 4.

Die Rechtslehre und ihr folgend die Gesetzgebung des 19. Jahrhunderts gingen zunächst vom Schutz des Autors gegen die Übersetzung aus: an den Schutz des Übersetzers dachte man ursprünglich nicht. [2]) Van Calker sah im Gegenteil in der Übersetzung eine bloße veränderte Wiedergabe, keine Neuschöpfung, und versagte ihr deshalb folgerichtig jeglichen Urheberrechtsschutz. [3])

Dieses Ergebnis wurde allerdings als unbefriedigend empfunden. Dabei kam es dem Übersetzer zustatten, daß sein Leistungsergebnis sich zwanglos als „Schriftwerk" in das bestehende Begriffssystem einordnen ließ. Weiterhin konnte bei oberflächlicher Betrachtung das Werk in seiner veränderten äußeren Sprachform als „neues" Werk gelten, und da es ferner geläufig war, daß Übersetzungen je nach der Person des Übersetzers verschieden ausfallen, war auch die Voraussetzung der „eigenpersönlichen Formprägung" erfüllt. So kam es, daß in Deutschland schon vor der Jahrhundertwende die Übersetzung als urheberrechtsfähiges Schriftwerk anerkannt wurde. [4])

In § 2 des Urhebergesetzes von 1901 hat man diesen bereits bestehenden Rechtsschutz ohne Diskussion übernommen. Die Motive verlieren darüber kein Wort der Begründung, [5]) obwohl der Gesetzeswortlaut („... gilt als...") es an sich nahelegt, an eine bloße Fiktion der Urheberschaft des Übersetzers zu denken. Doch war man sich von Anfang an darüber einig, daß hier ein lapsus linguae des Gesetzgebers vorliege und das Wort „gilt" in diesem Zusammenhange nichts weiter als „eine Verbeugung vor der überragenden Stellung des Verfassers" sei. [6]) Daß die Einbeziehung des Übersetzers in den Urheberbegriff eigentlich eher eine Notlösung gewesen war, wurde ganz übersehen, zumal diese Lösung eines „abhängigen Urheberrechts" sich als brauchbar und der Interessenlage zwischen Autor und Übersetzer angemessen erwies. In der Folgezeit findet sich erst wieder bei Elster im Rahmen seiner Lehre von der notwendigen Trennung von „Formgebung und Ausdrucksmittel" eine kritische Bemerkung zum Urheberrecht des Übersetzers. [7]) Sie steht dort gleichsam nur am Rande, beleuchtet aber schlaglichtartig unser Problem und ist daher wichtig genug, hier wörtlich angeführt zu werden:

„Insbesondere aber — und dies bedarf eben stärkerer Betonung — hat auch der Übersetzer beispielsweise kein Urheberrecht an dem Geist der Worte, die er da durch Übertragung in eine andere Sprache „formt", ebensowenig wie der, der ein Drama aufführt, oder der, der den Dialog aus einem Roman in die „Dramatisierung" übernimmt — die Bearbeiter erlangen vielmehr nur ein Recht (ob man es Urheberrecht nennen darf, ist etwas, was noch recht sehr der Klärung bedarf) daran, wie sie das veränderte Ausdrucksmittel handhaben. Dieses Recht an der Handhabung des Ausdrucksmittels ist grundsätzlich anderer Art als das selbstschöpferische Erdenken einer Dichtung, eines Schriftwerkes, eines Kunstwerkes, einer Erfindung, kurz: der geistigen Form."

(Hervorhebungen vom Verfasser)

---

2) Gorn, 13, 48.
3) Die Delikte gegen das Urheberrecht nach deutschem Reichsrecht, Halle 1894, 111, zit. bei Gorn aaO.
4) Gesetz, betr. das Urheberrecht an Schriftwerken, Abbildungen, musikalischen Kompositionen und dramatischen Werken vom 11. 6. 1870, § 6 VI: „Übersetzungen genießen gleich Originalwerken den Schutz dieses Gesetzes gegen Nachdruck." — Dies entsprach der schon damals hL, vgl. Jolly, 153; Dambach, 77; Wächter, 51; Klostermann, 120 f.
5) Entwurf LUG 1901, S. 393.
6) So Marwitz-Möhring, 8 zu § 2 LUG; im gleichen Sinne: Allfeld, 65; Ellinger, 20; Schlechtriem, GRUR 1948, 36; Goldbaum, UFITA 23 (1957), 143 f.; Voigtländer-Elster-Kleine, 39; Bappert, BBl 1961, 1300; Hirsch Ballin, UFITA 35 (1961), 60.
7) UFITA 2 (1929), 607

Elster dachte nicht daran, dem Übersetzer seinen angestammten Urheberrechtsschutz zu entziehen. Ihm ging es um das Problem der Abgrenzung des wirklich urheberschutzfähigen neuen Werkes von der nicht schutzfähigen äußeren Abwandlung.[8]) Als solche rein „technische" Handhabung des Ausdrucksmittels sieht Elster beispielsweise die Filmung eines drehreifen Buches an.[9]) Er zweifelt aber nicht generell an der Berechtigung eines Urheberrechtsschutzes für den Bearbeiter, da dessen Leistung in der Regel auch schöpferische Elemente enthalte.[10])

Einen Schritt weiter geht Kühnemann[11]) mit seinem Vorschlag, de lege ferenda den Urheberrechtsschutz des Übersetzers nicht an eine (angeblich) schöpferische Tätigkeit zu knüpfen, sondern ehrlicherweise nur von einer eigenpersönlichen Leistung zu sprechen. Ziel jeder Bearbeitung sei es doch nur, das Originalwerk auf besondere Art zur Geltung zu bringen, seine Wirkungsmöglichkeiten zu erweitern, ihm also letzten Endes irgendwie zu dienen. So habe die Übersetzung regelmäßig den Zweck, das Werk dem Verständnis weiterer Kreise zu erschließen. Man käme in Verlegenheit, wenn man eine vielleicht recht nüchterne, gleichwohl aber durchaus anerkennenswerte, weil schwierige und dem bestimmten Zweck entsprechende Übersetzung zur schöpferischen Tat erklären müßte, um ihr den verdienten vollen Urheberrechtsschutz zuteil werden lassen zu können. Kühnemann will also ebensowenig wie Elster den herkömmlichen Rechtsschutz des Übersetzers schmälern; er wendet sich aber entschieden gegen die übliche Terminologie, wonach der Übersetzer „schöpferisch" tätig ist und sieht darin eine unnötige und gefährliche Verwässerung des Begriffs der „Schöpfung".[12])

Noch heftiger rüttelt Goldbaum[13]) an den Grundfesten des Bearbeiterrechts mit seiner kritischen Bemerkung, die „Überfütterung" des Übersetzers mit den urheberrechtlichen Befugnissen sei unsachgemäß und entspreche weder der Leistung des Bedachten, noch den sozialen und kulturellen Bedürfnissen. Bei näherem Zusehen soll aber mit diesem temperamentvollen Angriff nur die beherrschende Stellung des Originalautors und die Abhängigkeit des Übersetzerrechts betont werden. Es ist nach deutschem Recht selbstverständlich, daß der Übersetzer eines Romanwerkes nicht allein das Verfilmungsrecht vergeben kann; in den USA war es anders gehandhabt worden, und so sind die Ausführungen Goldbaums hauptsächlich als Reaktion auf die verfehlte amerikanische Rechtsauffassung zu verstehen. Am Schluß des Aufsatzes[14]) wird wieder ganz im herkömmlichen Sinne von den „beiden Urheberrechten" (nämlich des Autors und des Übersetzers) gesprochen, die es gegeneinander und miteinander abzustimmen gelte.

Zusammenfassend kann man also folgendes sagen: Der dem Übersetzer durch das Urheberrecht gewährte Rechtsschutz ist in neuerer Zeit seinem materiellen Gehalt nach niemals umstritten gewesen, wohl aber wurde gelegentlich der schöpferische Charakter der Übersetzung verneint und daher die Qualifizierung des Übersetzerrechts als Urheberrecht in Zweifel gezogen.[15])

---

8) aaO S. 595
9) aaO S. 606
10) aaO S. 607
11) UFITA 16 (1944), 9 ff.
12) aaO S. 13
13) UFITA 23 (1957), 145
14) aaO S. 149
15) Rintelen, UVR 80, unterscheidet zwischen „worttreuer" und „werktreuer" Übersetzung und versagt der ersteren als bloßer „Leistung" den Urheberrechtsschutz. Das ist wohl unstreitig, denn in diesem Falle ist der Übersetzer nur technischer Werkmittler und durch Elektronengehirne ersetzbar. Hier und im Folgenden ist stets nur von der künstlerischen, der „werktreuen" Übersetzung die Rede.

Ein Blick auf die Regelung in anderen Ländern bestätigt den Eindruck, daß der Urheberschutz des Übersetzers zum gefestigten Bestand fast aller Rechtsordnungen gehört. In der Übersicht bei Pinner[16]) kehrt bei den meisten Nationen in beinahe stereotyper Weise die Feststellung wieder, daß der Übersetzer als Autor seiner Übersetzung geschützt werde. Manchmal wird einschränkend hinzugefügt, daß nur Übersetzungen „von einer gewissen Originalität", die eine „individuelle, schöpferische Leistung" darstellen, eine „schöpferische geistige Anstrengung" verlangen, „die Individualität des Bearbeiters zeigen", schutzfähig sind. Damit wird im Grunde nur etwas Selbstverständliches ausgesprochen. Denn auch nach deutschem Recht kann der Urheberrechtsschutz jedenfalls nur einer individuellen geistigen Leistung zukommen, so daß etwa die routinemäßige Übersetzung eines Geschäftsbriefes nicht schutzfähig wäre.[17]) Goldbaum als Fachvertreter einiger Länder hat allerdings Zweifel, ob die Übersetzung nach dortigem Recht Urheberschutz genießt, weil ausdrückliche Bestimmungen fehlen und die Übersetzung nicht ohne weiteres Werkscharakter habe, da sie „zum erfinderischen Inhalt des Werkes nichts beiträgt".[18]) Hier handelt es sich aber in dem großen Kreis der Kulturstaaten nur um ganz wenige Außenseiter von geringem Gewicht.

Die Berner Übereinkunft stellt im Einklang mit der international herrschenden Meinung fest, daß Übersetzungen den gleichen Schutz wie Originalwerke genießen (Art. 2 Abs. 2). Das Welturheberrechtsabkommen[19]) erwähnt die Übersetzungen nicht als besonderes Schutzobjekt. Ein Antrag von seiten Dänemarks, die Übersetzung in den Katalog der geschützten „Werke" aufzunehmen, ist seinerzeit abgelehnt worden.[20]) Daraus sowie aus der Fassung des Art. V Abs. 1, wonach die Veröffentlichungsbefugnis des Übersetzers aus dem Recht des Originalurhebers abgeleitet wird, zieht Goldbaum[21]) den Schluß, daß die Übersetzung nach dem WUA keinen Urheberschutz genieße. Angesichts der Tatsache aber, daß man eine Rechtsnorm nicht so sehr nach den subjektiven Motiven ihrer Verfasser, sondern in erster Linie nach ihrem objektiven Gehalt zu beurteilen hat, ist dieser Schluß meines Erachtens nicht zwingend. Da fast alle nationalen Gesetze den Übersetzer als Autor ansehen und schützen, liegt es nahe, auch das WUA in dieser Richtung auszulegen und davon auszugehen, daß der Begriff „Schriftwerke" mangels ausdrücklicher Beschränkung auch die Übersetzung erfaßt. Wenn in Art. V Abs. 1 gesagt wird, daß das Urheberrecht das Recht umfasse, anderen die Übersetzung und deren Veröffentlichung zu gestatten, so wird dadurch ein eigenes Urheberrecht an seiner Übersetzerleistung keineswegs ausgeschlossen, sondern nur dessen völlige Abhängigkeit vom Recht des Originalurhebers festgestellt.[22])

II. Der Rechtsschutz des sonstigen Bearbeiters.

Was nach geltendem Recht für den Übersetzer gesagt wurde, trifft allgemein auch auf den Bearbeiter zu, der fremde Werke in eine äußerlich abweichende Form bringt, um ihnen eine neue Wirkungsmöglichkeit zu eröffnen. Als Beispiele seien hier nur die Orchestrierung einer Klavierkomposition, der Klavierauszug eines Orchester- oder Kammermusikwerkes, die Dramatisierung oder Verfilmung eines Romans genannt.

[16]) Band IV, Stichwort „Translations"
[17]) Vgl. Hubmann, § 17 I 2, 96 und oben Anm 15.
[18]) So für Honduras; ähnlich für Haiti, San Salvador, bei Pinner aaO.
[19]) BGBl 1955 II, 101 ff.
[20]) Goldbaum, Komm. zum WUA, Berlin 1956, S. 38.
[21]) aaO und A II zu § 2 LUG
[22]) Entsprechend hat das Comité intergouvernemental des WUA in seiner Londoner Sitzung (31. 10. — 4. 11. 1960) eine Resolution über das Urheberrecht des Übersetzers als unnötig angesehen, da die Übersetzer fast überall den Autoren angeglichen und als solche geschützt würden (DdA 1961, 51).

Das deutsche Urheberrechtsgesetz von 1870 kannte den Rechtsschutz des Bearbeiters noch nicht, obwohl gerade damals musikalische Transskriptionen für den Hausgebrauch sehr häufig waren. § 46 erwähnte musikalische Bearbeitungen nur als „Nachdruck" und machte sie von der Erlaubnis des Urhebers abhängig, wenn sie „nicht als eigentümliche Komposition betrachtet werden" konnten. Auch hier dachte man also zunächst nur an den Rechtsschutz des Autors gegen die Bearbeitung. Erst das Urhebergesetz von 1901 hat (wiederum ohne nähere Begründung, gleichsam als Selbstverständlichkeit, den urheberrechtlichen Schutz des Bearbeiters eingeführt.[1])

Die bei Erörterung des Rechtsschutzes der Übersetzung erwähnten Zweifel Elsters[2]) und Kühnemanns[3]) an dem schöpferischen Charakter der hier unter Urheberrecht gestellten Leistungen beziehen sich auch auf Bearbeitungen ganz allgemein. Elster sieht einen grundsätzlichen Unterschied zwischen der bloßen „technischen" Handhabung des Ausdrucksmittels (z. B. bei der Filmung eines drehreifen Buches) und dem selbstschöpferischen Erdenken der geistigen Form. Er geht aber nicht so weit, dem Bearbeiter jegliche schöpferische Tätigkeit abzusprechen; er sagt nur, daß bei diesem die (allein nicht urheberrechtswürdige) Handhabung des Ausdrucksmittels mehr oder weniger im Vordergrund stehe.

Kühnemann erkennt bei der Bearbeitung — er wählt als Beispiel der Dramatisierung eines Romans — zwar die Möglichkeit einer schöpferischen Gestaltung an (und zwar eher als bei der Übersetzung), weist aber auch hier auf die in der Regel nur dienende, dem Grundwerk zu einem weiteren Wirkungskreis verhelfende Funktion der Bearbeitung hin, die im Grunde eine Unterordnung unter fremden Schöpfergeist und daher nur eine eigenpersönliche Leistung darstelle, keine Schöpfung im Sinne des Urheberrechts.

Zuletzt hat Goldbaum darauf hingewiesen, daß der Bearbeiter eigentlich kein Urheber sei, weil er nicht schöpferisch arbeite, und daß sein urheberrechtlicher Schutz daher keineswegs als eine Selbstverständlichkeit angesehen werden dürfe.[4])

Diese vereinzelten Bedenken haben nicht einmal die Urheberrechtsreform zu beeinflussen vermocht, geschweige denn auf das geltende Recht irgendwie eingewirkt.

Auch im Ausland wird ganz allgemein der Bearbeiter, soweit er eine individuelle Leistung erbringt, wie ein Urheber geschützt.[5]) Es wird allerdings bezeichnenderweise verschiedentlich darauf hingewiesen, daß eine Bearbeitung nicht dem Grundwerk gegenüber „originell" und „neu" sein müsse, sondern daß vielmehr die individuelle Arbeit, die wissenschaftliche Bemühung und die besonderen Kenntnisse des Bearbeiters bereits Grund genug für einen Urheberschutz seien.[6]) Auf internationaler Ebene sehen — wie beim Übersetzer — die RBÜ ausdrücklich einen Urheberrechtsschutz des Bearbeiters vor (Art. 2 Abs. 2), das WUA dagegen nicht. Doch ist auch hier davon auszugehen, daß

---

1) Vgl. die Motive aaO (oben Seite 36, Anm. 5).
2) UFITA 2 (1929), 607.
3) UFITA 16 (1944), 9 ff.
4) UFITA 26 (1958), 274: „Als es sich offenbar als notwendig erwies, Segnungen des Gesetzes den Bearbeitern zukommen zu lassen, begnügte man sich nicht damit, sie entsprechend ihrer Tätigkeit zu behandeln, sondern nivellierte sie im Wege der Fiktion mit dem Schöpfer und bestimmte in § 2 I Satz 2, daß der Bearbeiter als Urheber gilt."
5) Vgl. Pinner II, 388 ff., Stichwort „Derivative Works".
6) Duval zu Brasilien, 389; E. E. Hirsch zur Türkei, 396; Howell zu USA, 396. — Anders allerdings die jüngste Rechtsprechung in Ungarn, vgl. unten Seite 58, Anm. 15

beispielsweise die Dramatisierung eines Romans als „dramatisches Werk" angesehen und so dem Schutz des Art. I WUA unterstellt werden könnte.

III. Der Rechtsschutz des Herausgebers von Sammelwerken.

Der kurze Überblick über das geltende Recht im In- und Ausland unter Hinweis auf kritische Stimmen und etwaige Reformvorschläge wendet sich nun als einer weiteren Gattung von Werkmittlern den Herausgebern von Sammelwerken zu. Die §§ 4 LUG, 6 KUG gewähren ihnen ein eigenes Urheberrecht an der Auswahl, Ordnung und Zusammenstellung fremder Werke zu einem größeren Ganzen, unbeschadet der Rechte, die an den einzelnen in der Sammlung zusammengefaßten Beiträgen bestehen.[1]) Als Beispiele werden im Schrifttum genannt: Periodika, Jahrbücher, Almanachs, Festschriften, Handbücher, Enzyklopädien, Konversationslexika, Entscheidungs- und Gesetzessammlungen, Anthologien. Da das Gesetz in den genannten Vorschriften Urheberrechtsfähigkeit der gesammelten Objekte voraussetzt,[2]) werden Sammlungen sonstiger „Bei träge", die nicht Werksqualität haben (z. B. von Adressen, Briefen, Kochrezepten), nur nach § 1 LUG unmittelbar geschützt, sofern sie als Ganzes eine „schöpferische geistige Leistung" verraten.[3])

Hier findet sich also die für Lichtbild und Phonogramm oben[4]) bereits aufgezeigte Doppelspur von Werk- und Sachvermittlung deutlich in der Systematik des Gesetzes oder jedenfalls in der dazu ergangenen Rechtsprechung. Bezeichnenderweise wird aber fast überall im Schrifttum die Ausklammerung der sogenannten „kleinen Münze" des sammelnden Sachvermittlers aus dem Urheberrecht gefordert, da dessen Tätigkeit in Wahrheit nichts mit einer geistigen Schöpfung gemein habe, sondern nur im Rahmen des Wettbewerbsrechts schutzwürdig sei.[5])

Auch der Schutz des Sammelwerks im engeren Sinne, das sich aus urheberrechtlich schutzfähigen Werken zusammensetzt, wird allgemein von dem Hervortreten einer schöpferischen Leistung abhängig gemacht, so daß die §§ 4 LUG, 6 KUG nicht etwa als Fiktion,[6]) sondern nur als Unterfall des Werkschutzes nach § 1 LUG/KUG und daher als Ausdruck einer Selbstverständlichkeit gelten.[7]) Allerdings werden an die geistige Leistung des Sammelherausgebers keine hohen Anforderungen gestellt. Die ganz herrschende Meinung sieht bereits in der Auswahl, Verbindung und Anordnung der Beiträge in der Regel eine schöpferische Leistung.[8])

---

1) Voigtländer-Elster-Kleine, 2 zu § 4 LUG, 49; Ulmer, § 28 II 1. 145.
2) ebenso Art. 2 II RBÜ; anders §§ 3 RefE (Begr. 84) und MinE (Begr. 29).
3) Ulmer, aaO I 3, 144; RG vom 18. 12. 1912, RGZ 81, 120 (122 f.): vom 16. 3. 1927, RGZ 116, 292 (298); OLG Hamburg v. 29. 9. 1955, UFITA 23 (1957), 222.
4) Seite 8 f., 30.
5) de Boor, Vom Wesen, 77 ff.; Hoffmann, GRUR 1931, 709; 1932, 132; Ellinger, 8; Voigtländer-Elster-Kleine, III A 1 b 2 zu § 1 LUG; Runge, UVR, 37; Neumann-Duesberg, GW, 59 ff.; Goldbaum, Einl 1 vor § 1 LUG; Ulmer, § 23 I 3 aE, 120; Hubmann § 13, II, 83 f.; Troller, IGR, 419 f.; Rintelen, UVR, 49 f.
6) de Boor, UVR, 107.
7) Walther, 11; Voigtländer-Elster-Kleine, 2 zu § 4 LUG. — Auch Goldbaum (zu § 4 LUG) sagt schlicht: „Verlangt wird ein Werk, d. h. die verschiedenen Bestandteile müssen zu einem Ganzen geordnet sein."
8) Voigtländer-Elster-Kleine aaO; Runge, UVR, 42; Ulmer, § 28 I,

Ein „besonderer Sammelgedanke“, eine bestimmte „Einheitsidee“, die im Anschluß an das frühere Gesetz vom 11. 6. 1870[9]) noch von Kohler[10]) und de Boor[11]) gefordert wurden, sind nach heute überwiegender Auffassung nicht mehr Schutzvoraussetzung, da das geltende Recht insoweit deutlich von der älteren Regelung abweicht mit dem Ziel, auch Einzelnummern von Zeitungen und Zeitschriften in den Urheberrechtsschutz einzubeziehen.[12]) Nur die rein routinemäßige mechanisch-kompilatorische Arbeit und ein Herausgeben in sich abgeschlossener Werke in loser Folge unter einem zusammenfassenden Reihentitel („Juristische Kurz-Lehrbücher“, „Fischer-Bücherei“, „Bücher der Neunzehn“) wird allgemein als nicht urheberrechtsfähig angesehen.[13])

„Gesamtausgaben“ im Sinne des § 2 Abs. 3 Verlagsgesetz, gesammelte oder ausgewählte Werke ein und desselben Verfassers sind für den Herausgeber nach §§ 4 LUG/6 KUG nicht urheberrechtlich geschützt, da das Sammelwerk nach dem Gesetzeswortlaut stets aus „Beiträgen mehrerer“ bestehen muß.[14]) Hier kommt nur bei Vorliegen eines individuellen Kombinationsgedankens (ähnlich wie bei einer Stoffsammlung) ein Urheberrechtsschutz unmittelbar nach § 1 LUG in Betracht.[15])

Daß der Herausgeber von Sammelwerken de lege lata Urheberrecht genießt, wird fast allgemein widerspruchslos hingenommen. Nur ganz vereinzelt haben sich kritische Stimmen erhoben.

Möller-Klepzig zweifelt in einer Schlußbetrachtung zu seiner (sonst nur dem positiven Recht gewidmeten) Dissertation an dem urheberrechtlich relevanten Charakter des Sammelwerks. Nur dann könne man von einem Urheberrechtsgut, einer Schöpfung, sprechen, wenn die gedankliche Zusammenfassung so überwiegend stark sei, daß die Aneinanderreihung der Beiträge über das Wesen der Einzelstücke hinaus eine besondere Bedeutung erlange. Die Annahme eines Urheberrechts z. B. an einer einzelnen Zeitschriftennummer sei doch ziemlich künstlich und überflüssig; in den weitaus meisten Fällen sei ein solches Recht am Gesamtwerk für den Herausgeber nicht notwendig, da § 1 UWG und § 826 BGB ausreichenden Schutz böten.[16])

Neuerdings hat Troller in seinem „Immaterialgüterrecht“ die Sammelwerke im Rahmen der „typischen Grenzfälle der Zugehörigkeit zu den Werken“ behandelt und dabei betont, daß das Auswählen und Sichten literarischer Texte allein noch keine Geistesschöpfung bewirke. Erst dann werde das Sammelwerk zum schöpferischen Werk, wenn es als Individualität mehr und anders sei als die Summe der einzelnen Teile. Das Rechtsgefühl dürfe nicht dazu verführen,

---

143; Hubmann, § 18 I, 99.

9) § 2 Abs. 1: „Dem Urheber wird ... der Herausgeber eines aus Beiträgen mehrerer bestehenden Werkes gleichgeachtet, wenn dieses ein einheitliches Ganzes bildet.“

10) UVR, 256 ff.; GRUR 1917, 1 ff.

11) UVR, 107 ff.

12) Voigtländer-Elster-Kleine aaO; Möller-Klepzig, 13; Walther, 14 f.; Ulmer, aaO II 2, 145; Hubmann, aaO; RG v. 8. 12. 1905, RGSt 38, 241 f.; v. 17. 1. 1908, RGZ 68, 49 (54).

13) Walther, 15, 18: Möller-Klepzig, 13 f.; Voigtländer-Elter-Kleine, 1 zu § 4 LUG; Ulmer aaO; Hubmann, aaO I 1, 100; aA (jedoch nur als obiter dictum) BGH v. 25. 9. 1953, GRUR 1954, 129 (130).

14) Möller-Klepzig, 16; Voigtländer-Elster-Kleine aaO; Goldbaum, zu §§ 4 LUG/6 KUG, 66; Ulmer, aaO I 1, 143; Hubmann aaO.

15) Walther, 17

16) aaO S. 89.

die Arbeit zu belohnen, ohne streng dogmatisch das Urheberrecht anzuwenden; dieses sei vielmehr von solchen wesensfremden Einschlüssen zu reinigen.[17]

Die Urheberrechtsreform nimmt auf diese Bedenken nur scheinbar Rücksicht, indem sie nunmehr bei den Sammelwerken eine „persönliche geistige Schöpfung" ausdrücklich als Schutzvoraussetzung normiert.[18] Denn wenn in diesem Zusammenhang der Begriff des „Schöpferischen" so wie bisher ausgelegt und darunter auch eine nur sichtende, würdigende und auswählende Tätigkeit verstanden wird, so braucht auch in Zukunft ein Sammelwerk, um urheberrechtlich geschützt zu sein, nicht notwendig über die Vermittlung der gesammelten Beiträge hinaus einen neuen, eigenen Gedankeninhalt zu verkörpern. Hier liegt also keine echte Neuerung, nur eine Klarstellung im Sinne der herrschenden Lehre vor.[19]

Ein kurzer Blick auf die rechtlichen Verhältnisse im Ausland zeigt fast überall das gleiche Bild: Der Herausgeber genießt kraft seiner allgemein als „schöpferische" geistige Leistung anerkannten Tätigkeit des Auswählens und Anordnens Urheberrecht am Sammelwerk, unbeschadet etwaiger Rechte an den einzelnen Beiträgen.[20]
Bemerkenswert ist, daß das türkische Gesetz neben den Sammlungen von Beiträgen verschiedener Autoren ausdrücklich auch Gesamtausgaben oder systematische Zusammenstellungen von Werken ein und desselben Verfassers zu den urheberrechtlich geschützten Bearbeitungen rechnet.[21] Nur ganz vereinzelt fehlt es in den ausländischen Gesetzen an einer besonderen Vorschrift, die den Rechtsschutz des Sammelwerkes klarstellt. Für einen solchen Fall verneint Goldbaum den Urheberrechtsschutz; wenn das Gesetz nur den literarischen Autor und nicht den Sammler oder Herausgeber als Urheber erwähne, sei eine ausdrückliche Bestimmung notwendig, um die Kompilation einem schöpferischen Werk anzugleichen.[22] Doch bestätigt dieser Ausnahmefall nur die Regel, daß der Sammelherausgeber auch im Ausland durchweg als Urheber angesehen und geschützt wird.

IV. Der Rechtsschutz des künstlerischen Kopisten.

Wer eine künstlerische Kopie eines fremden Werkes der bildenden Kunst anfertigt, wird nach deutschem Recht als Urheber der Nachbildung behandelt und hat demgemäß alle urheberrechtlichen Befugnisse, unbeschadet der Rechte des ursprünglichen Schöpfers am Originalwerk (§ 15 II KUG).[1] Als Beispiele für künstlerische Nachbildungen kommen sowohl Kopien im gleichen als auch Reproduktionen in einem anderen technischen Verfahren in Betracht, also das „Abmalen" eines Gemäldes

---

17) aaO S. 421 f.
18) § 3 RefE/MinE; ähnlich § 4 Abs. 1 EntwDDR.
19) Der Buchhändler-Börsenverein empfiehlt allerdings darüber hinaus ein Leistungsschutzrecht für den nicht-schöpferischen Sammelherausgeber, BBl 1961, 586.
20) Österreich: § 6 URG 1936; Schweiz: Art. 3 URG 1922; Niederlande: Art. 10 II URG 1912; Frankreich: Art. 4 URG 1957; England: sec. 2 (1) iVm 48 (1) Copyright Act 1956; USA: § 7 Copyright Law 1947; Italien: Art. 7 I URG 1941; vgl. im übrigen Pinner II, Stichworte „Collections" (21 ff.), „Collective (Composite) Works" (43 ff.), "Compilations" (106 ff.).
21) Art. 6 Ziff. 6 und 7, URG v. 10. 12. 1951, UrhQuellen, Türkei/II
22) Pinner I, 254 (Haiti); ähnlich für Guatemala ebd II, 109, jedoch im Widerspruch zu den Ausführungen auf S. 25 und 52; aA Knauer für Belgien im Einklang mit der dortigen Rspr. und im Hinblick auf Art. 2 III RBÜ, die dort durch Gesetz vom 27. 7. 1953 nationales Recht geworden ist, vgl. UrhQuellen Belgien/I, 3 f., II, 9.
1) Ebenso bereits das frühere Kunstschutzgesetz v. 9. 1. 1876, § 7, vgl. Dernburg, aaO S. 951 Anm. 4.

ebenso wie einer Plastik, oder die Wiedergabe einer Zeichnung durch Holzschnitt, Kupferstich, Radierung, Lithographie. Vorausgesetzt wird aber stets eine „schöpferische", d. h. mehr als rein mechanische, technisch vervielfältigende Leistung. Man sagt, „der Zuschuß des Nachbildners zur Urschöpfung" müsse „eine individuelle Schöpfung darstellen, also auf eigener Anschauung beruhen und im Schaffensakt durch willkürliche Entschließungen bestimmt sein." [2]) Nur der photographischen Reproduktion eines Kunstwerkes wird auch ohne einen schöpferischen Beitrag des Nachbildners urheberrechtlicher Schutz zugestanden — getreu dem oben [3]) erwähnten Grundsatz, daß de lege lata jedes Lichtbild ohne Rücksicht auf etwaige künstlerische Gestaltung Urheberrechtsschutz genießt.[4]) Hubmann sieht demgegenüber eine photographische Nachbildung trotz ihrer eindeutigen Erwähnung in § 15 II KUG als bloße Vervielfältigung und daher als nicht schutzwürdig an, da sie keine schöpferischen Veränderungen enthalte.[5])

Mit dieser Konzeption von „schöpferischen Kopisten" hat sich Breit in den zwanziger Jahren anläßlich eines Prozesses um die Schutzfähigkeit von Teppichmustern nach persischen Originalen sehr ausführlich auseinandergesetzt.[6]) Die Gerichte zweier Instanzen [7]) hatten den Kunstschutz der unechten Perserteppiche deshalb abgelehnt, weil das künstlerische Erfassen einer Vorlage und die Überwindung der technischen Schwierigkeiten bei der Nachahmung der künstlerischen Vorlage diese Nachahmung selbst noch nicht ohne weiteres zur künstlerischen Tat, zur individuellen Schöpfung mache. Gegen diese von der herrschenden Meinung immer wieder hervorgehobene Schutzvoraussetzung eines „eigentümlichen Zuschusses" von seiten des Kopisten wendet sich nun Breit mit seinen eingehenden kritischen Ausführungen. Er weist zunächst anhand der Entstehungsgeschichte des § 15 II KUG nach, daß der Gesetzgeber der Formulierung „... ein anderes Werk ... hervorbringt..." keine besondere Bedeutung beigemessen habe, sondern daß damit etwas „anderes" nur in dem Sinne gemeint sei, wie notwendigerweise jede Nachbildung gegenüber dem Original ein „anderes Werk" darstelle. [8]) Sodann sei unklar, worin das „individuelle" Moment bei einer Kopie liegen solle, wenn nicht darin, daß sie nicht auf mechanischem Wege hergestellt, sondern eben durch künstlerische Nachahmung entstanden sei. Verlange man als schöpferischen „Überschuß" für den Beitrag des Kopisten bildliche Abweichungen vom Original, so handele es sich nicht mehr um Kopie, sondern um deren Gegenteil. [9])

Ähnlich wie Kühnemann für den Rechtsschutz der Übersetzung und sonstigen Bearbeitung von Sprach- und Musikwerken zweifelt auch Breit nicht an der Richtigkeit eines urheberrechtlichen Schutzes der künstlerischen Kopie, sondern stellt lediglich den schöpferischen Charakter dieser Leistung in Frage, indem er von dem Erfordernis eines „eigentümlichen Zuschusses" absehen will. Diese Kritik an der herrschenden Meinung ist von Marwitz seinerzeit mit der Begründung zurückgewiesen worden, man käme so — folgerichtig durchdacht — zur Schaffung eines Urheberrechts ohne individuelle Leistung und

---

2) So Osterrieth-Marwitz, G III 1 zu § 15 KUG; im gleichen Sinne: Ulmer, § 27 I, 138; Hubmann, § 17 1, 96.
3) Seite 28
4) Osterrieth-Marwitz, G III 2 zu § 15 KUG.
5) UVR, § 27 II 6, 134 f.; ebenso für das österreichische Recht: Rintelen, UVR, 82.
6) MuW XXVI (1926/27), 315 (329 ff.)
7) LG Plauen v. 21. 6. 1926; OLG Dresden v. 14. 10. 1926, zit. ebd. S. 332.
8) aaO S. 330 f.
9) aaO S. 331, 333.

würde damit den Kopisten besser stellen als den Urheber, der eine individuelle Schöpfung hervorbringen muß, um Schutz zu erlangen.[10])

Seither ist das Problem, soweit ersichtlich, nicht mehr erörtert worden. Die Entwürfe zur Urheberrechtsreform vernachlässigen es vollends, indem sie künstlerische Nachbildungen überhaupt nicht mehr erwähnen und es damit der Rechtsprechung überlassen, Kopien als „andere Bearbeitungen eines Werkes" gemäß § 2 RefE/MinE anzusehen und zu schützen.[11]) Daß diese Frage so vollständig in den Hintergrund getreten ist, hat seine Ursache wohl hauptsächlich darin, daß Kunstwerke heute fast nur noch photographisch abgebildet werden und die alten handwerklichen Reproduktionsverfahren (Kupferstich, Stahlstich, Lithographie) kaum noch in Gebrauch sind.[12])

In den ausländischen Urheberrechtsgesetzen ist die Nachbildung eines Kunstwerkes meist nicht ausdrücklich erwähnt; sie wird aber in der Regel unter die „Bearbeitungen" eingeordnet und entsprechend urheberrechtlich geschützt, wenn sie „neu", „originell", „schöpferisch", „individuell" ist.[13]) Dabei stellt die Rechtsprechung keine hohen Anforderungen.[14]) Bisweilen wird auch einfach jede handwerkliche Kopie als urheberrechtsfähig der ungeschützten mechanischen Reproduktion gegenübergestellt.[15]) Manche Rechtsordnungen machen den Urheberrechtsschutz davon abhängig, daß die Nachbildung sich einer anderen künstlerischen Technik bedient als das Original; die Pastell-Kopie eines Ölgemäldes wird also geschützt, die Nachbildung mit Ölfarben dagegen nicht.[16]) Es gibt aber auch einige Länder, in denen nach Ansicht ihrer Fachvertreter der Nachbildner keinerlei Urheberrecht genießt. Es wird gesagt, daß eine Kopie zwar künstlerisches Geschick verlange, daß der Kopist aber nichts Eigenes „geschaffen", sondern nur das Werk eines anderen reproduziert habe;[17]) werde eine urheberrechtlich ausreichende individuelle Tätigkeit entfaltet, so handele es sich nicht mehr um eine Kopie.[18])

Man sieht also, daß der Rechtsschutz des künstlerischen Kopisten international keineswegs einheitlich beurteilt wird. Die RBÜ schützt gemäß Art. 2 II „Umarbeitungen" eines Werkes der Kunst, worunter wohl auch Nachbildungen zu rechnen sind, sofern man ihnen Werkscharakter zugesteht. Das WUA erwähnt sogenannte „Werke zweiter Hand" überhaupt nicht.

---

10) Osterrieth-Marwitz, G III 1 zu § 15 KUG.

11) Ebenso § 4 EntwDDR.

12) Ganz anders noch um die Jahrhundertwende, vgl. Klostermann, 122.

13) Vgl. Pinner II, Stichwort "Copyist of an Artistic Work".

14) Vgl. aaO Ramadier für Frankreich, Howell für USA. — Sehr instruktiv ist der Fall Alva Studios, inc. versus Winninger, doing business at Wynn's Warehouse, et al., den der District Court, S. D., New York, am 16. 10. 1959 entschieden hat (zit. in GRUR Int 1961, 261 Nr. 897): Die Klägerin hatte verkleinerte Kopien der Skulptur „Die Hände Gottes" von Rodin hergestellt und vertrieben, der Beklagte erschien später ebenfalls damit auf dem Markt, und zwar konnte man an Einzelheiten erkennen, daß die Kopien des Beklagten nicht vom Original abgenommen, sondern Nachbildungen der Kopien der Klägerin waren. Das Rodin'sche Werk war bereits gemeinfrei. Das Gericht sah die Kopien d. Klägerin als copyright-fähig an, da z. maßstabgetreuen verkleinerten Wiedergabe einer berühmten Skulptur große Geschicklichkeit und auch Originalität erforderlich seien. Eine Bearbeitung sei immer dann urheberrechtsfähig, wenn sie eine eigenständige Schöpfung in dem Sinne sei, daß sie der Bearbeiter ohne direktes Kopieren oder Nachahmen mittels eigener Fähigkeiten und Bemühungen geschaffen habe.

15) So di Franco für Italien, Nybergh für Finnland, vgl. Pinner aaO.

16) Schweden: Art. 3 Kunstschutzgesetz; Türkei: Art. 6 Ziff. 5 Gesetz über Geisteswerke und Kunstwerke v. 10. 12. 1951; ebenso Becker für die Schweiz, vgl. Pinner aaO.

17) so aaO van der Haeghen für Belgien; ähnlich Goldbaum für Chile und Kolumbien.

18) Katsumoto für Japan aaO.

V. Der Rechtsschutz des Herausgebers fremder Texte.

Wer das literarische oder musikalische Schriftwerk eines anderen herausgibt, sei es überhaupt als erster (editio princeps), sei es unter neuen künstlerischen oder wissenschaftlichen Gesichtspunkten (textkritische Ausgabe), hat nach ganz herrschender Meinung kein Urheberrecht an dem Ergebnis seiner Leistung, da es an der Grundvoraussetzung nach § 1 LUG, einer schöpferischen Tätigkeit, fehlt.[1]) Nur ausnahmsweise wird angenommen, daß die Entzifferung und Herstellung von Texten mehr als eine rein technische Angelegenheit, nämlich ein Werk persönlicher Prägung sein könne.[2]) Der erste Herausgeber nachgelassener, bisher unveröffentlichter Werke kann zwar infolge der Nachfrist des § 29 LUG einen auf 10 Jahre beschränkten Urheberrechtsschutz geltend machen. Dieses Urheberrecht steht aber zunächst den Rechtsnachfolgern des Autors zu und muß erst auf den Herausgeber übertragen werden, wenn dieser mit den Erben nicht identisch ist, knüpft also gar nicht an die eigentliche Herausgeberleistung an. Zudem sind auf diese Weise nur Erstausgaben neuerer Werke geschützt. Da nach § 29 LUG dem Herausgeber kein originäres Urheberrecht zusteht, sondern dessen Recht nur eine Verlängerung des Autorenrechts am hinterlassenen Werk darstellt, ist die editio princeps älterer Schriften, an denen niemals Urheberrecht bestanden hat, schutzlos.[3]) Hier sind allerdings etwa vorhandene Zusätze und Ergänzungen (z. B. eine historische oder didaktische Einführung, Anmerkungen, Konjekturen, überhaupt der gesamte „kritische Apparat") für den Herausgeber urheberrechtlich geschützt.[4]) Der reine Text einer solchen Ausgabe darf dagegen ohne weiteres nachgedruckt werden, jedenfalls soweit es nicht auf photomechanischem Wege geschieht und daher der Rechtsschutz des Verlegers gegen unlauteren Wettbewerb außer Betracht bleibt.[5]) Daß somit das Ergebnis einer wissenschaftlichen, von der Persönlichkeit des Herausgebers geprägten, unter Umständen sehr hochstehenden geistigen Leistung zu einem wesentlichen Teil der Ausbeutung preisgegeben ist, wird in Deutschland seit langem als unbefriedigend empfunden und daher die Einführung eines besonderen Rechtsschutzes befürwortet. Die jüngsten Entwürfe zur Urheberrechtsreform sehen für textkritische Ausgaben ein „verwandtes Schutzrecht" vor, das praktisch einem Urheberrecht entspricht, nur in seiner Dauer auf 25 Jahre beschränkt ist.[6]) Außerdem sollen nachgelassene Werke (wie bisher nach § 29 LUG) von ihrer Veröffentlichung an für mindestens 10 Jahre geschützt sein, wobei aber nach Erlöschen

---

1) Hillig I Nr. 21; Ulmer § 23 I 2, 119; Hubmann, § 54 II, 224: Troller, IGR, 423.
2) Voigtländer-Elster-Kleine, 3 zu § 29 LUG, 148.
3) Ulmer, § 61 III 1, 276; Hubmann, § 37 I 2a, 161.
4) Ulmer, § 23 I 2, 119; Hubmann, § 54 II, 224; Troller aaO.
5) Hubmann aaO; vgl. oben Seite 15.
6) § 66 RefE; § 75 MinE. — Gegen ein Aufführungsrecht des Herausgebers musikalischer Werke wendet sich der Buchhändler-Börsenverein in seiner Stellungnahme zum MinE, BBl 1961, 585. Im gleichen Sinne hat sich der Fachausschuß für Urheber- u. Verlagsrecht der Dt. Vereinigung für gew. Rechtsschutz und Urheberrecht geäußert, vgl. D. Reimer, GRUR 1961, 128 ff.

des Urheberrechts am veröffentlichten Werk der weitere Rechtsschutz dem Herausgeber selbst für seine Leistung zukommen soll.[7]) Der Ministerialentwurf will außerdem den Erstherausgeber älterer Werke schützen, ohne Rücksicht darauf, ob an dem veröffentlichten Werk jemals ein Urheberrecht bestanden hat.[8])

Das ausländische Recht kennt ganz überwiegend keinerlei besonderen Rechtsschutz für die wissenschaftliche Herausgeberleistung. Da die Entdeckung, Entzifferung und Herstellung eines fremden Textes in möglichst unverfälschter Form nicht als schöpferische Tat gelten kann, werden nur etwaige Zusätze und Ergänzungen urheberrechtlich geschützt, der Text selbst bleibt auch in der neu vermittelten Form schutzlos.[9]) Um dieses unerwünschte Ergebnis zu vermeiden, wird da und dort bemerkenswerter Weise der Versuch gemacht, die Entschlüsselung und Übertragung eines schwer lesbaren Textes wie eine Übersetzung zu behandeln und mit Hilfe dieser Analogie ein Urheberrecht zu begründen.[10]) Soweit die ausländischen Gesetze eine ausdrückliche Regelung treffen, gewähren sie dem Herausgeber eines unveröffentlichten gemeinfreien Werkes ein ausschließliches Verwertungsrecht, wenn auch meist nur von beschränkterer Dauer (2 bis 30 Jahre). Oft wird auch ausdrücklich betont, daß ein anderer nicht gehindert ist, unabhängig von dem ersten Herausgeber eine neue, auf eigener Arbeit beruhende Ausgabe zu veranstalten.[11]) Finnland schützt nur den Herausgeber neuerer, nachgelassener Werke auf 10 Jahre durch eine Vorschrift, die unserem § 29 LUG entspricht.[12]) Die wohl fortschrittlichste Regelung besteht zur Zeit in der Türkei: Art. 6 Ziff. 8 des Gesetzes über Geisteswerke und Kunstwerke vom 10. 12. 1951[13]) zählt die Versetzung eines noch nicht erschienenen Werkes in einen zur Herausgabe geeigneten Zustand als das Ergebnis wissenschaftlicher Forschung und Arbeit zu den Bearbeitungen, die gleich schöpferischen Werken urheberrechtlich geschützt sind. Außerdem wird klargestellt, daß gewöhnliche Transkriptionen und Faksimiles als nicht wissenschaftlich genug keinen Schutz genießen. Offen bleibt freilich auch hier der Rechtsschutz textkritischer Neuausgaben bereits früher erschienener Werke.

Die RBÜ und das WUA erwähnen die editio princeps nicht; auch die Entwürfe zu einem internationalen Leistungsschutzabkommen enthalten keine Bestimmung zum Schutze der wissenschaftlichen Herausgeberleistung.

VI. Der Rechtsschutz des ausübenden Künstlers.

Der Rechtsschutz des ausübenden Künstlers, soweit es sich um die Verwertung seiner Leistung mittels Tonträger handelt, beruht in Deutschland heute noch auf der Novelle von 1910, durch die § 2 Abs. 2 in das geltende Urheberrechtsgesetz eingefügt wurde. Damals und noch geraume Zeit danach war es in Schrifttum und Rechtsprechung ganz herrschende Lehre, daß der Interpret ähnlich dem Bearbeiter an dem aufgeführten Werk eine individuelle, schöpferische Leistung vollbringe und

---

7) §§ 61 II, 67 RefE; §§ 64 II, 76 MinE
8) § 76 I Satz 2 MinE
9) Pinner II, "Editio princeps", 562 ff., zB für Belgien, Frankreich Schweiz, Italien, Griechenland, Jugoslawien, Polen, CSR, Schweden, USA, Kanada.
10) Fuller-Unwin für England, Hirsch Ballin für die Niederlande, aaO.
11) Congosto für Spanien; Carvalho-Azancot für Portugal; ähnlich die Regelung in Marokko, Tanger, Albanien, Kolumbien, Ecuador, Mexiko, China, vgl. Pinner aaO.
12) Art. 25 (1) UrhRG, vgl. Nybergh aaO.
13) in französischer und deutscher Übersetzung abgedruckt in: UrhQuellen, Türkei II.

daher ein abhängiges Urheberrecht genieße.[1]) „Die Novelle sprach nur aus, was bereits rechtens war.“ [2]) Etwa seit den dreißiger Jahren erschienen dann mehr und mehr Abhandlungen, welche eine schöpferische Leistung beim ausübenden Künstler verneinten und die ganze Konstruktion des § 2 II LUG als verfehlt bezeichneten.[3]) Das Reichsgericht entwickelte zwar in seiner Entscheidung vom 14. 11. 1936[4]) den Rechtsschutz aus dieser Vorschrift folgerichtig weiter, indem es den nach § 2 Abs. 2 LUG Berechtigten auch das ausschließliche Recht an der Sendung von Tonträgern zusprach. Dabei machte es sich aber doch die neuerdings überwiegende Auffassung zu eigen, daß die Rechte der ausübenden Künstler in Wahrheit nur einen Leistungsschutz darstellten, nicht den Schutz einer Geistesschöpfung.[5]) Nach dem Kriege hat der Bundesgerichtshof an die Rechtsprechung des Reichsgerichts angeknüpft und zunächst erneut bestätigt, daß dem ausübenden Künstler nach dem geltenden Urheberrechtssystem mangels schöpferischer Leistung kein echtes Urheberrecht, sondern nur für gewisse Fälle ein Leistungsschutz zur Seite stehe, der gesetzestechnisch als Bearbeiter-Urheberrecht ausgestaltet sei.[6]) Der Meinungsstreit de lege lata konzentrierte sich in der Folgezeit darauf, ob die Rechtsstellung des fiktiven Bearbeiters nach § 2 II LUG neben dem Vervielfältigungs-, Verbreitungs- und Senderecht auch das ausschließliche Recht an der öffentlichen Aufführung umfasse oder ob wegen der in § 22a LUG bestimmten Aufführungsfreiheit für Tonträger ein solches Recht nicht in Frage komme.[7]) Dabei ging es vor allem um das Problem, ob und wieweit die einschränkende Auslegung des § 22a LUG, durch die der Bundesgerichtshof die öffentliche Wiedergabe mittels Lautsprecher auf elektro-akustischem Wege dem Werkurheber als neue Nutzungsmöglichkeit vorbehalten hatte,[8]) sich auch zugunsten des quasi-urheberberechtigten ausübenden Künstlers auswirken mußte. Außerdem war man geteilter Meinung darüber, wem bei einer Gruppenleistung die Rechte aus § 2 II LUG zustehen sollten: nur den künstlerisch leitend und solistisch Beteiligten oder auch jedem einzelnen Orchestermusiker und Chorsänger.[9]) In vier Urteilen vom gleichen Tage[10]) hat der Bundesgerichtshof nun vor kurzem diesen Fragen-

---

1) Eger, Archiv für bürgerliches Recht 1900, 283, 287 ff.; Mittelstädt, GRUR 1909, 34; Kohler, GRUR 1909, 230; Freiesleben, GRUR 1916, 112; Osterrieth, Festgabe Kohler, 411; Hoffmann, GRUR 1927, 69 ff.; Cahn-Speyer, UFITA 4, (1931), 368 ff.: LG Leipzig v. 7. 12. 1908, zit. bei Mittelstädt aaO.

2) So damals (1917) de Boor, UVR, 152.

3) Elster UFITA 2 (1929), 606; Hoffmann, GRUR 1932, 44; H. Röber, 34 f.; Ellinger, 20, 38; Lichtenstein, 21 f.; Vortisch, 9, 15, 32.

4) RGZ 153, 1 ff.

5) aaO S. 21.

6) Urt. v. 21. 11. 1952, BGHZ 8, 88 (90); ebenso RefE, Begr 189 f.; Pakuscher, GRUR 1951, 304; v. Erffa, GRUR 1952, 335, 337 f.; Baum, ebd. 559 f.; Vogel, GRUR 1953, 199; Schiefler, GRUR 1960, 161 f.; aA Mediger, GRUR 1951, 382 f.

7) Gegen ein Aufführungsrecht: Schulze, IGU 5, 43 ff.; Büchen, ebd. 82; Hubmann, IGU 9, 12 ff.; Neumann-Duesberg, ebd. 75 ff.; Nipperdey, IGU 10, 9 ff.; Liermann, IGU 11, 30; Süss, ebd. 64 f.; dafür: RefE, Begr 189; Voss, 19 ff.; Ulmer, § 97 III 2, 438 f.; Samson, GRUR 1960, 177; Blomeyer, 10 ff.

8) Urt. v. 6. 11. 1953, BGHZ 11, 135 (148, 150).

9) Vgl. die Übersicht bei Ulmer, § 97 II 2, 437.

10) 31. 5. 1960, BGHZ 33, 1 ff. = GRUR 1960, 614 ff. = UFITA 32 (1960), 200 ff. = NJW 1960, 2043 ff. (auszugsweise).

komplex eingehend erörtert und damit die wesentlichsten Punkte für die Praxis endgültig entschieden.

Das geltende Recht stellt sich demnach heute aus der Sicht der höchstrichterlichen Rechtsprechung folgendermaßen dar:
Das Quasi-Bearbeiterrecht aus § 2 II LUG umfaßt alle urheberrechtlichen Befugnisse, auch das ausschließliche Aufführungsrecht.[11] Es steht bei Gruppenleistungen grundsätzlich jedem Mitwirkenden zu, doch kann im Einzelfall je nach dem sozialen Gefüge der Gruppe deren künstlerischer oder kaufmännischer Leiter zur Wahrnehmung der Rechte aller Beteiligten befugt sein.[12] Nicht nach § 2 II LUG, aber aus persönlichkeits- und wettbewerbsrechtlichen Gründen hat der ausübende Künstler außerdem das Recht, bereits die Festlegung seiner Interpretation zu verbieten bzw. von einer Sondervergütung abhängig zu machen. Auch dieses Recht steht jedem einzelnen Mitwirkenden zu, doch ist bei Orchesterdarbietungen im Zweifel der Orchestervorstand berechtigt, diese Zustimmungsrechte für alle Musiker wahrzunehmen.[13] Schließlich hat der ausübende Künstler aus den gleichen (nicht urheberrechtlichen) Gründen im Ergebnis ein ausschließliches Recht an der öffentlichen Hörbarmachung seiner unmittelbar — ohne Zwischenschaltung eines Tonträgers — gesendeten Leistung.[14]
Soweit diese Interpretenrechte aus § 2 II LUG abgeleitet werden, gelten sie kraft ausdrücklicher gesetzlicher Vorschrift nur für Schallaufnahmen, schützen also nicht den Film- und Fernsehdarsteller vor der weiteren Verwertung seiner im Bilde fixierten Leistung. Eine Analogie würde die Spezialnorm der Novelle von 1910 überanstrengen und wäre deshalb contra legem.[15] Dagegen können die persönlichkeits- und wettbewerbsrechtlichen Gesichtspunkte, mit denen der Bundesgerichtshof die Festlegung und die öffentliche Wiedergabe live-gesendeter Interpretenleistungen von der geldwerten Erlaubnis der ausübenden Künstler abhängig gemacht hat, nicht auf die Musiker und Rezitatoren beschränkt bleiben. Daß auch der Schauspieler kraft seines „Rechts am eigenen Bilde" ein Verbotsrecht gegenüber jeglicher Bildaufzeichnung seiner Rollendarstellung hat, war schon bisher allgemeine Meinung.[16] Nach der neuesten Rechtsprechung des Bundesgerichtshofs würde es aber auch

---

11) I ZR 53/58 — Künstlerlizenz bei öffentlicher Wiedergabe von Schallplatten — NJW 1960, 2051 ff.; zustimmend Hirsch Ballin, UFITA 35 (1961), 48 ff. gegen Hubmanns kritische Betrachtung UFITA 34 (1961), 1 ff.; weitere Besprechungen des Gesamtkomplexes der Urteile: vgl. unten Anm. 14.

12) I ZR 71/58 — Festlegung von Orchesterdarbietungen auf einem Tonträger: Orchester Graunke — NJW 1960, 2055 ff.

13) I ZR 64/58 — Tonbandaufnahmen von Opernaufführungen zu Zwecken von Rundfunksendungen; hier „Figaros Hochzeit" — NJW 1960, 2043 ff.

14) I ZR 87/58 — Künstlerlizenz bei öffentlicher Wiedergabe von Rundfunksendungen — NJW 1960, 2048 (2050). — Insbesondere diese Entscheidung ist vielfach als allzu „rechtsschöpferisch" ablehnend kritisiert worden, so von Haeger, FuR 1960/11, 11; Pfennig, ebd. 14; Roeber, FuR 1960/12, 3 ff. (7. f.); 1961/3, 3 ff. sowie die zusammenfassende kritische Analyse in UFITA-Schriftenreihe, Heft 21; E. E. Hirsch, Vorrede zu Papaconstandinou aaO; Werhahn, FuR 1961/3, 19. — Zumindest im Ergebnis zustimmend: Ulmer, UFITA 33 (1961), 14; Kleine, GRUR 1960, 577 ff. (579); Leinveber, GRUR 1960, 599 ff.; Strauß, UFITA 32 (1960), 273; Samson, JuS 1962, 16 ff.

15) Ebenso Ulmer, § 97 I 2, 436; Hubmann, Festschrift Hueck, 62 f.; aA Schiefler, GRUR 1960, 164.

16) Vgl. Ulmer, § 98 II 2, 441 f. mit weiteren Zitaten; BGH v. 28. 10. 1960, NJW 1961, 558.

gegen § 826 BGB und § 1 UWG verstoßen, ein Fernsehspiel ohne Sondergenehmigung der beteiligten Schauspieler in einer Gaststätte öffentlich sichtbar zu machen, ein Ergebnis, das bisher im Schrifttum einhellig abgelehnt wird.[17]) Die folgerichtige Weiterentwicklung dieser Judikatur müßte sogar dahin führen, auch die weitere Verwertung von genehmigten Bildaufzeichnungen (sei es im Film oder mittels Ampexverfahrens) einem ausschließlichen Recht der darstellenden Künstler zu unterwerfen; denn es kann rechtlich keinen Unterschied machen, ob eine Live-Sendung oder eine vorher auf Film- oder Magnetband gespeicherte Übertragung öffentlich zu Gesicht gebracht wird. Durch ein „argumentum a maiore ad minus" könnten so die persönlichkeits- und wettbewerbsrechtlichen Generalklauseln leicht dazu benutzt werden, die Vorschrift des § 2 II LUG ihres Spezialcharakters für Tonträger zu entkleiden und neben ihr ein Quasi-Urheberrecht des Schauspielers aufzubauen.[18]) Es ist fraglich, ob der Bundesgerichtshof diese logisch zwingenden Folgerungen berücksichtigt hat und ob er bereit wäre, sie im Ernstfall zu ziehen — auf die Gefahr hin, das geltende Recht damit weitergehend zu reformieren, als es selbst der Gesetzgeber vorhat.

Die neueren Entwürfe zur Urheberrechtsreform wollen sämtlichen ausübenden Künstlern einheitlich das ausschließliche Recht der Weiterübertragung ihrer Leistung mittels Kabel zur Wiedergabe in der Öffentlichkeit[19]) oder drahtlos durch Funksendung,[20]) der Aufnahme auf Bild- oder Tonträger[21]) und der Vervielfältigung[22]) gewähren, ferner ein Recht auf angemessene Vergütung für die Benutzung einer genehmigten Bild- oder Tonaufnahme zur Funksendung, falls nicht dienstvertragliche Abmachungen entgegenstehen.[23]) Die Schutzdauer soll 25 Jahre betragen, vom Ablauf des Jahres an gerechnet, in dem die Leistung erbracht wurde.[24]) Auf Tonleistungen beschränkt ist der weiterhin vorgesehene Vergütungsanspruch im Falle öffentlicher Schallplattenkonzerte[25]) und der öffentlichen Wiedergabe von Funksendungen.[26]) Bei Chor-, Orchester- und Bühnenaufführungen sind der Dirigent, der künstlerische Spielleiter und, falls vorhanden, der Chor- oder Orchestervorstand zur Wahrnehmung der Ausschließlichkeitsrechte kumulativ,[27]) zur Geltendmachung der Vergütungsrechte alternativ ermächtigt.[28]) Der ausübende Künstler soll außerdem gegen eine Ruf oder Ansehen gefährdende Entstellung seiner Leistung geschützt werden.[29])

---

17) Hubmann, § 56 I 4, 231; Ulmer, UFITA 33 (1961), 14; auch die Entwürfe sehen ein solches Recht nicht vor.
18) So bereits andeutungsweise LG Hamburg v. 21. 12. 1960, UFITA 34 (1961), 363 (369).
19) RefE § 73; MinE § 81
20) RefE § 74 I; MinE § 83 I
21) RefE § 75; MinE § 82
22) nur MinE § 82 Satz 2
23) § 74 II RefE; § 83 II MinE
24) § 78 iVm § 65 RefE; § 86 iVm § 68 MinE
25) § 77 RefE; § 84 MinE
26) Nur RefE, § 77, 2. Alternative.
27) § 79 I RefE; § 87 I Satz 1 MinE
28) Nur MinE, § 87 II
29) § 80 RefE; § 88 MinE

Der mitteldeutsche Urhebergesetzentwurf will dem Interpreten nur ein ausschließliches Vervielfältigungs- und Senderecht geben, wobei im Falle von Gruppenleistungen die Einwilligung der Ensembleleitung genügen soll. [30]) Art und Höhe der Vergütung für die genehmigte Weiterverwertung können vom Kultusministerium festgesetzt werden. [31]) Das "droit moral" gegen rufgefährdende Verwendung beschränkt sich ausdrücklich auf solistische Leistungen. [32])

Der Rechtsschutz des ausübenden Künstlers ist auch im Ausland noch sehr unklar und uneinheitlich. Wie aus der umfassenden Übersicht in Pinners Enzyklopädie [33]) hervorgeht, haben nur verhältnismäßig wenig Länder überhaupt eine ausdrückliche Regelung dieser Materie im Gesetz getroffen. Ein echtes Urheberrecht — sei es auch in betont „abhängiger" Gestalt, d. h. unbeschadet der Rechte des Autors am aufgeführten Werk — wird nur in den seltensten Fällen zugestanden. [34])

Meist beschränken sich die Ausschließlichkeitsrechte auf die Fixierung, Vervielfältigung und Sendung der Interpretation. [35]) Manche Rechtsordnungen gewähren für weitergehende Nutzungen besondere Vergütungsansprüche, [36]) oder sehen überhaupt nur solche Sondervergütungen, keine ausschließlichen Rechte vor. [37]) England hat seinen eigenartigen, durch Gesetz von 1925 begründeten, strafrechtlichen Schutz der ausübenden Künstler gegen unerlaubte Aufnahme, Vervielfältigung, Verbreitung und Sendung ihrer Interpretation erst neuerdings bestätigt und ausgebaut [38]) und damit auch weiterhin jegliche zivilrechtlichen Ansprüche ausgeschlossen. Ziemlich einhellig wird dagegen den Interpreten ein Schutz vor rufgefährdender Entstellung ihrer Leistung gewährt, und zwar mit Hilfe persönlichkeitsrechtlicher Erwägungen auch von der Rechtsprechung solcher Länder, die keinerlei konkrete gesetzliche Vorschriften zugunsten der ausübenden Künstler haben. [39])

Insgesamt läßt sich für die meisten Staaten, deren veraltete Kodifikationen bisher nicht erneuert wurden, kaum ein abschließendes Urteil gewinnen: Alles ist im Fluß, das Schrifttum sehr umfangreich und kontrovers, die Rechtsprechung spärlich und vorsichtig. [40])

Die überstaatlichen Konventionen auf dem Gebiete des Urheberrechts (RBÜ und WUA) erwähnen keinerlei Rechte zugunsten der ausübenden Künstler. Es war aber seit langem geplant, in dieser Frage gemeinsam mit dem oben [41]) angeführten Rechtsschutz der Tonträgerhersteller und Sendegesellschaften ein internationales Übereinkommen zu erzielen. Der Genfer Entwurf des Internationalen Arbeitsamtes von 1956 sah im wesentlichen ein ausschließliches Vervielfältigungs- und Senderecht sowie ein Recht auf angemessene Vergütung bei weiterer Nutzung von Tonträgern zu Funksendungen vor. [42]) Der Entwurf von Monaco beschränkte sich auf die genannten Ausschließlichkeitsrechte [43]) und setzte die Mindestschutzdauer von 20 auf 10 Jahre herab. [44]) Der

---

30) § 76 EntwDDR
31) aaO § 82
32) aaO § 77
33) Band III, "Performing Artists", 464 ff.
34) So offenbar in Griechenland und Mexiko.
35) Österreich: §§ 66, 70 URG; Türkei: Art. 81 URG
36) Tschechoslowakei: Art. 84 URG 1953
37) Italien: Art. 80 URG; Argentinien: Art. 56 I URG; Kolumbien: Art. 43 I URG; Uruguay: Art. 36 URG (ebenso Paraguay).
38) Dramatic and musical Performers' Protection Act v. 23. 8. 1958.
39) So Homburg für Frankreich, Knoph für Norwegen, vgl. Pinner aaO.
40) Vgl. Kaplan, Harvard Law Review 69 (1956), 409 für USA; weitere Angaben zum ausländischen Recht bei Ulmer, RSch, 16 ff.; Möhring-Elsaesser, IGU 6, 56 ff. (Das dort für die Schweiz Gesagte ist durch die jüngste Entscheidung des Bundesgerichts v. 8. 12. 1959 bereits wieder überholt, vgl. oben Seite 3 Anm. 8.); Spaic, UFITA 35 (1961), 37—43.
41) Seite 16, 19 f.
42) Art 4
43) Art. 2 II, III
44) Art. 2 IV gegenüber Art. 8 II IAA-Entwurf.

neueste, von der internationalen Sachverständigenkonferenz im Haag 1960 ausgearbeitete und inzwischen auf der diplomatischen Konferenz vom 10. bis 26. Oktober 1961 in Rom mit einigen Änderungen angenommene Entwurf hat etwa den gleichen Schutzumfang wie der Monaco-Entwurf, jedoch wird der Leistungsschutz wieder auf mindestens 20 Jahre garantiert. [45]) Außerdem soll erstmalig neben der Festlegung auf Tonträgern auch die Aufnahme mittels Bild- und Bildtonträgern erfaßt werden. [46])

§ 7 Kritik des geltenden Urheberrechtssystems.

I. Uneinheitlichkeit und Ungeklärtheit des bestehenden Rechtsschutzes.

Überschaut man rückblickend noch einmal den hergebrachten und nach den Reformvorschlägen vorgesehenen Rechtsschutz derer, die nicht neue Werke schaffen, sondern an fremden Werken eine künstlerische oder wissenschaftliche Mittlerleistung vollbringen, so fällt einmal die Uneinheitlichkeit dieses Rechtsschutzes auf, indem zum Teil seit langem Urheberrecht gewährt wird, zum Teil praktisch nur wettbewerbsrechtlicher Schutz besteht, zum Teil nur sogenannte „verwandte Schutzrechte“ in Aussicht genommen sind. Zum anderen sieht man, wie das äußerlich gefestigte System der „Werke zweiter Hand“ schwerwiegenden dogmatischen Zweifeln ausgesetzt ist, mit denen sich die herrschende Meinung bisher allerdings überhaupt nicht auseinandergesetzt hat.
Diese Ungereimtheiten und Zweifel müssen dazu führen, das System des geltenden Urheberrechts erneut zu überdenken.

II. Das System des geltenden Urheberrechts.

Das Urheberrecht hat nicht die Aufgabe, geistige Äußerungen jeder Art zu schützen. Es kann und soll dem Menschen nur diejenige geistige Leistung auf bestimmte Zeit zu eigener Verfügungsmacht monopolisiert werden, die individuell, d. h. seiner persönlichen Geistesarbeit allein zu verdanken ist, die also nicht ohne weiteres zum Allgemeingut gehört. Eine briefliche Nachricht in alltäglichem Stil kann also nur nach allgemeinem Persönlichkeitsrecht vor indiskreter Ausbeutung geschützt werden; das Urheberrecht ist als Gegenstück zum Patentrecht auf dem im weitesten Sinne künstlerischen und literarischen Gebiet das Recht des schöpferischen Geistes. Es setzt voraus, daß etwas Neues, etwas Fortschrittliches, etwas bisher Unbekanntes offenbart wurde, dessen individuelle Züge von der Persönlichkeit des Autors geprägt sind. Über diese Grundsätze herrscht in Schrifttum und Rechtsprechung Einigkeit,[1]) so sehr auch die Definitionen des urheberrechtlichen Werkbegriffs im einzelnen voneinander abweichen.[2])

---

45) Artt. 5, 13 II; jetzt: Artt. 7, 14 Rom-Konvention
46) Art. 16; vgl. Peter, Haager Entwurf, 23 Anm. 39; nähere Einzelheiten auch bei Roeber, FuR 1961/7, 3 f.; für völlige Einbeziehung der Bildträger: Streuli, Examen, 14 f.
1) Ulmer, § 22 IV, 115 f.; Voigtländer-Elster-Kleine, II 1a zu § 1 LUG BGH v. 25. 10. 1955, UFITA 21 (1956), 77 ff. = BGHZ 18, 319 — Bebauungspläne; Troller, IGR, 412.
2) Eine umfassende Zusammenstellung bei Schramm, SchL, 106.

Neben diesen uneingeschränkt urheberrechtsfähigen Originalwerken stehen nun nach herrschender Auffassung die Werke „zweiter Hand“, also die Übersetzung, sonstige Bearbeitungen, das Sammelwerk und die Kopie. Diesen Leistungsergebnissen wird ebenfalls ein „Urheberrecht“ gewährt.[3]) Es wird dabei aber meist übersehen, daß dieses Recht einen ganz anderen Charakter und Umfang hat als das normale Urheberrecht des Originalautors. Der umfassende Rechtsschutz des ursprünglichen Urhebers richtet sich gerade auch gegen die Verwertung seines Werkes im Rahmen eines „Werkes zweiter Hand“.[4]) Deshalb haben Bearbeiter, Sammelherausgeber und Kopist nicht selbst allein die volle Verfügungsmacht über ihr jeweiliges Arbeitsergebnis, sondern sind stets auf die Zustimmung des Originalurhebers angewiesen. Man bezeichnet aus diesem Grunde das Recht der Bearbeiter usw. als „abhängiges Urheberrecht“,[5]) ohne dabei zu bedenken, daß es sich bei diesem Ausdruck in Wirklichkeit um einen inneren Widerspruch, um eine contradictio in adiecto handelt.[6]) Das eigentliche Urheberrecht ist seinem Wesen nach unabhängig; es ist geistiges Eigentum mit der ungeteilten und umfassenden, nur zeitlich beschränkten Herrschaftsmacht über das Werk, wie sie dem Eigentümer zukommt. Das Bearbeiterrecht dagegen ist kein echtes Urheberrecht, sondern allenfalls ein solches „zweiter Klasse“,[7]) das sich in seiner Abhängigkeit von der Rechtsmacht des Originalautors sehr wesentlich von einem eigentumsähnlichen absoluten Recht unterscheidet. Theoretisch kann man zwar sagen, daß das Bearbeiterrecht jedenfalls insoweit echtes Urheberrecht ist, als die Gestaltung der zweiten Hand sich vom Originalwerk unterscheidet und der Bearbeiter — ob autorisiert oder nicht — an seiner veränderten Fassung ein unbeschränktes Ausschließlichkeitsrecht hat, das sich sogar gegen den Originalurheber wenden kann.[8]) In Wirklichkeit ist aber der gestalterische Beitrag des Bearbeiters mit der zugrundeliegenden Schöpfung untrennbar verbunden. Das Leistungsergebnis „Bearbeitung“ ist ein unteilbares Ganzes. Seine Verwertung ist stets nur dann möglich, wenn der Autor des Originals zustimmt. Soweit das Bearbeiterrecht theoretisch echtes Urheberrecht ist, läßt es sich also praktisch nicht selbständig nutzen, sondern im Streitfalle nur als negatives Verbietungsrecht gebrauchen. Die wirtschaftliche Nutzbarkeit ist aber ein wesentliches, praktisch gesehen sicherlich das wichtigste, Merkmal des Urheberrechts. Das Bearbeiterrecht gewährt also im Vergleich zum eigentlichen Urheberrecht eine wesentlich geringere Rechtsmacht in bezug auf das zu schützende Objekt. Mit Recht zweifelt Elster[9]) daran, daß man dieses schwächere Recht überhaupt noch „Urheberrecht“ nennen darf. Es ist im Grunde auch nur

---

3) §§ 2 4 LUG, 15 II KUG.
4) §§ 12: 11, 19 e contrario LUG, 15 II, 15 a KUG.
5) vgl. Marwitz, UFITA 1 (1928), 13; Ulmer, § 27 I 1, 139.
6) Ebenso Goldbaum, UFITA 23 (1957), 149.
7) Voigtländer-Elster-Kleine. 3 a zu § 2 LUG, sprechen von „Auch-Urheberrecht“ im Gegensatz zum absoluten Schöpferurheberrecht.
8) Runge, UVR, 107; Ulmer, § 27 I 1, 139; Savatier, 154.
9) UFITA 2 (1929), 607, vgl. oben Seite 36.

ein „verwandtes Schutzrecht", das zwar im einzelnen (Ausschließlichkeitscharakter, Schutzdauer, droit moral) genau analog dem Urheberrecht ausgestaltet ist, in dem entscheidenden Punkt der freien, unabhängigen Verwertbarkeit jedoch anderen Gesetzen unterliegt.[10])

Dem ließe sich entgegenhalten, daß der Bearbeiter nach Ablauf der Schutzfrist für das Original von dem übergeordneten Recht des Urhebers befreit ist und zumindest dann ein volles Urheberrecht genießt. Das ist aber nur bedingt richtig.

Geht man von dem (bisher allerdings noch sehr umstrittenen) Gedanken eines zeitlich unbegrenzten Urheberpersönlichkeitsrechts aus,[11]) so bleibt, auch nachdem das Originalwerk frei geworden ist, eine Verantwortlichkeit des Bearbeiters gegenüber dem Schöpfer des Originals insofern bestehen, als dieser bzw. seine Rechtsnachfolger oder eine bestimmte staatliche Institution auch weiterhin jedenfalls die Achtung seines droit moral beanspruchen können. So problematisch auch ein „ewiges" Urheberpersönlichkeitsrecht ist — besonders im Hinblick auf seine Wahrnehmung durch notwendigerweise urheberfremde Personen und seinen möglichen Mißbrauch, indem konservative Kreise als „verunstaltende" Bearbeitung verbieten könnten, was ein legitimer Ausdruck moderner Geistesrichtung sein kann[12]) — so sollte doch jeder Benutzer eines fremden Geisteswerkes auch nach dem Ablauf der Schutzfrist gehalten sein, wenigstens die Urheberschaft des Originalautors anzuerkennen und demgemäß den Verfasser des bearbeiteten (oder in eine Sammlung aufgenommenen oder kopierten) Werkes zu nennen.[13]) Hierin zeigt sich immerhin ein letzter Rest von Abhängigkeit des Rechtes am „Werk zweiter Hand" von dem einstigen Urheberrecht, indem das Bearbeiterrecht zugleich eine Pflicht zur Quellenangabe enthält. Dasselbe läßt sich umgekehrt auch so formulieren: Das droit moral an der Bearbeitung auch eines bereits gemeinfreien Werkes ist zumindest in der Weise beschränkt, daß der Verfasser sich nicht selbst als den alleinigen Urheber des Werkes im bearbeiteten Zustand oder als Urheber der lediglich von ihm gesammelten und zusammengestellten Werke bezeichnen darf.[14])

Neben dieser ideellen Abhängigkeit soll den Bearbeitern freigewordener Werke de lege ferenda auch eine wirtschaftliche Belastung auferlegt

---

10) Bommeli, 32, sagt treffend: „Durch die Tätigkeit des Übersetzens werden nur negative Befugnisse begründet, die positiven werden erst durch die Autorisation auf den Übersetzer übertragen." — Ähnlich Mediger, GRUR 1951, 383 („sekundäres Urheberrecht").

11) Ein „ewiges" Urheberpersönlichkeitsrecht haben de lege lata bereits Italien (Art. 23 URG 1941), Frankreich (Art. 6 URG 1957) und Jugoslawien (Art. 49 URG 1957). Auch in Ungarn wird es von der Rechtsprechung anerkannt. vgl. Urt. des Obersten Gerichtshofes v. 23. 6. 1960, mitgeteilt von Vida, GRUR Int 1961, 234. Für Deutschland befürwortend Hubmann, § 8 V 1c, 54; Runge, UVR, 62 Anm 6 (nur für „wertvolles Kulturgut einer Nation"); ähnlich § 53 Entwurf der Akademie für Dt. Recht v. 1939 und de Boor, UFITA 16 (1944), 361; ablehnend: Ulmer, § 63 I, 280 f.; RefE und MinE sehen kein ewiges droit moral vor.

12) Man denke an die Verarbeitung einer Komödie Shakespeares zu einem Musical, wie bei Spewack-Porters "Kiss me, Kate".

13) Ähnlich Schramm, SchL, 252; Rintelen, UVR, 177.

14) Dies ist allerdings mehr ein Gebot der persönlichen Redlichkeit des Bearbeiters als ein rechtlich durchsetzbarer Anspruch, da diesem das notwendige Subjekt fehlt.

werden, die eine gewisse Beschränkung der Selbständigkeit des Bearbeiter-Urheberrechts bedeutet, und zwar in Gestalt der sogenannten „Urhebernachfolgevergütung".[15]) Auch hierin zeigt sich ganz klar, daß die „Schöpfer zweiter Hand" eine geringere Rechtsstellung haben oder jedenfalls verdienen im Vergleich zu den wirklichen Urhebern.

Es kommt eine weitere, praktisch schwerer wiegende, Einschränkung des Bearbeiterrechts gegenüber dem echten Urheberrecht hinzu, die den Ablauf der Schutzfrist für das Original überdauert: Der Bearbeiter — und das gilt wiederum analog auch für den Sammelherausgeber und Kopisten — kann nicht verhindern, daß ein anderer die gleiche Leistung vollbringt und konkurrierend auswertet.[16]) Dasselbe Werk kann erneut übersetzt oder dramatisiert, dasselbe Gedicht in eine neue Anthologie aufgenommen, dasselbe Bild durch einen anderen Zeichner kopiert werden — immer wird es zu ähnlichen Arbeitsergebnissen kommen, welche die Monopolstellung des ersten Werkmittlers empfindlich beeinträchtigen können. Zwar kann sich selbstverständlich auch der Bearbeiter gegen die sklavische Nachahmung seiner Leistung ohne neuen geistigen Einsatz (also das skrupellose „Abschreiben") zur Wehr setzen. Das wäre „Nachdruck", und dagegen richtet sich ja gerade das Bearbeiterrecht. Aber auch ohne solche Ausbeutung werden sich bei einer neuen, selbständigen Werkvermittlung dieser Art notwendigerweise stets Ähnlichkeiten, Entsprechungen, sogar wörtliche Übereinstimmungen ergeben, denen der eigentliche Urheber kraft seiner schöpferischen Selbständigkeit niemals ausgesetzt sein kann, ohne nicht zugleich den Vorwurf des Plagiats erheben und damit die Verwertung des Konkurrenzprodukts verbieten zu können.

In der Theorie besteht zwar auch hier völlige Gleichheit zwischen den Rechten des Urhebers und des Bearbeiters: Auch der Urheber könnte sich gegen einen anderen, der zufällig ein gleiches oder doch sehr ähnliches Werk schüfe, nicht zur Wehr setzen; denn Urheberrechtsschutz ist nach allgemeiner Auffassung nicht eine Frage der Priorität, sondern der selbständigen schöpferischen Leistung.[17]) Aber ein solcher „Zufall" ist, wie die Erfahrung lehrt, praktisch kaum denkbar,[18]) und so ist der tatsächliche Wert eines echten Urheberrechts auf dem „Kulturmarkt" wesentlich größer als der des Rechtes am Werk zweiter Hand, und zwar gerade auch dann, wenn das benutzte Original gemeinfrei geworden ist und deshalb auch jedem anderen zu gleicher Benutzung offensteht.

---

15) MinE §§ 69 ff., 72 II (Begr 65 f.)
16) Allg. Meinung, vgl. Runge, UVR, 101 f.; weitere Belege unten S. 73.
17) Osterrieth-Marwitz, C IV zu § 15 KUG; de Boor, UFITA 17 (1944), 50; Runge, UVR, 32; Schramm, SchL, 222; Hubmann, § 6 I 2, 32 f.
18) ebenso Runge und de Boor aaO; Kisch; GRUR 1951, 175; einschränkend Schramm und Hubmann aaO, die aber vermutlich an „Werke zweiter Hand" denken. Die von Schramm erwähnte RG-Entsch. v. 23. 6. 1909, RGZ 71, 355, betrifft einen Fall, in dem die Bildwerke beider Parteien einem dritten Werk stark ähnelten; es war nicht aufgeklärt, ob der Beklagte das Werk des Klägers gekannt hatte.

III. Keine „schöpferische“ Leistung des Bearbeiters.

Diese Darlegung hat gezeigt, daß es dogmatisch falsch oder doch zumindest irreführend ist, von einem „Urheberrecht“ des Bearbeiters zu sprechen. Es ist eine Rechtsstellung eigener Art, die das Gesetz den Verfassern von Werken zweiter Hand verleiht. So betrachtet, hat es auch durchaus Sinn und Berechtigung, wenn das LUG den Bearbeiter und Sammelherausgeber nicht einfach als Urheber bezeichnet, sondern sie vorsichtigerweise nur als solche fingiert.[1] Immer wieder findet sich aber in Rechtsprechung und Literatur in Verkennung der Tatsache, daß der Bearbeiter und die übrigen Verfasser zweiter Hand eben gerade nicht Urheber sind und vom Gesetz auch gar nicht genau wie Urheber behandelt werden, die bereits zur Formel erstarrte Wendung, der Rechtsschutz des Bearbeiters, Sammelherausgebers und Kopisten setze eine „schöpferische Leistung“ voraus.[2]

Es kommt dieser allgemein anerkannten Lehre zugute, daß der Begriff des „Schöpferischen“ mehrdeutig oder jedenfalls dehnbar genug ist, um damit alles, was nach unterschwelligem Rechtsgefühl und hergebrachter Übung als schutzwürdig angesehen wird, ziemlich lückenlos zu erfassen. Schon die häufig wiederkehrende Formulierung, es genüge für ein Werk zweiter Hand bereits „ein geringeres Maß an schöpferischer Eigenart“,[3] gibt zu zweifelnder Betrachtung Anlaß. „Schöpferisch“ und „nichtschöpferisch“ sind nach allgemeinem Sprachgebrauch Gattungsmerkmale, also absolute Größen und vertragen keine Abstufung dem Grade nach. Eine Leistung ist entweder schöpferisch oder sie ist es nicht; es handelt sich da um ganz verschiedene Dimensionen menschlicher Tätigkeit, nicht um eine durchlaufende Skala nach Art eines Spektrums.[4] Deshalb ist es verdächtig, wenn zum Ausdruck gebracht wird, eine Leistung könne „schöpferischer“ sein als eine andere; es legt den Gedanken nahe, die „weniger schöpferische“ Leistung werde nur deshalb so genannt, weil einerseits das überkommene urheberrechtliche Begriffssystem es so verlangt und sich doch andererseits das undeutliche Gefühl nicht unterdrücken läßt, daß es sich bei den Werken zweiter Hand in Wahrheit gar nicht um echte geistige Schöpfungen handelt.

Wir hatten gesehen, wie die Gegner eines urheberrechtlich ausgestalteten Rechtsschutzes für die ausübenden Künstler des Begriff „schöpferisch“ so eng wie möglich im Sinne eines ursprünglichen und unmittelbaren Schöpfertums fassen,[5] um damit zu beweisen, daß der nur ausführende Künstler keinesfalls urheberrechtliche Befugnisse haben kann. Umgekehrt wird bei den Werken zweiter Hand derselbe Begriff sehr weitherzig auslegt und als „schöpferisch“ schon jede von der individu-

---

1) Vgl. die Formulierung der §§ 2, 4 LUG. Anders die hM, vgl. oben Seite 36, 40.
2) Allfeld. 36 zu § 1 LUG; Fuld, II 2 e zu § 15 KUG; Voigtländer-Elster-Kleine, 3 a zu § 2, 2 zu § 4 LUG; Runge, UVR, 104; Schramm, GF, 287; RG v. 2. 12. 1936, RGZ 153, 71 (76).
3) RG aaO; Voigtländer-Elster-Kleine, 3 a zu § 2 LUG; Keckeis. 80.
4) Ähnlich Kühnemann, UFITA 16 (1944), 13; Troller, IGR, 412.
5) vgl. Overath, IGU 11, 44.

ellen Persönlichkeit geprägte Anwendung von Mühe, besonderen Kenntnissen und künstlerischem Geschmack angesehen [6]) — also genau die Eigenschaften, die man auch den ausübenden Künstlern nicht absprechen kann.

Der allgemeine Sprachgebrauch legt es nahe, das Attribut „schöpferisch" nur den Werken der ersten Hand zuzuerkennen. Denn im Deutschen schwingt bei dem Worte „Schöpfung" noch das Heraufholen des Werkes aus einem formlosen Urquell mit. Als „Schöpfer" wird im allgemeinen nur bezeichnet, wer etwas ganz Neues, vorher auch nicht im Keim Vorhandenes hervorbringt, nicht aber derjenige, der etwas bereits Geformtes nur umformt, also auf fremder schöpferischer Leistung aufbaut.

Die deutschen Urheberrechtsgesetze enthielten den Begriff der „Schöpfung" ursprünglich nur sozusagen negativ im Zusammenhang mit den Bestimmungen über die Zulässigkeit der freien Benutzung eines fremden Werkes (§ 13 I LUG, § 16 KUG). „Die freie Benutzung eines Werkes ist zulässig, wenn dadurch eine eigentümliche Schöpfung hervorgebracht wird" — so der Wortlaut des § 16 KUG. Da die Verwertung einer Übersetzung und sonstigen Bearbeitung gemäß § 12 II LUG, einer Kopie nach § 15 II, 2. Halbsatz KUG aber von der Genehmigung des Original-Urhebers abhängig ist (§ 13 I LUG enthält ausdrücklich einen entsprechenden Zusatz), so besagt diese Formulierung ganz klar, daß Bearbeitung und Kopie **nicht** als „eigentümliche Schöpfung" anzusehen sind, daß also der Begriff des „Schöpferischen" den Werken erster Hand vorbehalten ist.

Erst später ist durch die Urheberrechtsnovelle von 1910 der Begriff „eigentümliche Schöpfung" in § 15a KUG auch positiv als Voraussetzung des Urheberschutzes für Filmwerke in die Gesetzessprache eingeführt worden, wo er in ähnlicher Form seither in sämtlichen Entwürfen zur Urheberrechtsreform bei der Definition der urheberrechtsfähigen Werke wiederkehrt. [7])

Ähnlich leitet auch Vinding Kruse die Tatbestandsmerkmale einer urheberrechtlich schutzfähigen Leistung aus den Eigenschaften ab, durch die ein Werk sich von anderen Werken abheben muß, um nicht in ein fremdes Urheberrecht einzugreifen, sondern frei verwertbar zu sein. [8]) Er verweist dabei auf § 13 des dänischen Urheberrechtsgesetzes, der §§ 12 II, 13 LUG entspricht und wonach eine Verletzung des Rechts des Verfassers nicht nur bei unveränderter Wiedergabe seines Werkes vorliegt, sondern auch bei jeder Art von Bearbeitung, wenn diese nicht so eingreifend ist, daß „ein wesentlich neues und selbständiges Werk hierdurch hervorgebracht ist". Unmittelbar gebe diese Bestimmung zwar nur den Gesichtspunkt dafür an, inwiefern ein neues Werk ein schon bestehendes Verfasserrecht verletzt. Gleichzeitig werde aber auf den zentralen Grund des verfasserrechtlichen Schutzes überhaupt hingewiesen, nämlich auf das wesentlich Neue und Selbständige auf dem Gebiet des

---

6) Voigtländer-Elster, 6 A 1 zu § 2 LUG; Hubmann, § 17 I 2, 96 f.; Howell bei Pinner II, „Author", USA; Fox ebd., „Musical Adaptations", Kanada; Barber ebd. für England; vgl. ferner die amerikanische Rechtsprechung, zit. bei Finkelstein, ebd. für USA.

7) Vgl. § 2 Entwurf 1932; § 1 I RefE/MinE; § 2 I EntwDDR.

8) aaO S. 533 f.

geistigen Lebens, verglichen mit dem bisher Hervorgebrachten. Obwohl also V. Kruse den Begriff der „Schöpfung" nicht gebraucht, sondern im Anschluß an die Formulierung des dänischen Gesetzes stattdessen von „Neuheit" und „Selbständigkeit" spricht, besagen doch seine Ausführungen der Sache nach dasselbe: daß nämlich die Bearbeitung gerade nicht wirklich schöpferisch ist und daher des „zentralen Grundes" für den urheberrechtlichen Schutz entbehrt.

Allerdings hat V. Kruse demzufolge einige Schwierigkeiten, den nach herherkömmlicher Auffassung urheberrechtlichen Schutz der Bearbeitungen zu erklären. Einige Seiten später[9]) schreibt er — zunächst folgerichtig —, eine Bearbeitung sei im Verhältnis zu dem bearbeiteten Werk nicht neu und selbständig. Dann aber folgt die Bemerkung, „als hinreichend neu und selbständig anzusehen" sei die Bearbeitung im Verhältnis zu späteren Aneignungen ohne Erlaubnis des Bearbeiters.

Das ist keine Begründung, sondern ein unzulässiger Umkehrschluß: Da unerlaubte Aneignungen nach dem Gesetz auch gegenüber einer Bearbeitung verboten sind, also ein Bearbeiter-Urheberrecht besteht, muß auch die Bearbeitung schutzwürdig und folglich „neu und selbständig" sein. Es wäre absurd, die Neuheit und Selbständigkeit eines Werkes nach dem zu beurteilen, was später hervorgebracht wird. So ist der Satz aber wohl auch nicht gemeint. Er unterstellt nur die Möglichkeit einer relativen Neuheit — neu zwar nicht gegenüber dem bearbeiteten Werk, genügend neu aber doch zur Begründung eines Urheberrechts. Man erkennt deutlich die petitio principii: Was mit der Neuheit erst bewiesen werden soll (die Urheberrechtsfähigkeit der Bearbeitung), dient selbst als Beweisgrund für die Neuheit.

Bezeichnend ist daneben, daß auch hier wieder in der oben beschriebenen Weise eine mögliche Abstufung des schöpferischen Charakters verschiedener Leistungen vorausgesetzt wird: Es genüge auf diesem Gebiet ein „verhältnismäßig kleines Mindestmaß an selbständiger Geistestätigkeit" zur Erlangung des urheberrechtlichen Schutzes. Diese Wendung klingt vertraut. Sie soll auch hier nur das unsichere Gefühl bemänteln, daß eine Bearbeitung eben doch etwas grundsätzlich anderes ist als ein neues, selbständiges Werk. Ein Werk ist entweder neu oder schon bekannt; es kann nicht mehr oder weniger neu, mehr oder weniger schon bekannt sein.

V. Kruse sieht also einerseits den „zentralen Grund" des Urheberrechtsschutzes darin, daß das Leistungsergebnis nicht in bloßer Bearbeitung eines vorgegebenen Werkes besteht; andererseits aber bezeichnet er ganz selbstverständlich den bloßen Bearbeiter als Träger eines Urheberrechts.

Dieser offensichtlichen Inkonsequenz entspricht es, wenn im deutschen Schrifttum mit viel Scharfsinn versucht wird, die an sich eindeutige Formulierung des Gesetzes über die freie Benutzung (§§ 13 LUG 16 KUG) mit Gewalt dem Axiom vom schöpferischen Charakter der Bearbeitung anzupassen. Man hat — nicht ungeschickt und bisher, soweit ersichtlich, auch unangefochten — einen Ausweg in der Weise gefunden, daß man die gesetzliche Voraussetzung des Entstehens einer „eigentümlichen Schöpfung" nur als Ausdruck einer Selbstverständlichkeit und nicht als wesentliches Tatbestandsmerkmal ansieht. Damit wird der Ton in den zitierten Bestimmungen ganz allein auf „freie Benutzung" gelegt,

---

[9]) aaO S. 553.

und so die freie Benutzung von der abhängigen Bearbeitung unterschieden. [10])

Es ist zweifelhaft, ob nicht der Gesetzgeber mit der Wendung „die freie Benutzung ist zulässig, wenn ...“ lediglich ausdrücken wollte: „Die Benutzung ist frei (d. h. ohne Zustimmung des Autors) zulässig, wenn ...“. Der amtlichen Begründung des Gesetzentwurfes [11]) ist nur zu entnehmen, daß die Formulierung des § 13 I LUG besagen soll, die neue Arbeit müsse im Verhältnis zu der alten „ein Erzeugnis von selbständiger Eigenart“ sein. Auf das Wort „frei“ wird dabei nicht die entscheidende Betonung gelegt, welche die Rechtslehre ihm geben will. Jedenfalls erscheint es bedenklich, ein Tatbestandsmerkmal, das in völlig identischer Formulierung in anderem Zusammenhang (§ 15a KUG) unbestritten als wesentliche Schutzvoraussetzung dient, [12]) einfach zu ignorieren und als gesetzgeberische Tautologie abzutun. Versteht man die Begriffe „Schöpfung“ und „schöpferisch“ in Übereinstimmung mit dem überwiegenden Sprachgebrauch als Kennzeichen lediglich der unabhängigen Werke „erster Hand“, so klärt sich die Bedeutung der §§ 13 LUG, 16 KUG ganz von selbst, und es bedarf keiner gewaltsamen Auslegung.

Die Bedenken vor allem Kühnemanns [13]) gegen die Charakterisierung der Übersetzung und sonstigen Bearbeitung als „Schöpfung“ wurden bereits erwähnt. [14]) Der Übersetzer soll und will ja gerade nicht aus sich selbst heraus etwas Neues, ein eigenes Geisteswerk schaffen, sondern nur der fremden Schöpfung zu breiterem Verständnis verhelfen, ihr ein neues Wirkungsfeld eröffnen, sie in seiner persönlichen Sicht zur Geltung bringen.

Dasselbe gilt mutatis mutandis für alle sonstigen Bearbeitungen. [15]) Ganz besonders fadenscheinig aber wirkt die Unterstellung einer schöpferischen Leistung bei der Tätigkeit des Sammelherausgebers und des Kopisten. Inwiefern Auswahl und Anordnung fremder Werke oder die Nachahmung eines Bildwerkes „schöpferisch“ sein können, wenn man

---

[10]) So schon Allfeld, 2 zu § 13 LUG; ebenso Gorn, 11; Hubmann, § 32 I, 146; Ulmer, § 46 II, 223, will die Merkmale der Freiheit der Benutzung und der Eigenart der neuen Schöpfung als Einheit verstanden wissen, erkennt also ebenfalls dem Erfordernis der „eigentümlichen Schöpfung“ keine selbständige Bedeutung zu, sondern versucht den Begriff „Schöpfung“ hier anders als bei der Bearbeitung, nämlich von der „freien Benutzung“ her zu interpretieren.

[11]) aaO S. 397.

[12]) Voigtländer-Elster-Kleine, F 1 zu § 1 LUG.

[13]) UFITA 16 (1944), 9 ff.

[14]) Vgl. oben Seite 37, 39.

[15]) In diesem Sinne auch Schlechtriem, UFITA 16 (1943), 99 f. — Eine neuere Entscheidung des ungarischen Obersten Gerichtshofes (Legfelsöbb Biròsàg) vom 23. 6. 1960 (GRUR Int 1961, 234) versagt interessanterweise dem Bearbeiter einer Chopin-Etüde, der diese zu einem Tanzstück uminstrumentiert hatte, ohne dabei (von der Hinzufügung einer schablonenhaften Einleitung abgesehen) wesentliche Änderungen vorzunehmen, den Urheberrechtsschutz mit der Begründung, es handele sich nicht um eine neue, selbständige Komposition und daher nicht um eine schöpferische Leistung. — Das Gericht war sich der Tragweite dieses unorthodoxen Gedankens wohl kaum bewußt, zumal es die Ablehnung des Urheberrechtsschutzes auch mit der mangelnden Autorisierung durch den Originalautor begründet, also die Bearbeitung deshalb vogelfrei läßt, weil sie ein fremdes Urheberrecht verletzt — eine bei uns längst überwundene Rechtsansicht, die aber (besonders beim Schutz der Übersetzung) in ausländischen Rechtsordnungen noch weit verbreitet ist (vgl. Pinner, Stichwort „Translations“).

darunter (wie immer wieder betont wird) [16]) mehr verstehen will als nur die persönlichkeitsbestimmte Anwendung von Mühe, Kenntnissen und Geschmack, bleibt unerfindlich. Auch die Sammelherausgeber sind ja nur Werkmittler und haben gar nicht den Ehrgeiz, Urheber zu sein. Sie bringen fremde Werke durch die Art der Zusammenstellung auf jeweils besondere Weise zur Geltung. Mit gleichem Recht könnte ein Dirigent für das von ihm zusammengestellte Konzertprogramm Urheberrechtsschutz beanspruchen, wenn schon in der Verbindung, Anordnung und Auswahl der einzelnen Werke eine neue schöpferische Tätigkeit liegen soll. [17]) Der besondere Sammelgedanke kann gewiß sehr originell und verdienstvoll sein, aber er ordnet sich doch immer fremdem Geist unter und ist deshalb kein eigentlich „schöpferischer" Gedanke. [18]) Die Kopie, soweit sie unter Einsatz der Persönlichkeit und nicht rein technisch-mechanisch zustandekommt, wird zwar nie ganz die erstrebte Übereinstimmung mit dem Original erreichen und sich deshalb auch von jeder anderen Kopie unterscheiden. Dennoch würde man dabei, von urheberrechtlicher Terminologie unbelastet, niemals von „schöpferischer" Eigenart sprechen. [19])

Diese schwerwiegenden Bedenken gegen das herrschende Begriffssystem im Urheberrecht führen zu der Feststellung, daß auch hier in der Bezeichnung „Werk zweiter Hand" im Grunde ein innerer Widerspruch liegt — ebenso wie oben [20]) der Begriff des „abhängigen Urheberrechts" bereits als contradictio in adiecto nachgewiesen wurde. Wenn man unter „Werk" eine schöpferische Leistung versteht im eigentlichen, engeren, allgemeingebräuchlichen Sinne, so kann es, weil eine „zweite Hand" eben niemals wirklich schöpferisch ist, auch keine „Werke zweiter Hand" geben. [21])

IV. Widersprüchliches Begriffssystem als eigentlicher Grund des Meinungsstreits über die Rechte der ausübenden Künstler.

Auf dem Hintergrund dieser inneren Widersprüche und Unklarheiten des herrschenden Systems wird es nunmehr ohne weiteres verständlich, warum der wissenschaftliche Meinungsstreit um die Rechte der ausübenden Künstler in so heftiger Weise entbrannt und bis heute nicht beigelegt ist: Beide Parteien glauben sich auf dem sicheren Boden der geltenden Urheberrechtsgrundsätze und gehen doch von verschiedenen Voraussetzungen aus, da diese Grundsätze mehrdeutig und in sich unstimmig sind.

---

16) Ulmer, § 22 III, 115; Hubmann, § 6 IV, 36 f.; Möhring-Elsaesser, IGU 6, 18.

17) So Hubmann, § 18 I, 99.

18) Kritisch zum „schöpferischen" Charakter des Sammelwerks auch Möller-Klepzig, 89, und Troller, IGR, 421 f.; vgl. oben Seite 41 f.

19) Vgl. die oben Seite 43 erwähnten Ausführungen von Breit, MuW XXVI (1926/27), 331 ff.

20) Seite 52.

21) Ganz klar hat dies Goldbaum ausgesprochen (III zu § 1 LUG, 31): „Übersetzungen und sonstige Bearbeitungen sind nicht Werke im Sinne des § 1 LUG und des § 1 KUG, weil sie nicht neues (originelles) Werk sind: sie enthalten ja, in neuer Form, das ursprüngliche Werk." (Sperrungen wie im Original)

Die Befürworter eines urheberrechtlichen Schutzes können sich darauf berufen, daß die ausübenden Künstler ebenso wie die Übersetzer und sonstigen Bearbeiter an einem bereits Geschaffenen in einer von der jeweiligen Persönlichkeit geprägten Weise erneut „schöpferisch“ tätig werden. Die Gegner betonen demgegenüber, daß „an einem Geschaffenen... nicht noch einmal der Vorgang des Schaffens bewerkstelligt werden“ könne,[22]) daß also die Interpretenleistung gerade nicht „schöpferisch“ sei.

Beide Seiten haben unrecht, weil es ebenso anfechtbar ist, von einem „schöpferischen Interpreten“ wie von einem „abhängigen Urheber“ zu sprechen. Beide Seiten haben aber insofern recht, als einerseits die deutliche Verwandtschaft der künstlerisch-ausübenden Leistung mit den sogenannten „Werken zweiter Hand“ und andererseits ihre nicht minder offenkundige Verschiedenheit gegenüber den echten Schöpfungen (erster Hand) zutage tritt.

Man sieht also, daß es in der Frage des Rechtsschutzes der ausübenden Künstler solange keine Einigung geben kann, als weiterhin versucht wird, auf dem schwankenden Grunde eines mehrdeutigen Begriffs der „schöpferischen Leistung“ aufzubauen. Es gilt vielmehr, die Parallele zwischen Interpretenleistung und Bearbeitung sowie den Gegensatz dieser beiden gegenüber dem selbständigen Geisteswerk auch in den Ordnungsbegriffen des Urheberrechtssystems eindeutig zum Ausdruck zu bringen.

V. Lösungsversuch mit Hilfe des Begriffs „Werkmittler“.

Zur Schaffung einer klaren und eindeutigen Systematik kann wohl am besten der zur ersten Gruppierung des tatsächlichen Stoffes oben bereits eingeführte Begriff der „Werkvermittlung“ dienen. Bezeichnet man die Verfasser der sogenannten „Werke zweiter Hand“ gemeinsam mit den Interpreten als künstlerische oder wissenschaftliche Werkmittler, so können die Begriffe „Schöpfung“ und „schöpferisch“ den Werken „erster Hand“ vorbehalten werden und sind damit vor einer dem Sprachgebrauch und der Sache zuwiderlaufenden, allzu weit ausdehnenden Auslegung sicher.[1])

Damit könnte zugleich der dem überkommenen System anhaftende und bisher als unvermeidlich angesehene Widersinn[2]) beseitigt werden, daß nämlich eine Arbeit umso eher schutzwürdig ist, je mehr sie das zugrundeliegende Original mit angeblich „schöpferischen“ Zutaten überfremdet und vergewaltigt. Ein in allen Einzelheiten notengetreuer Klavierauszug (z. B. eines Bläserquintetts, eingerichtet für vierhändiges Spiel) läuft nach herrschender Meinung Gefahr, als „nicht schöpferisch“

---

22) So der vielzitierte Satz von Pfitzner, Werk und Wiedergabe, 20. f.

1) Das käme zugleich der immer wieder geforderten „Bereinigung“ des Urheberrechts zugute, vgl. Marwitz, UFITA 1 (1928), 8; Hirsch Ballin, UFITA 18 (1954), 314; Riedel, GRUR 1960, 218.

2) vgl. Gentz, GRUR 1960, 77.

und damit als nicht urheberrechtsfähig abgetan zu werden, während derjenige, der alle möglichen modischen Kleinigkeiten (agogische und dynamische Angaben, Oktavverdopplungen usw.) hinzufügt, zweifellos das Bearbeiter-Urheberrecht genießt. Noch deutlicher wird dieser Widersinn bei der Herausgabe fremder, insbesondere alter, schlecht überlieferter Werke: Eine Urtextausgabe, die sich streng an die Quellen hält, ist mangels „schöpferischer" Tätigkeit des Herausgebers (abgesehen von ihrem kritischen Apparat) nicht urheberrechtsfähig. [3])

Dabei kann eine solche Arbeit kulturell erheblich wertvoller sein als eine allzu subjektive, einem zweifelhaften Zeitgeschmack verpflichtete „Revision", der man wegen der Änderungen und Zutaten den Urheberrechtsschutz ohne weiteres zuerkennt. [4]) Das Gleiche gilt für die Leistung des Kopisten, [5]) ebenso aber auch für die des künstlerischen Interpreten. [6]) Die Einsicht, daß das Verdienst all dieser Leistungen nicht in einem etwaigen schöpferischen Beitrag, sondern in der kenntnisreichen, verständnisvollen und einfühlsamen Vermittlung eines bereits Geschaffenen liegt, führt zu der weiteren Erkenntnis, daß es demzufolge auf das Schöpferische beim Bearbeiter, Übersetzer, Herausgeber, Kopisten überhaupt nicht ankommt, daß es also auch sachfremd ist, die Schutzwürdigkeit nach diesem ganz unwesentlichen Merkmal der Leistung zu bestimmen. Erforderlich, aber auch ausreichend, ist für den (vorsichtig ausgedrückt:) urheberrechtsartigen Rechtsschutz des Werkmittlers nur eine künstlerische oder wissenschaftliche Tätigkeit, je nachdem, ob der Schwerpunkt der Leistung auf dem persönlich-intuitiven Nachvollzug oder der individuell-rationalen Erfassung und Durchdringung des vorgegebenen Werkes liegt. Das Kriterium des Eigenpersönlichen, Individuellen, das oben [7]) bereits näher umrissen wurde, trifft das Wesentliche der Leistungen besser als der Begriff des „Schöpferischen". Gewiß sind die Begriffe „künstlerisch" und „wissenschaftlich" schwer zu definieren. [8]) Aber wenn man als ihr charakteristisches Merkmal die persönliche Prägung des Stoffes versteht und durch den Zusatz „Werkmittler" klarstellt, daß nicht der im echten, engeren Sinne schöpferische Künstler und Wissenschaftler gemeint ist, so scheint mir diese Terminologie doch sehr gut geeignet zu sein, um die individuelle geistige Arbeit

---

3) Siehe oben Seite 45.

4) Moser. GEMA-Nachrichten Nr. 48 (1960), Anlage 1, 43.

5) ebenso Breit, MuW XXVI (1926/27), 332 f.: „Ist es nicht eine geradezu banausenhafte Ansicht, wenn der Jurist für die Kunstschutzfähigkeit einer künstlerisch hervorragenden Rembrandtkopie, deren Original sich in einer amerikanischen Privatsammlung befindet, verlangt, es müsse der Kopist irgend etwas an dem Originalbilde geändert haben!" (Sperrungen wie im Original)

6) Hilber, aaO 151 f., 154; der Widersinn, daß nur die nicht werkgetreue Wiedergabe schutzfähig sein soll, wird meist nur registriert, aber nicht als solcher erkannt: Hubmann, IGU 9, 26; GEMA-Nachrichten Nr. 50 (Mai 1961), 30; Nipperdey, IGU 10, 41; Vogel, GRUR 1953, 199; Ulmer, § 27 III, 140 f.; Dienstag-Elster, Handbuch, 17, 89.

7) Seite 27.

8) Deshalb lehnen Möhring-Elsaesser ein „Recht der künstlerischen Leistung" ab, vgl. IGU 6, 38 f.

am fremden Werk einerseits von den echten Urheberwerken und andererseits von schutzunwürdigen, z. B. bloß technisch-mechanischen, Leistungen abzugrenzen.[9]

Nun kann es allerdings auf den ersten Blick zweifelhaft sein, ob wirklich der Sinn sämtlicher sogenannter „Werke zweiter Hand" nur in einem „Vermitteln" liegt, ob nicht doch zum Beispiel Bearbeitungen denkbar sind, die sich nicht mit einer Mittlerrolle begnügen, sondern das bearbeitete Werk bereichern, weiterführen wollen. Hier kommen vor allem Verfilmungen, musikalische Paraphrasen, Parodien, Romanfortsetzungen in Betracht. Fühlt sich der Verfasser nicht als Diener eines fremden Werkes, sondern macht er umgekehrt das Werk einem Neuen dienstbar, das den Anspruch auf Eigenart erhebt, so klingt es gezwungen und scheint das Wesentliche solcher Leistungen nicht zu treffen, wenn man auch hier von „Werkvermittlung" spricht. Bezeichnungen wie „Werkfortführung", „Werkumschaffung", „Werkabänderung"[10]) entsprechen diesem Tatbestand zweifellos besser. Man muß aber folgendes bedenken: Solange der Bearbeiter sich von einem fremden Werk nicht ganz freimacht, so daß man von „freier Benutzung", „neuem, selbständigen Werk" reden kann, ist er der Rechtsmacht des Originalurhebers unterworfen, dessen urheberpersönlichkeitsrechtlichem Anspruch auf Werktreue ausgesetzt und **muß** dem Original dienen, ob er will oder nicht. Auch wenn der Verfasser subjektiv eigenschöpferische Ambitionen hat, bleibt es also, objektiv betrachtet, doch immer bei einer — allerdings dann unfreiwilligen — Werkvermittlung.[11]) Die Absicht des Verfassers kann hier so wenig entscheidend sein wie bei der schöpferischen Leistung selbst, die ebenfalls objektiv zu beurteilen und unabhängig von dem Willen ihres Erbringers auf ihre Urheberrechtsfähigkeit zu untersuchen ist.[12])

Es kommt hinzu, daß die angeführten Beispiele zum größeren Teil, richtig betrachtet, gar nicht „Werke zweiter Hand", sondern echte schöpferische Leistungen sind, die ein unabhängiges Urheberrecht beanspruchen können. Zwar wird man nicht so weit gehen dürfen, jede Verfilmung als freie Benutzung des zugrundeliegenden Romans anzusehen;[13]) das würde den Schutzumfang des Rechts am Original zu sehr einschränken.[14]) Wohl aber sind Filme denkbar, die von einem literarischen Werk nur angeregt sind, ohne es in den wesentlichen Einzelheiten nachzuvollziehen, vielmehr im ganzen etwas Neues, frei Geschaffenes darstellen.

---

9) Auch Runge, UFITA 35 (1961), 176, sieht keine großen Schwierigkeiten bei der grundsätzlichen Abgrenzung der künstlerisch Mitwirkenden gegenüber dem technischen Personal.

10) so Kühnemann, UFITA 16 (1944), 15.

11) Auch der Begriff „Bearbeitung" ist ja in gleicher Weise unvollkommen, da er nach dem Sprachgebrauch das absichtliche oder unfreiwillige Plagiat nicht umfaßt, vgl. Ulmer, § 45 I, 219.

12) Ebenso Bappert, BBl 1961, 1300; vgl. die „mißglückte freie Benutzung", deren Verfasser wider Willen in der abhängigen Nachgestaltung steckengeblieben ist, Kühnemann aaO.

13) so Runge, UVR, 106.

14) Ulmer, § 45 I, 220; Mentha, UFITA 35 (1961), 5 f.

Solche Filme sind dann in Wahrheit keine „Verfilmungen“ mehr und damit auch keine Werkmittlerleistungen.

Parodien ahmen meist nur den Stil eines Autors nach, indem sie einen neuen Inhalt in dessen Stilgewand gekleidet darbieten; hier handelt es sich also stets um unabhängige Schöpfungen, da der „Stil“ als solcher nicht schutzfähig ist und damit der freien Benutzung immer offensteht.[15])

Was schließlich die Fortführung fremder literarischer Werke unter Beibehaltung des Personenkreises und des Milieus betrifft, so kann man meines Erachtens derartigen Arbeiten angesichts des neuen, eigener Phantasie entstammenden Inhalts den unabhängigen Urheberrechtsschutz nicht versagen.[16]) Dennoch braucht der Autor des ersten Werkes eine derartige Anlehnung an seine Fabel nicht zu dulden: Es wird regelmäßig einen Verstoß gegen § 1 UWG darstellen, wenn jemand das Werk eines anderen als Vorspann für den Absatz des eigenen Werkes benutzt.[17]) Ein solcher Fortsetzungsroman braucht also gar nicht als „Bearbeitung“ oder „Werkvermittlung“ angesehen zu werden. Der Schutz gegen unlauteren Wettbewerb genügt vollauf, um den ersten Urheber vor mißbräuchlicher Ausschlachtung seines Werkes durch den zweiten Urheber zu schützen, ohne daß man diesem sein verdientes (volles) Urheberrecht vorenthalten müßte.[18]) Falls die Werkfortsetzung außerdem geeignet ist, den Ruf des Originalautors zu untergraben, käme daneben ein Schutz nach persönlichkeitsrechtlichen Grundsätzen in Betracht.

§ 8 Der Rechtsschutz des individuellen Werkmittlers de lege ferenda.

I. Methodische Grundlagen zu seiner Ermittlung.

Die eingehende Darstellung und die kritische Würdigung des geltenden Rechts haben gezeigt, daß die derzeitige gesetzliche Regelung des Rechts der individuellen (künstlerischen und wissenschaftlichen) Werkmittler unvollkommen und auch die bisherigen Reformentwürfe in dieser Beziehung zumindest systematisch unbefriedigend sind. Es soll daher im Folgenden versucht werden, unter Vermeidung der dargelegten Fehler und Widersprüchlichkeiten eine gerechte und zweckmäßige Ausgestaltung dieses Rechtsgebietes zu erarbeiten.

Dabei ist zunächst eine Besinnung auf die methodischen Grundlagen eines solchen gesetzgeberischen Versuches notwendig.

---

15) Vgl. Hubmann, § 12 II 3 a, 79; für die Karikatur eines Bildwerkes: Osterrieth-Marwitz, III 2 b zu § 16 KUG.

16) anders die hM, so Ulmer, § 45 I, 219; Hubmann, § 32 I 2 b, 147.

17) Ebenso Kühnemann, aaO S. 14.

18) Aus diesem Grunde konnte sich der Thomas-Mann-Verleger S. Fischer auch nicht gegen das Erscheinen von „Krull“-Fortsetzungen (z. B. Dorn: „War ich wirklich ein Hochstapler?“, Neumann: „Olympia“) überhaupt wenden; er verlangte nur jeweils mit Recht, daß im Titel und in der Werbung der good will für „Felix Krull“ nicht ausgebeutet werden dürfe.

Die bisherige Sammlung und Ausbreitung des Tatsachenstoffes unter dem Gesichtspunkt der Werkvermittlung könnte dazu verführen, bereits diesen Begriff als rechtsschöpferisch anzusehen, nach der einheitlichen „Rechtsnatur" der Werkvermittlung zu fragen und so im Stile der einseitigen Begriffsjurisprudenz die Rechtsnormen aus einer vorweg bestimmten gesetzgeberischen Terminologie abzuleiten. Die Interessenjurisprudenz hat uns gelehrt, daß diese Methode einen schwerwiegenden Fehler enthält: Grundlage jeder Rechtsnorm ist nicht eine mit naturwissenschaftlicher Denkweise logisch erfaßbare „Rechtsnatur" eines bestimmten Sachverhaltes, sondern eine Interessenabwägung des Gesetzgebers für einen als regelungsbedürftig erkannten typischen sozialen Tatbestand. Deshalb ist es ein Trugschluß, anzunehmen, man könne aus juristischen Begriffen sozial wirksame und gerechte Normen gewinnen. [1]

Was für die Auslegung des geltenden Rechts richtig ist, muß erst recht bei der Schaffung neuen Rechts beherzigt werden.

Auszugehen ist jeweils von der sozialen Wirklichkeit; diese Gegebenheiten müssen rechtlich bewertet, d. h. unter Abwägung der widerstreitenden Interessen nach den Maßstäben der Gerechtigkeit geordnet werden — also vor allem unter rechtsethischen und rechtspolitischen Gesichtspunkten und solchen der Rechtssicherheit; erst am Schluß steht die verhältnismäßig untergeordnete Frage nach der zweckmäßigsten rechtstechnischen Fassung der gesetzlichen Vorschrift. Erst in diesem letzten Punkt der Betrachtung hat sich auch die teleologische Methode mit den Problemen der Terminologie zu befassen, damit die Gesetzesklarheit, die selbst einen nicht gering zu achtenden Rechtswert darstellt, nicht durch Widersprüchlichkeit und Unschärfe der im Text verwendeten Begriffe leidet. So sind also nach richtiger Ansicht die juristischen Begriffe nur Mittel zum Zweck einer gerechten Lösung gesetzgeberischer Probleme und dürfen keinesfalls als rechtsschöpferisch überschätzt werden. [2]

Dennoch sind juristische Begriffe mit systembildender Kraft — auch abgesehen von ihrer rechtstechnischen Bedeutung — für die Rechtswissenschaft nicht wertlos, sondern im Gegenteil lebenswichtig.

Wer das Recht nur rein empirisch in seinen Einzelproblemen erforscht und betrachtet, wie es im anglo-amerikanischen Rechtskreis die Regel ist, bedarf freilich nicht unbedingt einer einheitlichen, die systematischen Zusammenhänge wahrenden Terminologie. Es ist aber „eine unaufgebbare Grundhypothese aller Wissenschaft, daß eine vernünftige, dem Denken erfaßbare Struktur die geistige und die materielle Welt beherrsche", [3] und so wird vor allem im Bereich des kontinental-europäischen Rechts der einzelne Rechtssatz nicht als unableitbares Faktum hingenommen, sondern stets im Sinne eines inneren Zusammenhangs mit anderen Normen einem größeren Rechtssystem einzuordnen versucht — sei es nur wissenschaftlich-theoretisch, sei es auch praktisch im Wege der umfassenden Kodifikation eines größeren Rechtsgebietes.[4]

---

[1] Stoll, Beilagenheft AcP 133 (1931), 68 f.; speziell für das Urheberrecht: de Boor, UFITA 16 (1944), 349.

[2] Im gleichen Sinne: Stoll aaO. 69; de Boor, Vom Wesen, 10 ff. (14); Troller, IGU 13, 46.

[3] Coing, Systemgedanke im Recht, 41.

[4] Coing aaO, 28 ff.; ähnlich bereits Stoll aaO, 108.

Das ist nur möglich, wenn Begriffe gebildet werden, die eine bestimmte Normengruppe unter einem einheitlichen Gesichtspunkt zusammenfassen. Systematische Ordnung durch juristische Begriffe dient der geistigen Beherrschung und dem besseren Verständnis des einzelnen Rechtssatzes, indem sie ihn vergleichend in einen größeren Zusammenhang stellt. [5])

Neben der teleologischen Methode hat also auch die Begriffsjurisprudenz ihre Berechtigung, wenn sie nicht „Begriffskultus" treibt und nicht etwa die Lebensverhältnisse den Begriffen unterordnet, sondern vielmehr umgekehrt einem vor der Begriffsbildung bekannten oder erkannten Inhalt durch eine passende Terminologie einen für die Zwecke der Gesetzgebung oder der wissenschaftlichen Darstellung besonders geeigneten Ausdruck gibt. [6])

Nur in diesem Sinne ist es zu verstehen, wenn dem neuen Ordnungsbegriff des „Werkmittlers" hier ein gewisser „heuristischer" Wert beigemessen wird: Dieser Begriff enthüllt bei bestimmten geistigen Leistungen eine Reihe wichtiger Gemeinsamkeiten auf tatsächlichem Gebiet, die bislang wegen des (nunmehr als unrichtig erwiesenen) Axioms der herrschenden Lehre vom schöpferischen Charakter der Bearbeitung und sonstiger „Werke zweiter Hand" verdeckt waren, und ermöglicht damit eine befriedigendere Einordnung der sogenannten „benachbarten" oder „verwandten Schutzrechte" in das umfassende System des Immaterialgüterrechts. Mit Hilfe des Werkmittler-Begriffs läßt sich auch ein guter Überblick darüber gewinnen, was alles bei folgerichtiger Betrachtung unter den bisher so genannten „Leistungsschutz" fallen müßte, wenn man gerechterweise die notwendigen Querverbindungen zu den Parallelerscheinungen in unserem Kulturleben herstellt und nicht nur den kleinen Ausschnitt sieht, der bisher in den Entwürfen mit einem „verwandten Schutzrecht" bedacht wurde. Der Begriff „Werkmittlerrecht" bietet sich auch als brauchbarer Name für eine neue Kodifikation dieses Rechtsgebietes neben dem Urheberrecht an. Damit ist aber noch nichts über das eigentliche Kernproblem gesagt, welchen Umfang diese Rechte der Werkmittler im einzelnen haben sollen. Von dieser Fragestellung her gesehen, ist „Werkmittlerrecht" zunächst nicht mehr als ein vielleicht treffenderes, aber im Grunde genauso nichtssagendes Wort wie „Leistungsschutz" oder „Nachbarrecht". Hier müssen erst die rechtspolitischen und soziologisch wertenden Überlegungen einsetzen, um dem insoweit leeren Begriff einen bestimmten Inhalt zu geben.

Entsprechend ihrer soziologischen Stellung zwischen der Werkschöpfung und deren Aufnahme durch die Öffentlichkeit berühren alle Werkmittlerleistungen drei verschiedene Interessenkreise: Erstens geht es um die Interessen der Werkmittler selbst, zweitens sind bestimmte Interessen der Werkschöpfer betroffen, und drittens spielen auch solche der Allgemeinheit eine Rolle.

---

[5]) de Boor, UFITA 16 (1944), 350.

[6]) Baumgarten, Wissenschaft vom Recht, II (1922), 605 f.; Stoll aaO, 91, 102 f.; Larenz, Methodenlehre, 322; ähnlich auch Boehmer, Grundlagen der bürgerlichen Rechtsordnung, II/1, 192.

Zur Verdeutlichung sei zunächst nur beispielshalber auf die Leistung des Übersetzers hingewiesen: Dieser hat ein Interesse an der Achtung und Reinerhaltung seiner künstlerisch-individuellen Leistung und das natürliche Bestreben, einen möglichst großen materiellen Nutzen aus seiner Arbeit zu ziehen. Der Verfasser des Originals ist an einer weiteren Verbreitung seines Werkes (aus ideellen wie materiellen Gründen) interessiert und bedarf zugleich des Schutzes gegen eine etwa entstellende Wiedergabe durch den Übersetzer. Die Öffentlichkeit — der Leser oder Theaterbesucher — hat ebenfalls ein Interesse daran, daß ihr das Original durch eine werkgetreue Übersetzung zugänglich gemacht wird, allerdings zu einem möglichst niedrigen Preise; ferner liegt ihr an einem freien Wettbewerb der vermittelnden Leistungen, damit nicht eine schlechte Übersetzung einer neuen, besseren, im Wege steht. So muß der Rechtsschutz des Übersetzers wie der aller sonstigen individuellen Werkmittler zugleich die „angrenzenden" Interessenten berücksichtigen, zu denen nicht zuletzt auch der Verleger oder Veranstalter als der risikobeladene und nach geschäftlichem Gewinn strebende „organisatorische Werkmittler" gehört.

Diese vielfältigen, zum Teil einander widerstreitenden Interessen müssen gegeneinander abgewogen und es muß nach derjenigen gesetzlichen Regelung gesucht werden, die einen möglichst gerechten Ausgleich der verschiedenen Belange gewährleistet.

II. Notwendigkeit und grundsätzliche Möglichkeiten eines besonderen Rechtsschutzes.

Zunächst erhebt sich die Frage, ob nicht das Arbeitsrecht und das allgemeine Vertragsrecht zusammen mit den Generalklauseln über sittenwidrige und unerlaubte Handlungen bereits genügende Schutzmöglichkeiten für den individuellen Werkmittler bieten, so daß sich die Schaffung oder Aufrechterhaltung eines besonderen Schutzrechtes überhaupt erübrigt. Dies ist für den Rechtsschutz des ausübenden Künstlers in der Tat vielfach behauptet worden. [7]) Man sagt, der Interpret habe es selbst in der Hand, durch entsprechende Vertragsgestaltung seine Interessen gegenüber den Verwertern seiner Leistung zu wahren. Der sozial abhängige Künstler könne in kollektivem Zusammenschluß Normal- und Tarifverträge aushandeln und damit das Gleichgewicht mit der wirtschaftlich stärkeren Stellung des Arbeitgebers halten. Soweit Dritte, die außerhalb des Vertragsverhältnisses stehen, sich unbefugt seine künstlerische Leistung zunutze machen, bedeute dies einen Eingriff in sein Persönlichkeitsrecht. Dieses jetzt allgemein [8]) anerkannte Recht eröffne einen Anspruch auf Unterlassung und Schadensersatz, so daß auch in diesen Fällen ein ausreichender „Leistungsschutz" gewährleistet sei. Hilfsweise könnten auch die Vorschriften der §§ 826 BGB und 1 UWG gegen eine ungenehmigte Weiterverwertung der Interpretation herangezogen werden.

---

7) Schulze, IGU 5, 35; Möhring-Elsaesser, IGU 6, 53 f.; Neumann-Duesberg, IGU 9, 67; 97; 107 f.; Nipperdey, IGU 10, 61 ff.; 65; Süss, IGU 11, 69, 73, Wawretzko, ebd. 88 und passim; Büchen, Diss.; 74 f.; aA Spaic, UFITA 35 (1961), 33 f.

8) seit der Entscheidung des BGH v. 25. 5. 1954, BGHZ 13, 334 ff. (338), vgl. Ulmer, § 7, II, 36 f.

Dieser Beweisführung ist folgendes entgegenzuhalten: Zwar ist es nicht zu bestreiten, daß notfalls mit den Normen unseres hochentwickelten allgemeinen Zivilrechts auch ohne besondere Schutzgesetze geistige Leistungen in befriedigender Weise vor fremder Ausbeutung geschützt werden könnten. Der Rechtsschutz durch vertragliche Abmachungen reicht freilich für geistige Leistungen, die sich zu einem Immaterialgut objektivieren, allein nicht aus, da das Leistungsergebnis, wenn es einmal veröffentlicht und damit der ausschließlichen Beherrschung durch die Vertragspartner entglitten ist, auch von jedem Dritten kopiert und genutzt werden kann. [9]) Doch ist es richtig, daß die erwähnten Generalklauseln zum Schutze gegen derartige Eingriffe von dritter Seite dienen könnten. [10]) Der Bundesgerichtshof hat in der oben [11]) angeführten und kritisch betrachteten Entscheidung über die Rechte der Interpreten gegenüber der öffentlichen Wiedergabe einer live-gesendeten Darbietung ein klares — wenn auch nicht unbedingt vorbildliches — Beispiel dafür gegeben, wie sich ein außerordentlich weitgehender Leistungsschutz bereits aus allgemeinen Rechtsgrundsätzen ableiten läßt. E. E. Hirsch[12]) und Roeber [13]) weisen jedoch darauf hin, daß bei so weitgehender Heranziehung der Generalklauseln der Grundsatz der Spezialität verletzt sei. Die gesamte urheberrechtliche Gesetzgebung werde diskreditiert; denn nach dieser Rechtsprechung bedürfe es konsequenterweise zur Statuierung von Nutzungsrechten an geistigen Leistungen überhaupt keines Urheberrechtsgesetzes mehr.

Diese berechtigten Bedenken machen deutlich, daß die Rechtsprechung überfordert ist, wenn sie aus notwendigerweise unklaren, den Schutzbereich nur sehr vage umreißenden Generalklauseln für den Einzelfall die richtige Entscheidung entnehmen soll. Bestimmungen wie § 826 BGB, § 1 UWG können nur als Notbehelf gegenüber neueren Entwicklungen dienen, wenn das gesetzte Recht den sich wandelnden Lebensverhältnissen offensichtlich nicht mehr genügt. Es bleibt Aufgabe des Gesetzgebers — schon im Interesse der Rechtssicherheit — dem Richter für neu auftauchende Rechtsschutzbedürfnisse möglichst bald klare, eindeutige und ins einzelne gehende Vorschriften an die Hand zu geben. Auch wenn notfalls ausreichende Generalklauseln vorhanden sind, werden also Spezialbestimmungen keineswegs überflüssig. [14])

Mit der Feststellung allein, daß der individuelle Werkmittler eines besonderen, über das allgemeine Zivilrecht hinausgehenden Rechtsschutzes bedarf, ist noch nichts für dessen richtige Gestaltung im einzelnen gewonnen. Zunächst erhebt sich die Frage, welche grundsätzlichen Möglichkeiten gegeben sind, einen solchen Rechtsschutz zu begründen.

---

9) MinE, Begr, 68, BGH v. 31. 5. 1960 — „Künstlerlizenz bei öff. Wiedergabe von Schallplatten" — NJW 1960, 2051 (2054); Leinveber, GRUR 1960, 600; Peter, GRUR Int
11) Seite 48 f.
10) Ebenso Schiefler, GRUR 1960, 159.
11) Seite 48 f.
12) Vorrede zu Papaconstandinou, aaO.
13) FuR 1960/12, 7; UFITA-Schriftenreihe, Heft 21, 17 ff.
14) In diesem Sinne auch Leinveber, GRUR 1960, 599 f.

Die generellen Normen über unerlaubte Handlungen ergänzen, wie schon gesagt, das Vertragsrecht für die Fälle, in denen die nur inter partes wirkende „private" Rechtsordnung der vertragsschließenden Teile nicht anwendbar ist, also gegenüber außenstehenden Dritten. Das für alle gültige Gesetz muß hier zum Schutze bestimmter persönlicher oder materieller Rechtsgüter ein umfriedetes Besitztum garantieren; mit anderen Worten: es muß dem Schutzbedürftigen ein absolutes Recht gegen Übergriffe von außen gegeben werden.

Das absolute Recht dient aber nicht allein einem Negativen, der Abwehr, sondern fördert auch in positiver Weise das Zustandekommen von Verträgen. Es soll Außenstehende auf jeden Fall in Vertragsbeziehungen hineinzwingen, wenn sie das Schutzobjekt irgendwie nutzen wollen.

Ein solches Ausschließlichkeitsrecht kann auf sehr verschiedene Weise ausgestaltet sein. Im Idealfall schließt es jedermann für jede denkbare Gelegenheit aus und eröffnet seinem Inhaber damit in allen Fällen die Möglichkeit, bei Bedarf die eigene „private" (vertragliche) Rechtsordnung auf außenstehende Interessenten zu erstrecken. Dieser äußersten Möglichkeit kommt zum Beispiel das Sacheigentum sehr nahe. Der Eigentümer hat es fast vollkommen in der Hand, fremde Einwirkungen auf sein Eigentum ganz zu verbieten oder beispielsweise durch den Abschluß von Miet- oder Pachtverträgen unter bestimmten Bedingungen (vor allem der einer entsprechenden Gegenleistung) zuzulassen. Nur in wenigen Ausnahmefällen wird das Eigentumsrecht in einen Anspruch auf angemessene Entschädigung abgeschwächt (Enteignung!) oder auch in Teilbereichen einer entschädigungslosen Sozialbindung unterworfen (kein Abwehrrecht gegen ortsübliche, zumutbare Immissionen, § 906 BGB!). Die Immaterialgüterrechte sind demgegenüber in weit stärkerem Umfange zugunsten sonstiger Interessenten eingeschränkt. Man denke an Zwangs- und gesetzliche Lizenzen im Patent- und Urheberrecht, die das Monopolrecht für bestimmte Fälle in einen Anspruch auf angemessene Vergütung abwandeln (§§ 8, 15 PatG; 6, 7, 9 ArbNErfG; 22 LUG), oder an die Ausflüsse der entschädigungslosen Sozialbindung des geistigen Eigentums (§ 1 II Nr. 2 PatG; §§ 16 ff., insbes. 19, 27 LUG; 19, 20 KUG). zu denen auch die beschränkte Schutzdauer zu rechnen ist. Stets handelt es sich aber im Kern um Ausschließlichkeitsrechte, weil anders eben die freie Nutzung des Immaterialgutes durch Dritte nicht wirksam ausgeschlossen werden kann.

Da somit alle Schutzrechte in ihrer Grundkonzeption absolute Rechte sind und der absolute Charakter in seiner reinsten Gestalt die denkbar vollkommenste Schutzmöglichkeit bietet, spricht eine gewisse Vermutung dafür, daß auch dem eigenpersönlichen Werkmittler an seiner Leistung grundsätzlich ein Ausschließlichkeitsrecht zuzusprechen ist.

Diese Vermutung wird von der herrschenden Lehre insofern bestätigt, als einem Teil der Werkmittler bereits de lege lata (nämlich dem Übersetzer, Bearbeiter, Sammelherausgeber und Kopisten) oder de lege ferenda (dem Herausgeber fremder Texte) ein solches exklusives Recht zugebilligt wird. [15]) Es empfiehlt sich daher für den weiteren Verlauf der Untersuchung, zunächst von dieser Hypothese auszugehen und nachzuprüfen, ob die Aufrechterhaltung oder Neuschaffung eines absoluten Rechtsschutzes sich mit den Interessen der einzelnen Werkmittler selbst, denen anderer Werkmittler sowie der Werkschöpfer und der Konsumenten vereinbaren läßt. Auf diese Weise wird es sich zwangsläufig zeigen,

---

15) Vgl. oben Seite 35 ff., 45.

ob (und wenn ja, welche) Einschränkungen und Ausnahmen gegenüber dem Ausschließlichkeitscharakter des Rechtes geboten sind, sei es in Form von gesetzlichen Lizenzen oder durch sonstige gesetzgeberische Maßnahmen der Sozialbindung.

III. Vereinbarkeit eines Ausschließlichkeitsrechtes mit den eigenen Interessen der individuellen Werkmittler.

Es liegt auf der Hand, daß ein uneingeschränktes ausschließliches Recht am jeweiligen Leistungsergebnis den Interessen der verschiedenen künstlerischen und wissenschaftlichen Werkmittler am besten entspricht. Es gibt nicht allein die Möglichkeit, jede Form der Verwertung nur gegen ein angemessenes Entgelt zu gestatten und damit im denkbar größten Umfange aus der geistigen Arbeit wirtschaftlichen Nutzen zu ziehen. Ein absolutes Recht dient gleichzeitig auch dem persönlichen Interesse des Werkmittlers an der Achtung und Reinerhaltung seiner künstlerischen oder wissenschaftlichen Leistungen und seines darauf gegründeten Rufes. Mit Hilfe eines exklusiven Rechtes hat es der Werkmittler in der Hand, die Nutzung seines Arbeitsergebnisses von der Nennung seines Namens abhängig zu machen und eine von fremder Seite veränderte Wiedergabe oder eine weitere Verbreitung überhaupt zu verhindern, wenn er glaubt, daß sein Ansehen dadurch beeinträchtigt werden könnte. Auch ein Rückrufsrecht wegen gewandelter künstlerischer Auffassung oder wissenschaftlicher Überzeugung wird damit ohne Schwierigkeiten gewährleistet. [16])

In einem Punkte allerdings scheint sich das sonst so vorteilhafte Ausschließlichkeitsrecht gegen die Interessen der Werkmittler selbst auszuwirken, indem es ihnen auf den ersten Blick die selbständige Erneuerung ihrer eigenen Leistung verwehrt, falls die Rechte am Leistungsergebnis inzwischen auf eine andere Person, z. B. einen organisatorischen Werkmittler, übertragen wurden. Zwar haben Übersetzer, einrichtende Bearbeiter und Herausgeber fremder Werke in der Regel keine Veranlassung, ihre vermittelnde Tätigkeit zu wiederholen: Die Übersetzung, die Bearbeitung, die textkritische Ausgabe liegen in der vom Werkmittler als endgültig veröffentlichten Form fest, sie können jederzeit vervielfältigt werden, und der Gedanke ist absurd, daß ihre Verfasser sich erneut der gleichen mehr oder weniger mühevollen Arbeit unterziehen könnten — um letzten Endes doch nur ein im wesentlichen identisches Ergebnis hervorzubringen.

Anders liegen die Dinge jedoch beim ausübenden Künstler. Es wurde oben [17]) bereits in anderem Zusammenhang darauf hingewiesen, daß der Interpret sich meist nicht mit einer einmaligen Leistung zufriedengibt, die auf Tonband oder Film aufgenommen, vervielfältigt und wie eine schriftliche Werkvermittlung zum häuslichen Studium verbreitet werden

[16]) Vgl. Elsaesser, GRUR 1959, 315

[17]) Seite 34 f.

könnte. Musiker und Schauspieler erbringen vielmehr in aller Regel die gleiche Werkmittlerleistung in häufiger Wiederholung im direkten Kontakt zum Publikum, sie wollen Bühnen- und Podiumserfahrung sammeln, sich künstlerisch entwickeln, im Ausdruck steigern.

Auch wenn beispielsweise ein Pianist heute für einen Schallplattenhersteller im Tonstudio sämtliche Klaviersonaten Beethovens interpretiert, will er nicht darauf verzichten, morgen das eine oder andere dieser Werke wieder in seine Konzertprogramme aufzunehmen oder im Rundfunk zu spielen. Alle Fortschritte der Ton- und Bildträgertechnik, die nach ihrem jetzigen Stande zur Verbreitung einer Interpretation theoretisch nur noch eine einmalige künstlerische Werkmittlerleistung voraussetzt, können nicht das unwägbare und doch jedem Theater- und Konzertbesucher bekannte Fluidum ersetzen, das aus der unmittelbaren Wechselwirkung zwischen Künstler und Publikum entsteht. [18] Besonders der Schauspieler braucht den Widerhall bei seinen Zuschauern, das „Mitgehen", den Beifall oder auch die kühle Zurückhaltung; er will spüren, wie seine Leistung „ankommt". [19] So beeinflußt das Publikum die künstlerische Leistung in gewisser Weise, indem es den Künstler anfeuernd inspirieren oder auch lähmen kann. Der Interpret bedarf dieser lebendigen Auseinandersetzung als Ansporn und Bestätigung. Daher werden Film und Fernsehen das Theater so wenig verdrängen wie Hörfunk und Schallplatte das „lebendige" Konzert. [20]

Mit Recht ist deshalb hervorgehoben worden, daß es zu untragbaren Ergebnissen führen würde, wenn der ausübende Künstler auf Grund eines absoluten Rechtsschutzes zu einer völligen Enthaltungspflicht gegenüber den Exklusivverwertern seiner einmal erbrachten Leistung verurteilt wäre. [21] Es bedarf jedoch näherer Untersuchung, ob ein Ausschließlichkeitsrecht wirklich notwendigerweise diese weitreichende, unzweckmäßige Folge nach sich zieht.

Zunächst ist festzuhalten, daß es sich bei jeder lebendigen Interpretation, und sei es z. B. auch anläßlich der hundertsten Wiederholung eines Erfolgsstückes, nicht um mechanische Vervielfältigung, sondern um eine neue künstlerische Leistung handelt, die von der früheren, etwa einem Filmproduzenten oder einer Fernsehgesellschaft zur weiteren Verwertung überlassenen Darbietung unabhängig ist und (entsprechend unserer grundlegenden Hypothese) ein selbständiges Ausschließlichkeitsrecht begründet.

Je nach den Umständen der einzelnen Aufführung (Disposition des Künstlers und seiner Partner, Art und Laune des Publikums, „Pannen" und Improvisationen, neue Regieanweisungen) wird sich die Leistung von der früher fixierten, vielleicht der ersten „veröffentlichten" Leistung mit ihrem sprichwörtlichen „Premièrenfieber", für den Kenner mehr oder weniger deutlich unterscheiden. Jede neue Interpretation desselben Werkes durch denselben Künstler wird ausdrucksstärker, gereifter, sicherer, oder auch routinierter, verflacht, weniger ursprünglich, jedenfalls mit keiner früheren völlig identisch sein.

---

[18] v. Erffa, GRUR 1952, 334.

[19] Homburg, 74.

[20] Vortisch, 40 f.

[21] Peter, GRUR Int 1960, 185; Kleine, GRUR 1960, 578; Hubmann, GEMA-Nachrichten Nr. 50 (Mai 1961), 30.

Dennoch ist nicht zu verkennen, daß es hier vielfach um unwägbare, dem Durchschnittskonsumenten kaum auffallende Unterschiede geht, wenn nicht zwischen den beiden Interpretationen eine so erhebliche Zeit liegt, daß die persönlich-geistige Entwicklung des Interpreten eine entsprechende Wandlung der künstlerischen Auffassung ganz offenkundig macht. Im allgemeinen jedoch wird man bei kürzerem Zeitabstand durchaus von einer „Wiederholung", also von einer in den wesentlichen Zügen gleichen Interpretation sprechen können. Ein organisatorischer Werkmittler, dem das „Eigentum" an „der" Interpretation eines bestimmten Werkes durch einen bestimmten Künstler zusteht, könnte sich also darauf berufen, daß jede neuerliche Veröffentlichung nicht nur derselben, sondern auch der gleichen Interpretation seine vom Interpreten erworbenen Rechte verletze.

Diese Frage des sogenannten „Selbstplagiats" ist für das Urheberrecht nicht neu, da sie auch im Verhältnis des Werkschöpfers zu seinem Verleger auftaucht und daher in vielen einschlägigen Gesamtdarstellungen wenigstens kurz gestreift wird. [22]) Denn auch der Urheber kommt nicht selten in die Lage, mit den verlagsrechtlich geschützten Interessen seines organisatorischen Werkmittlers zusammenzustoßen, wenn er ein bewährtes und ihn fesselndes Motiv erneut und mit sehr ähnlichem Ergebnis verarbeitet, was vor allem in der bildenden Kunst weithin üblich ist. [23]) Doch ist es einleuchtend, daß der Verleger in solchem Falle nicht mehr Abwehrrechte haben kann, als zum Schutze seines Verlagsrechts erforderlich sind (§ 9 II Verlagsgesetz). [24]) Das bedeutet, daß der Verleger seinem Autor allenfalls eine erneute Vervielfältigung und Verbreitung des Werkes oder eines konkurrierenden Produktes (z. B. einer Werkbearbeitung) verbieten kann; die sonstigen Werknutzungsarten, insbesondere die Sendung und die öffentliche Aufführung, bleiben dagegen unberührt in der Verfügungsmacht des Urhebers. [25])

Überträgt man diese Grundsätze auf das Verhältnis zwischen dem ausübenden Künstler und dessen organisatorischem Werkmittler, [26]) so wird deutlich, daß Musiker und Rezitatoren durch den Abschluß von Exklusivverträgen mit Schallplattenherstellern keineswegs das Recht verlieren, die gleiche Leistung weiterhin in öffentlicher Veranstaltung und im Rundfunk vorzutragen. Denn dadurch wird die Leistung weder ver-

---

22) Voigtländer-Elster-Kleine, 1 a zu § 13 LUG; Ulmer § 45 III 2, 222; Hubmann, § 32 I 2 d, 148; Rintelen, UVR, 297 ff.

23) Auch hierauf wurde oben Seite 53 bereits hingewiesen. Man denke an die vielen Versionen, in denen van Gogh die „Brücke von Arles" gemalt hat, oder an die verschiedenen Fassungen („Reprisen", „Repliken") von Plastiken Rodins, wie „Sperber und Taube", „Fugit amor".

24) Hubmann, § 45 III 2 b, 189.

25) argumentum e contrario § 2 I VerlG; Ulmer, § 75 II 1, 333.

26) für analoge Anwendung des Verlagsrechts in anderem Zusammenhang auch Baum, GRUR 1959, 75; vgl. oben Seite 24.

vielfältigt[27]) noch verbreitet,[28]) dem „Verlag" der künstlerischen Leistung also kein Abbruch getan. Der ausübende Künstler ist lediglich gehindert, seine Leistung einem anderen organisatorischen Werkmittler derselben Art zur konkurrierenden Auswertung zu überlassen, und das ist kein unbilliges Ergebnis, sondern entspricht dem erheblichen Risiko, das der verlegerische Unternehmer auf sich nimmt.

Der Musiker ist damit auch nicht etwa zeit seines Lebens auf eine bestimmte, nämlich die zuerst fixierte Interpretation festgelegt. Analog den verlagsrechtlichen Bestimmungen kann der ausübende Künstler vor jeder neuen Auflage an seiner Leistung „Änderungen vornehmen" (§ 12 I VerlG), d. h. er kann die Interpretation seinen gewandelten Anschauungen gemäß erneuern. Falls der Tonträgerfabrikant an einer Neuauflage kein Interesse hat, kann der Interpret sich aus dem Vertrag lösen (§ 17 VerlG) und zur Konkurrenz überwechseln, wobei er wiederum Gelegenheit hat, die künstlerische Leistung erneut nach dem gegenwärtigen Stande seines Könnens und seiner Auffassung vom Wesen des Werkes zu erbringen. Dasselbe Ergebnis ließe sich übrigens auch ohne die Normen des Verlagsrechts durch die Anerkennung eines Rückrufsrechtes wegen gewandelter Überzeugung erreichen.[29])

Eher könnte noch der Filmschauspieler durch Gewährung eines absoluten Werkmittlerrechts in seinem Interesse an freier künstlerischer Entfaltung gestört werden. Er kann gehindert sein, in der gleichen Rolle wie im Film auf der Bühne oder im Fernsehfunk aufzutreten, da er dem Filmhersteller nicht nur sein Vervielfältigungs- und Verbreitungsrecht, sondern auch das Recht der öffentlichen Aufführung und das Senderecht übertragen muß, damit dieser für den Film alle denkbaren Verwertungsmöglichkeiten in der Hand hat.[30]) Hier kann jedoch ein Ausgleich der widerstreitenden Interessen durch entsprechende Vertragsgestaltung gefunden werden. Durch eine erheblich höhere Gage kann z. B. der Nachteil, die gleiche Rolle für einige Zeit (nämlich solange der Film in den Lichtspieltheatern läuft) nicht mehr spielen zu dürfen, durchaus aufgewogen werden. Es ist sowieso in der Praxis selten, daß sich hier Überschneidungen ergeben. Der Schauspieler, der zum Film geht, muß sich daran gewöhnen und hat sich auch von vorneherein damit abgefunden, daß er ohne Publikum spielt, daß seine Leistung nach Abschluß der Dreharbeiten als etwas Endgültiges festliegt und daß er sich nun einer ganz neuen Aufgabe zuwenden muß. Der Verzicht auf die ständige künstlerische Präsenz einer bestimmten Werkinterpretation ist der unvermeidliche Preis ihrer größeren Breitenwirkung.

Das Kulturleben wird dadurch nicht ärmer; denn jeder ausübende Künstler hat die freie Entscheidung darüber, ob er seine Leistung mechanisch vervielfältigen und verbreiten lassen und sich damit einem gewissen Konkurrenzverbot aussetzen will oder ob er die unmittelbare Darstellung im Konzert-, Theater- und Rundfunkbetrieb vorzieht und demgemäß den Veranstaltern jeweils nur einfache Lizenzen ohne Ausschließlichkeitswirkung einräumt.

---

27) abgesehen von den beim Rundfunk üblichen sog. „ephemeren" Ton- oder Bildaufnahmen, die aber nicht als echte Vervielfältigungen, sondern nur als Mittel eines rationellen Sendebetriebes anzusehen sind, vgl. Pakuscher, GRUR 1951, 303; Rintelen, 127; Dänischer Oberster Gerichtshof v. 6. 2. 1961, GRUR Int 1961, 561 Nr. 1832; entsprechend § 45 RefE (Begr. 137 ff.), § 48 MinE (Begr. 50 f.).

28) d. h. in körperlichen Vervielfältigungsexemplaren in Verkehr gebracht, vgl. Ulmer, § 38 II 1 192; MinE, Begr. zu § 14, S. 34.

29) Vgl. oben Seite 69.

30) Vgl. oben Seite 18.

Zusammenfassend läßt sich also sagen, daß die Schaffung eines ausschließlichen Rechts an der individuellen Werkmittlerleistung den wohlverstandenen Interessen des ausübenden Künstlers selbst nicht widerspricht. Die Übertragung der zum „Selbstplagiat" und der Enthaltungspflicht des Urhebers entwickelten Grundsätze auf das Werkmittlerrecht führt zu einer befriedigenden Lösung der scheinbaren Schwierigkeiten. Geht man davon aus, daß der ausübende Künstler aus seinem absoluten Recht nicht mehr Befugnisse auf den organisatorischen Werkmittler überträgt, als dieser nach dem Zweck des Vertrages zum Schutze seiner unternehmerischen Leistung vor schädigendem Wettbewerb benötigt, [31]) so wird der Interpret in seiner künstlerischen Bewegungsfreiheit nur wenig und in einer den beiderseitigen Interessen genügenden Weise beschränkt.

IV. Vereinbarkeit mit den Interessen anderer Werkmittler.

Nicht selten ist auch gegen ein urheberrechtsartiges Ausschließlichkeitsrecht für den ausübenden Künstler eingewandt worden, damit würden bestimmte Werke zugunsten des jeweils ersten Interpreten monopolisiert und auf diesem Wege die Freiheit des kulturellen Lebens beschränkt. [1]) Vor allem dürfe es nicht sein, daß z. B. ein berühmter Schauspieler die Nachahmung seiner besonderen Rollenauffassung als „Plagiat" verbieten könnte. [2]) Hier handelt es sich also um das (im Grunde selbstverständliche) Interesse der anderen individuellen Werkmittler, durch eine frühere Interpretation, Übersetzung, Einrichtung, Herausgabe, Nachbildung desselben Werkes nicht an einer neuen, eigenen Vermittlung gehindert zu sein.

Es fragt sich aber, ob ein urheberrechtsartiges Ausschließlichkeitsrecht wirklich zwangsläufig diese unerwünschte Folge hat, die seine Kritiker glauben annehmen zu müssen. Für diejenigen Werkmittlerleistungen, die schon de lege lata mit einem absoluten, sogenannten „abhängigen Urheberrecht" ausgestattet sind, ist es von jeher unbestritten, daß der Rechtsschutz der früheren Werkvermittlung einer neuen, selbständigen Leistung der gleichen Art nicht im Wege steht. [3]) Nichts anderes gilt auch de lege ferenda für die textkritische Herausgabe fremder Werke.

---

[31]) „Zweckübertragungstheorie"; ebenso Hirsch Ballin, UFITA 35 (1961), 56, sowie in anderem Zusammenhang: Benkard, GRUR 1955, 170; Peter, GRUR Int 1960, 179.

[1]) Peter. GRUR Int 1960, 185.

[2]) Vortisch, 41; Kleine, GRUR 1960, 578; Büchen, Diss. 48; Ulmer, UFITA 33 (1961), 17: Hubmann, GEMA-Nachrichten Nr. 50 (Mai 1961), 30.

[3]) Dambach 237; Wächter, 51; Kohler, Autorrecht, 208 f.; Dernburg, Preuß. PrivR II, 945; Bürgerl.R. VI, 106; von den neueren Autoren für das deutsche Recht als selbstverständlich meist gar nicht oder nur am Rande erwähnt, vgl. Hubmann, § 17 II 2, 98; Bappert, BBl 1961, 1302. Ebenso bzgl. der Übersetzung: Desbois für das französische, de Pinna für das englische, Zetterberg für das schwedische, Howell für das amerikanische Recht, so auch ausdrücklich das spanische URG v. 1879 (Art. 14); für die musikalische Bearbeitung: Hepp zum französischen, Finkelstein zum amerikanischen Recht; für die künstlerische Kopie die (ungenannten) Fachvertreter von Argentinien und Ecuador; vgl. Pinner aaO, Stichworte „Translations", „Musical Adaptations", „Copyist of an Artistic Work."

Das in Aussicht genommene „verwandte Schutzrecht" [4]) für diese Werkmittlerleistung soll konkurrierende Arbeiten, die auf eigener wissenschaftlicher Bemühung aufbauen, durchaus nicht verhindern und ist dennoch als urheberrechtsähnliches Ausschließlichkeitsrecht ausgestaltet worden. [5])

So besteht auch kein Grund, dem ausübenden Künstler ein exklusives Schutzrecht zu versagen. Es kommt nur darauf an, den Schutzumfang dieses Rechtes auf die jeweilige konkrete Interpretationsleistung zu beschränken.

Der Schutzumfang eines Ausschließlichkeitsrechts umfaßt grundsätzlich alle denkbaren Nutzungen des geschützten Objekts. So umfaßt das echte Urheberrecht alle denkbaren technischen und individuellen Werkvermittlungen, verbietet also sowohl die unbefugte Vervielfältigung als auch die eigenmächtige Bearbeitung und Aufführung des Werkes (soweit es nicht nur zum privaten Gebrauch geschieht). Entsprechend muß sich auch das absolute Recht an einer Werkmittlerleistung auf alle Nutzungsmöglichkeiten erstrecken. [6]) Das Recht an einer Dramenübersetzung enthält demnach nicht nur die ausschließliche Befugnis der (technisch vermittelnden) Vervielfältigung, sondern auch die der (künstlerisch vermittelnden) Aufführung des Werkes in der übersetzten Gestalt. Das Gleiche gilt für sonstige Bearbeitungen und kritische Neuausgaben. Auch eine künstlerische Kopie kann nicht nur technisch wiedergegeben werden, sondern auch ihrerseits wieder als Grundlage einer individuellen Nachbildung dienen. Bei der Interpretation erschöpft sich die Nutzungsmöglichkeit dagegen in der technischen Reproduktion; eine künstlerische Vermittlung kommt deshalb nicht mehr in Betracht, weil die Leistung des ausübenden Künstlers stets das Endglied bildet, falls es sich um eine Kette mehrerer individueller Werkmittlerleistungen handelt (z. B. Roman — Dramatisierung — Übersetzung — Aufführung). Die Interpretation ist niemals Mitteilungsobjekt, sondern nur Mitteilungsmittel; [7]) sie ist nicht erneut interpretierbar. Was selbst eine letzte subjektive Ausprägung darstellt, kann nicht von einer weiteren subjektiven Schicht überlagert werden. Damit wird der Schutzumfang des absoluten Werkmittlerrechts hier zwangsläufig auf die technische Weitervermittlung (Vervielfältigung, Sendung, öffentliche Wiedergabe) beschränkt.

Der Schutzumfang des Rechtes an Werkmittlerleistungen ist auch deshalb enger, weil diese im Vergleich zu schöpferischen Leistungen eine geringere Eigenart aufweisen. Es wurde oben [8]) schon kurz erwähnt, daß Ähnlichkeiten des Arbeitsergebnisses hier nicht ohne weiteres den Vorwurf des Plagiats begründen. Diese Übereinstimmungen verschiedener Werkvermittlungen sind auf die Identität des vermittelten Werkes zurückzuführen und dürfen nicht der selbständigen Leistung des Werkmittlers zugerechnet werden. Denn es ist selbstverständlich, daß der Werkmittler durch seine Leistung kein ausschließliches Recht am Werke selbst erwirbt. So wie der Urheber kein Recht hätte, die Verwertung einer persönlichen Neuschöpfung zu verbieten, die zufällig weitgehend

---

4) vgl. oben Seite 45.

5) Entsprechendes gilt auch für das ausländische Recht, vgl. Pinner aaO, Stichwort „Editio princeps" (Fuller-Unwin für England; Howell für USA sowie die Fachvertreter für Portugal, frz. Marokko, Tanger; aA Goldbaum für Venezuela).

6) Ebenso Freiesleben, GRUR 1916, 116, für das „Regiekunstwerk".

7) so Ellinger, 37.

8) Seite 54.

seinem früheren Werk gliche, [9]) ebenso kann auch der ausübende Künstler eine neue, selbständige Interpretation nicht mit der Begründung angreifen, sie stimme in wesentlichen Punkten mit seiner früheren überein. Im Gegensatz zu Leistungen auf dem Gebiete der Technik, wo der rein sachbezogene Grundsatz der Priorität herrscht, entscheidet überall da, wo es sich um persönlichkeitsgeprägte, besonders künstlerische Leistungen handelt, nicht das Prinzip der objektiven, sondern das der subjektiven Neuheit. [10]) Demnach kommt ein Leistungsplagiat bei der Interpretation im allgemeinen nicht in Betracht, auch wenn das betreffende Werk bereits mehrfach in ähnlicher Weise dargestellt wurde und der Darsteller sogar bewußt einem bestimmten Vorbild nacheifert. [11]) Denn mit Recht betont Moll, daß der Nachahmende sich niemals unter Aufgabe seiner eigenen Persönlichkeit die intimsten persönlichen Darstellungsmittel seines Vorbildes anzueignen vermag, sondern daß letzten Endes die eigene Persönlichkeit immer zum Durchbruch gelangen wird. So wie der Übersetzer seinen eigenen Stil, sein Sprachgefühl nicht verleugnen kann, so wenig ist dies im übertragenen Sinne dem ausübenden Künstler möglich.

Etwas anderes könnte nur für den Ausnahmefall gelten, daß der Interpret bewußt seinen eigenen Ausdruckswillen unterdrückt und z. B. ein Werk sklavisch anhand der Schallaufnahme einer fremden Interpretation einstudiert. [12]) Da der Ausführende seine eigene Persönlichkeit in solchem Falle völlig ausschaltet (angenommen, dies sei annähernd möglich), würde es sich dann nicht mehr um künstlerische, sondern um unpersönlich-technische Werkvermittlung handeln. Diese Art der Nutzung unterläge allerdings dem Verbotsrecht des imitierten Künstlers, und das wäre auch kein unbilliges Ergebnis. [13]) Es mag zu Ausbildungszwecken nützlich und notwendig sein, fremde Interpretationen bis ins Kleinste genau zu analysieren, einzustudieren und nachzuvollziehen, und dies bleibt dem Musik- oder Schauspielschüler selbstverständlich unbenommen, solange er solche „Plagiate" nur zum privaten Gebrauch hervorbringt und damit nicht an die Öffentlichkeit tritt. Die Öffentlichkeit wiederum hat nach den Fortschritten der Übertragungs- und Vervielfältigungstechnik gar kein Interesse an derartigen „sklavischen Kopien". [14]) So wird auch der junge Studierende ganz von selbst nicht die Gelegenheit haben, eine bloße Imitation in wesentlichem Umfange (z. B. durch Schallplattenvertrieb) zu verwerten. Das wird erst dann geschehen, wenn er sich von seinem Vorbilde gelöst und seinen eigenen „Stil" gefunden hat, mag dieser auch nur in Nuancen von dem seines Lehrers und Meisters abweichen. Es ist außerdem graue Theorie, dem künstlerischen Menschen ein Interesse an möglichst täuschender Nachahmung eines Vorbildes zu unterstellen. Der Künstler — auch wenn er nur Werkmittler ist — strebt nach Originalität, will das Eigene, Unverwechselbare. Auch aus diesem Grunde sind die Befürchtungen, ein ausschließliches Recht an der Interpretenleistung könnte das Kulturleben behindern, gegenstandslos und unbegründet.

---

[9]) vgl. oben Seite 54.

[10]) Waltz, GRUR 1961, 327; Hubmann, § 9 II 1 a, 59; Ulmer, § 94 I 2 a, 418; Troller, IGR, 416.

[11]) Im Ergebnis ebenso: Freiesleben, GRUR 1916, 117; Marwitz, UFITA 3 (1930), 306; Cahn-Speyer, UFITA 5 (1932), 354 f.; Homburg, 97; Moll, 149; Papaconstandinou, 18 f.; Hirsch Ballin, UFITA 35 (1961), 54.

[12]) v. Fischer, Schweiz. Mitt. 1960, 147.

[13]) Ebenso Hirsch Ballin, UFITA 35 (1961), 55.

[14]) Ähnlich in anderem Zusammenhang: Voss, 24.

V. Vereinbarkeit mit den Interessen der organisatorischen Werkmittler.

Die organisatorischen Werkmittler — Verleger, Schallplattenhersteller, Filmproduzenten, Sendegesellschaften — haben ein Interesse daran, ihre „Produktion" an Büchern, Noten, Platten, Filmen, Sendungen bestmöglich zu verwerten. Sie wollen für das Risiko der erheblichen Kapitalinvestition die Chance eintauschen, über die Unkosten hinaus einen Gewinn zu erzielen. Die Gewinne können nicht zuletzt dazu dienen, auch weniger erfolgversprechende, wirtschaftlich „schwächere" Werke herauszubringen, die für Kultur und Wissenschaft besonders wertvoll erscheinen. Ein ausschließliches Recht der individuellen Werkmittler steht dem nicht entgegen. Da dieses Recht — wie das Urheberrecht — in seinen vermögensrechtlichen Bestandteilen jedenfalls übertragbar ist, kann und wird der organisatorische Werkmittler sich die notwendigen Verwertungsbefugnisse gegen festes Gehalt, einmaliges Honorar oder Beteiligung am Umsatz von den Bearbeitern, Herausgebern, Interpreten abtreten lassen, wie er es auch im Verhältnis zu den Urhebern tut. Er vereinigt damit alle Rechte, die er zur Verwertung braucht, auf sich und kann damit aus abgeleitetem Recht gegen etwaige unlautere Konkurrenten vorgehen, die seine organisatorische Leistung schmarotzerhaft auszubeuten versuchen. [15])

Ob dieser abgeleitete Rechtsschutz in seiner zeitlichen Ausdehnung möglicherweise für bestimmte Fälle über das schutzwürdige Maß hinausgeht, wird weiter unten [16]) im Zusammenhang mit den Interessen der Allgemeinheit und dem Problem der Schutzfrist zu erörtern sein. Jedenfalls bestehen von den Belangen der organisatorischen Werkmittler her gesehen keine Bedenken gegen einen exklusiven Rechtsschutz auch derjenigen individuellen Werkmittler, die bisher de lege lata nicht als Urheber betrachtet werden.

VI. Vereinbarkeit mit den Interessen der Werkschöpfer.

Einer der häufigsten Einwände gegen ein exklusives Recht der ausübenden Künstler ist die Behauptung, ein solches Recht blockiere theoretisch und praktisch das Urheberrecht an dem interpretierten Werk und beeinträchtige daher in unzumutbarer Weise die Interessen der Werkschöpfer.

Der Einwand der theoretischen Blockierung, daß nämlich ein absolutes Recht an der Interpretation mit dem Ausschließlichkeitscharakter des Urheberrechts dogmatisch unvereinbar sei, [1]) ist zwar bereits seit langem überzeugend widerlegt. Denn es wird heute im allgemeinen nicht mehr verkannt, daß beide Rechte sich auf ganz verschiedene Gegenstände —

---

[15]) Vgl. oben Seite 24, 26.

[16]) Seite 95.

[1]) so vor allem Piola Caselli, UFITA 11 (1938), 77; de Pirro, UFITA 15 (1942), 161; Goldbaum, Sch o L?, 13 ff.

das Grundwerk und die konkrete Realisation — beziehen und deshalb durchaus nebeneinander bestehen können, wie es ja auch für das Verhältnis der Rechte am Original und an der Übersetzung (Bearbeitung, Nachbildung) geläufig ist. [2])

Trotzdem wird aber überwiegend die Ansicht vertreten, daß der Urheber jedenfalls praktisch in der Ausübung seines Rechtes durch ausschließliche Befugnisse der Interpreten erheblich beeinträchtigt werde und aus diesem Grunde eine solche Lösung rechtspolitisch untragbar wäre. Mit einem Verbietungsrecht ausgestattet, seien die ausübenden Künstler in der Lage, dem Urheber wichtige Möglichkeiten der Werknutzung abzuschneiden. [3]) Zumindest — so wird gesagt — könnte es zu einer spürbaren Verkürzung der Einnahmen des Urhebers führen, wenn neben ihm bei jeder weiteren Verwertung des Werkes auch die Ausführenden als Entgelt für ihre Zustimmung den Anspruch auf eine „Tantième" erhielten. [4])

Daß es sich hier um eine ernste Interessenkollision handelt, ist nicht zu bestreiten. Für das Urheberrecht hat die deutsche Rechtsprechung den Grundsatz herausgebildet, daß der Autor tunlichst an allen, insbesondere auch an allen durch den technischen Fortschritt neu sich bietenden Werknutzungsarten wirtschaftlich zu beteiligen sei. [5]) Dies wird rechtstechnisch durch den ausschließlichen Charakter des Urheberrechts ermöglicht. Die Anerkennung eines Ausschließlichkeitsrechts an der interpretierenden Leistung würde eine Übertragung dieses Grundsatzes auf einen nicht im echten Sinne schöpferischen Personenkreis und damit zwangsläufig eine Schmälerung der bisher unangefochtenen Vorzugsstellung des Urhebers bedeuten. Es ist die Frage, ob die Interessen der Werkschöpfer höher zu bewerten sind als diejenigen der Interpreten oder ob eine für beide Seiten gleichartige Möglichkeit der Beteiligung an den wirtschaftlichen Früchten ihrer Leistung rechtspolitisch geboten ist.

Nicht zwingend wäre die Beweisführung, wollte man einfach auf die Parallelerscheinung der Überlagerung zweier Ausschließlichkeitsrechte bei der Übersetzung und sonstigen Bearbeitung hinweisen und auf die Tatsache, daß hierbei irgendwelche Unzuträglichkeiten bisher nicht zutage getreten sind, daß also das Urheberrecht auch durch ein ausschließliches Werkmittlerrecht praktisch weder gelähmt noch in unbilliger Weise entwertet würde. [6]) Derartige Analogieschlüsse sind gefährlich, weil sie sich nur allzuleicht in begriffsjuristischen Schematismus verlieren und über die Besonderheiten der soziologischen Gegebenheiten hinwegsetzen. [7]) Es darf vor allem nicht unberücksichtigt bleiben, daß es der Urheber bei einer Übersetzung oder sonstigen Bearbeitung seines Werkes in der Regel nur mit einem Werkmittler, bei einer dramatischen oder musikalischen Aufführung dagegen meist mit einer Vielzahl von

---

[2]) Hoffmann, UFITA 12 (1939), 102 f.; de Boor, UFITA 13 (1940), 187; Moll, 154 f.; Hubmann, R d sch G, 36; Ulmer, RSch, 24; Deutsch, GRUR Int 1958, 127; Runge, UFITA 35 (1961), 172.

[3]) Ulmer aaO; Haensel, LSchNV, 48 f.; Hubmann, IGU 9, 39 f.; Tournier, IGU 5. 70: Möhring-Elsaesser, IGU 6, 44 f.; Mentha, UFITA 25 (1958), 46.

[4]) Straschnov, 74; Möhring-Elsaesser aaO, 45 f.; Nipperdey, IGU 10, 44.

[5]) Vgl. den eingehenden Nachweis bei Hubmann, § 8 IV 3 a/b, 51.

[6]) So von Rauscher auf Weeg, 39.

[7]) Im gleichen Sinne: Hirsch Ballin, UFITA 18 (1954), 323; Ljungman, L'artiste 1956, 26 f.

Interpreten zu tun hat, von denen eine Zustimmung für bestimmte Werknutzungen schwerer und umständlicher zu erlangen ist. Außerdem wird befürchtet, daß die Interpreten, insbesondere durch eine gemeinsame Interessenvertretung aus sozialen Gründen die Verwendung „mechanischer Musik" mit Hilfe eines ausschließlichen Vetorechtes stark einschränken könnten, um damit mehr Arbeitsplätze für lebendige Musikaufführungen zu erzwingen. [8])

Diese Besonderheiten der Interessenlage verbieten eine summarische Gleichstellung der Interpreten mit den übrigen individuellen Werkmittlern. Es ist vielmehr eingehend zu prüfen, ob die äußerlich erkennbare Gemeinsamkeit der Mittlerstellung auch zu einer analogen Bewertung der widerstreitenden Interessen führen muß.

Dabei sollen folgende Fragen untersucht werden:

1. Ist es gerechtfertigt, daß die ausübenden Künstler an den Erträgnissen der durch ihre Interpretation vermittelten Werknutzungen teilnehmen, selbst wenn dadurch die Einnahmen der Werkschöpfer verringert werden?

2. Ist für eine angemessene wirtschaftliche Beteiligung der Interpreten ein ausschließliches Recht erforderlich, oder würden dadurch die Interessen der Werkschöpfer in unzumutbarer Weise beeinträchtigt?

Der Werkschöpfer ist daran interessiert, daß sein Werk einem möglichst breiten Publikum zugänglich gemacht wird, und zwar aus ideellen wie materiellen Gründen. Die Tätigkeit des Übersetzers entspricht diesem Interesse, indem sie ein neues Sprachgebiet als Konsumentenkreis erschließt, das der Urheber mit seiner Originalfassung allein nicht erreicht hätte. Diese vermittelnde Leistung ist ihres Lohnes wert, und der Autor des übersetzten Werkes muß sich damit abfinden, die Erträgnisse, die ihm aus der erweiterten Nutzung des Werkes zufließen, mit demjenigen zu teilen, dem diese weitere Nutzung zu danken ist. Das Gleiche gilt sinngemäß für das Verhältnis zwischen dem Originalautor und sonstigen denkbaren Bearbeitern. Auch die Verfasser von Dramatisierungen, Verfilmungen, Orchesterfassungen, Klavierauszügen, Potpourris, Sammelalben und ähnlichen Werkvermittlungen verhelfen dem Werkschöpfer zu weiteren Einkünften aus seinem Werk, die über das aus der Originalfassung Erzielbare hinausgehen, und sind dafür an diesen zusätzlichen Einkünften beteiligt.

Der Schöpfer eines Musikwerkes kann mit dem Vertrieb von gedruckten Notenheften nur den verhältnismäßig kleinen Kreis derer erreichen, die Noten lesen und das Werk in der Schriftform zum Studium oder zur Hausmusik gebrauchen können. Er kann darüber hinaus den Wirkungskreis erweitern und aus öffentlichen Aufführungen Nutzen ziehen. Soweit er sein Werk dabei nicht selbst allein aufführt, was nur bei solistischen Kompositionen denkbar ist und immerhin seine eigene Arbeitskraft „kostet", muß er dafür ausübende Künstler heranziehen, die für

---

[8]) RefE. Begr. 192; MinE, Begr. 69; Möhring-Elsaesser, IGU 6, 45; Hubmann, IGU 9, 39 ff.

ihre Dienste ein entsprechendes Honorar beanspruchen. Auch hier teilt also der Komponist ganz selbstverständlich seine Einkünfte mit den ausführenden Musikern.

Von den organisatorischen Werkvermittlern, den Verlegern und Konzertveranstaltern, die selbstverständlich auch einen Anteil an den Gesamteinnahmen erhalten, kann hier der Einfachheit halber abgesehen werden. Diese „Organisationskosten" entstehen in jedem Falle. Sie schmälern die Einkünfte des Urhebers erheblich, ohne daß dies irgendwie zu beanstanden wäre. Auch die organisatorische Leistung hat ihren angemessenen „Preis", ebenso wie die künstlerische Vermittlung.

Mit fortschreitender technischer Entwicklung erschlossen sich dem Komponisten neue Verbraucherkreise: Zu den Notenlesern und Konzertbesuchern kamen die Schallplattenfreunde und die Rundfunkhörer hinzu. Auch diese neuen Verwertungsmöglichkeiten, die allmählich die früheren aus ihrer beherrschenden Stellung verdrängten, bedürfen (neben erheblich aufwendigeren technischen und organisatorischen Werkmittlerleistungen) der künstlerischen Interpretation des Werkes. Es erscheint also nicht mehr als recht und billig, daß der Werkschöpfer auch von den Erträgnissen dieser weiteren Werknutzungen einen angemessenen Teil den Interpreten überläßt. [9])

Diesen einfachen Grundsatz hat der Bundesgerichtshof in einem seiner Urteile zu § 2 II LUG in begrüßenswerter Klarheit ausgesprochen. [10]) Die Gegner des — vom BGH bereits de lege lata anerkannten — ausschließlichen Leistungsschutzrechts der ausübenden Künstler bestreiten auch gar nicht, daß dem Interpreten für seine Leistung ein angemessener Lohn zustehe. Sie sind aber der Ansicht, dieses Entgelt für alle weiteren Nutzungen (bei denen der Urheber jeweils gesondert kassieren darf) liege bereits in dem einmaligen Honorar, das dem Interpreten für jede Aufnahme seiner Leistung sicher sei, während der Urheber im Regelfall ohne unmittelbare Gegenleistung das Werk schaffe und daher auf die Einkünfte aus jeder einzelnen Werknutzung angewiesen sei. [11])

Dieser Einwand enthält einen richtigen Kern. Es geht natürlich nicht an, daß die ausübenden Künstler sozusagen „doppelt kassieren", indem sie die weiteren Nutzungen, die bei der Aufnahme ihrer Leistung für die Bemessung des Honorars bereits berücksichtigt wurden (insbesondere die Sendung und die öffentliche Wiedergabe von Schallplatten und Filmen), zum Anlaß nehmen, erneut ein Entgelt zu fordern. Aber dies

---

9) Treffend sagt Hirsch Ballin (unter Berufung auf Savatier): „Gerne scheint man mit dem Spätkommer, der weitaus am längsten antichambrieren mußte, zu Tische zu gehen, minder gern jedoch mit ihm die Portionen zu teilen." (UFITA 21 (1956), 111.

10) BGH v. 31. 5. 1960 — „Künstlerlizenz bei öffentlicher Wiedergabe von Schallplatten" — NJW 1960, 2051 (2052 f.); ebenso Vortisch, 47; Moll, 147; v. Erffa, GRUR 1952, 337: Hubmann, R d sch G, 179; Gentz, GRUR Int 1957, 544.

11) Haensel, UFITA 19 (1955), 23 f.; Troller, L'artiste 1956, 32, 34; anders IGU 13, 97: Möhring-Elsaesser, IGU 6, 47 ff.; Hubmann, IGU 9, 27 f.; Neumann-Duesberg, ebd. 69 f.; Nipperdey, IGU 10, 49 f.; Roeber, FuR 1960/12, 7; UFITA -Schriftenreihe, Heft 21, 27 ff.

spricht, wie Hubmann früher[12]) ganz richtig gesehen hat, nicht entscheidend gegen die exklusive Ausgestaltung des Rechtsschutzes. Auch der Urheber arbeitet vielfach in einem festen Anstellungsverhältnis, so daß er damit urheber- und arbeitsrechtlichen Normen zugleich untersteht.[13]) Zum Beispiel schreiben die Redakteure von Zeitungen oder Sendegesellschaften für ihre Arbeitgeber laufend Artikel oder Exposés gegen ein regelmäßiges Gehalt. Dafür steht dem Dienstherrn die freie Verfügung über die geistigen Produkte zu, insbesondere das Recht, die Werke auf die übliche Art zu verwerten, also je nach den Erfordernissen des Betriebes zu vervielfältigen, zu verbreiten oder zu senden. Eine solche Vereinbarung ist ohne weiteres möglich und ändert nichts an dem ausschließlichen Charakter des Urheberrechts.[14]) Es unterliegt keinem Zweifel, daß einzelne oder auch alle Nutzungsbefugnisse des Urheberrechts vertraglich abtretbar sind. Damit wird erreicht, daß auf einfache und ökonomische Weise das angemessene Entgelt für spätere Verwertungen des Leistungsergebnisses bereits vorweg abgeschätzt und an den Schaffenden abgeführt werden kann. Das Gewinn- oder Verlustrisiko verlagert sich dadurch auf den kapitalkräftigeren organisatorischen Werkmittler, und das entspricht auch dem Interesse desjenigen, der in abhängiger Stellung arbeitet, weil diesem soziale Sicherheit wichtiger ist als die ungewisse Aussicht auf möglicherweise höhere Einnahmen.

Nimmt man nun im gleichen Sinne für den Interpreten an, daß er als sozial abhängiger Arbeitnehmer die wirtschaftlichen Verwertungsbefugnisse seines ausschließlichen Rechtes am Leistungsergebnis vertraglich auf den Arbeitgeber überträgt, so wird das unerwünschte Ergebnis vermieden, daß der ausübende Künstler mehr Gelegenheit zur Erzielung von Einkünften erhält, als sie der Werkschöpfer im allgemeinen hat.

Im Regelfall wird also der Interpret durch dieses „Honorarsystem"[15]) mit der einmaligen Gage abgefunden, während die Rechte der weiteren Nutzung nach und nach durch den organisatorischen Werkmittler wahrgenommen werden.[16]) Da somit bei Gruppenleistungen die Nutzungsrechte zwangsläufig in einer Hand vereinigt sind, entfällt auch die Schwierigkeit, bei jeder weiteren Verwertung einer Aufführung die Zustimmung sämtlicher Mitspieler einzuholen.[17]) Es genügt die Einwilligung des Veranstalters, des Ton- oder Bildträgerherstellers, insbesondere auch des Filmproduzenten.[18]) Diese Werkmittler gewinnen damit gleichzeitig die Möglichkeit, sich aus abgeleitetem Recht gegen die schmarotzerhafte Ausbeutung ihrer organisatorischen Leistung zur Wehr zu setzen.[19])

---

12) R d sch G, 179 f.; anders jetzt IGÜ 9, 42.
13) de Boor, UFITA 16 (1944), 345 f.; Sahmer, UFITA 21 (1956), 35 ff.
14) Ulmer, § 6 III 2, 33.
15) so Kopsch UFITA 20 (1955), 291.
16) Hepp, 135; Runge, GRUR 1951, 27; Pakuscher, GRUR 1951, 304.
17) Ebenso Vortisch, 105.
18) Vogel, GRUR 1953, 201.
19) Vgl. oben Seite 24, 26, 76.

Dagegen ließe sich einwenden, diese stillschweigende vertragliche Abtretung sei nur eine unnötige gesetzgeberische Fiktion. Wenn oben [20]) dieselbe Konstruktion bei den technischen Werkmittlern als lebensfremd hingestellt würde, müsse dies doch auch für die künstlerischen Vermittler gelten. Wozu ein ausschließliches Recht des Interpreten an seinem Leistungsergebnis, wenn dieses Recht quasi cessione legis auf einen anderen übergehen soll? Warum nicht gleich ein besonderes Schutzrecht für den organisatorischen Werkmittler? [21])

Zunächst ist hervorzuheben, daß die ausübenden Künstler zwar in der Mehrzahl in einem festen Arbeitsverhältnis stehen, daß es aber auch selbständige Interpreten, vor allem Solisten, Dirigenten, Regisseure, Starschauspieler gibt, die nur jeweils für bestimmte Rollen und Aufführungen auf kurze Zeit vertragliche Bindungen mit organisatorischen Werkmittlern (Konzertagenturen, Theatern, Film- und Schallplattenproduzenten) eingehen und so als „freie Mitarbeiter" bald hier, bald dort ihre Leistungen erbringen. Diese sozial unabhängigen Interpreten können und wollen mindestens einen Teil des Unternehmerrisikos selbst übernehmen und damit die Chance einer höheren Beteiligung am Erfolg ihrer Leistung behalten. [22]) Es ist bekannt, daß alle namhaften Starinterpreten schon seit langem überwiegend Verträge nach dem „Gage-plus-Prozente-System" abschließen. [23]) Es sollte ihnen aber auch rechtlich die Möglichkeit offenbleiben, nur einen Teil der Verwertungsrechte auf einen organisatorischen Werkmittler zu übertragen und das Entgelt für weitergehende Nutzungen in eigener Verantwortung oder durch eine Verwertungsgesellschaft einzuziehen. Um diesem berechtigten Interesse des selbständigen Interpreten zu genügen, dessen gesellschaftliche Lage insoweit derjenigen des frei schaffenden Urhebers weitgehend entspricht, ist die Anerkennung eines ausschließlichen Rechts am Ergebnis der Interpretenleistung zweckmäßig und notwendig. [24])

Es trifft nicht den Kern der Sache, wenn immer wieder betont wird, die ausübenden Künstler würden auch ohne ein urheberrechtsartiges „droit pécuniaire" bereits angemessen entlohnt. [25]) Soziologisch betrachtet, hat der Interpret die Wahl, ob er seinen Lebensunterhalt durch ein festes Anstellungsverhältnis mit allen Sicherheiten und Vorzügen des arbeits- und sozialrechtlichen Schutzes verdienen oder ob er auf diesen (notwendigerweise stark nivellierenden) „Unterbau" verzichten will und dafür lieber ein „Leistungshonorar" beansprucht, das seinem Können und seinem Ruf, kurz: seiner besonderen Popularität entspricht.

Der Urheber ist im allgemeinen auf dieses zunächst ungewisse „Leistungshonorar" allein angewiesen, sofern er sich nicht in materielle (und damit möglicherweise geistige!) Abhängigkeit begibt und auf Bestellung arbeitet.

---

20) Seite 29.

21) In diesem Sinne Baum, GRUR Int 1953, 219.

22) Ebenso Hepp, 130; G. Müller, UFITA 28 (1959), 137 f.; 146 f. für Spitzenfilmdarsteller und -regisseure.

23) Vinding Kruse, 556 f.; Lehman, 180; Homburg, 100; Baum, GRUR 1952, 561; GRUR Int 1953, 214; Troller, L'artiste 1956, 34; Schmidt-Joos, 83.

24) Ähnlich Neumann-Duesberg, UFITA 31 (1960), 171 f.

25) Vgl. oben Seite 79, Anm. 11.

Er tut dies mitunter teilweise, um wenigstens das Existenzminimum zu sichern, teilweise wird der „Unterbau" durch nicht-schöpferische Arbeit, eigenes Vermögen oder durch Zuwendungen von Mäzenaten ausgefüllt, bis die Erträgnisse aus dem „Oberbau" (dem durch das Urheberrecht vermittelten „Leistungshonorar" der Tantiemen) zu fließen beginnen und den „Unterbau" allmählich — oft niemals ganz — ersetzen können. Mag auch bei den Interpreten der soziologische Schwerpunkt umgekehrt auf der abhängigen Stellung liegen, so darf dem ausübenden Künstler doch nicht die Möglichkeit genommen werden, sich aus der sozialen Unselbständigkeit zu befreien; und dazu kann ihm ein urheberrechtsartiges Ausschließlichkeitsrecht am besten verhelfen. [26])

Ein weiterer wichtiger Grund für die unterschiedliche Ausgestaltung der Rechte des technischen und des künstlerischen Werkmittlers liegt darin, daß bei dem individuellen Vermittler auf persönlichkeitsbezogene Schutzbedürfnisse Rücksicht zu nehmen ist, während solche bei bloß technischer Werkvermittlung fehlen. Der Interpret muß in der Lage sein, eine seiner Ansicht nach mißglückte Darbietung von der weiteren Verwertung auszuschließen, damit sein Ruf nicht gefährdet wird. Er muß aus dem gleichen Grunde Verschandelungen seiner Leistung durch unvollkommene technische Wiedergabe verbieten können, und zwar auch ohne besondere Abmachungen. Das ist leicht möglich, wenn man dem Interpreten ein ausschließliches Recht zuerkennt, dessen persönlichkeitsrechtlicher Teil (wie beim Urheberrecht) selbst nach der Übertragung sämtlicher Nutzungsbefugnisse bei dem ursprünglichen Rechtsinhaber verbleibt. [27])

Man mag dagegen einwenden, daß sich dasselbe Ergebnis wohl auch mit Hilfe des allgemeinen Persönlichkeitsrechts erzielen lasse. Aber das würde bedeuten, daß man folgerichtig zugunsten der persönlichkeitsrechtlichen Generalklausel auch die herkömmliche und bewährte Konstruktion des Urheberrechts als einer aus ideellen und materiellen Befugnissen zusammengesetzten Einheit [28]) aufgeben müßte. Wollte man im Urheberrecht die Nutzungsrechte sogleich in der Person der organisatorischen Werkmittler entstehen lassen, dem Autor nur einen Anspruch auf angemessene Vergütung geben und seinen ideellen Schutz dem allgemeinen Persönlichkeitsrecht überlassen, so käme das einem Rückfall in die längst überwundene Theorie vom „Verlagseigentum" gleich. [29]) Bezeichnenderweise kennt das geltende Recht eine ähnliche Regelung nur dort, wo die Persönlichkeit des Autors absichtlich in den Hintergrund tritt und persönliche Interessen deshalb keine wesentliche Rolle spielen, also bei der Herausgabe von Sammelwerken (§ 4 Satz 2 LUG, § 6 Satz 2 KUG), durch juristische Personen des öffentlichen Rechts (§ 3 LUG, § 5 KUG) und bei an- oder pseudonymen Veröffentlichungen (§ 7 LUG, § 9 KUG). Mit Recht stellen die Reformentwürfe klar, daß es sich hier stets um eine widerlegbare Vermutung der Urheberberechtigung handelt, [30]) daß also grundsätzlich immer nur dem Schöpfer und nicht dem organisatorischen Vermittler

---

[26]) Terminologie und Anregung zu diesen Gedanken entstammen: J. F. Volrad Deneke, Die freien Berufe, Stuttgart o. J. (1956), besonders dem Kapitel „Honorare für ideelle Güterproduktion", 252 ff. (263), teilweise zit. bei Schulze, IGU 5, 27 ff.; im Ergebnis ebenso: Hirsch Ballin, UFITA 32 (1960), 282 f.

[27]) de Boor, UFITA 13 (1940), 189 f.; ähnlich Mentha, UFITA 25 (1958), 46: „Das Verbotsrecht ist im Grunde die unausgesprochene Anerkennung des Persönlichkeitsrechts des ausübenden Künstlers an seiner Leistung".

[28]) so die ganz hM, vgl. Ulmer, § 19, 98 ff.

[29]) Vgl. oben Seite 14.

[30]) § 8 RefE (Begr, 90); § 9 MinE (Begr, 32)

des Werkes das ausschließliche Recht daran originär zusteht. [31]) Mit Recht ist auch das fiktive Urheberrecht des Filmproduzenten, das § 93 RefE vorgesehen hatte, auf nahezu einhellige Ablehnung gestoßen und daher im Ministerialentwurf aufgegeben worden. [32]) Das Ergebnis einer schöpferischen Leistung wird im Urheberrecht also stets ihrem Erbringer selbst rechtlich zugeordnet, und zwar nicht zuletzt deshalb, weil auf diese einfache Weise auch zugleich die ideellen Interessen des Autors wirksam geschützt sind. [33])

Statt auf unscharfe und daher von der Rechtsprechung schwer zu handhabende Generalklauseln zurückzugehen, ist es zweckmäßiger, die aus dem Urheberrecht gewonnenen Erfahrungen auch für das "droit moral" des Interpreten nutzbar zu machen. Auch aus diesem Gesichtspunkt rechtfertigt sich für die ausübenden Künstler ein ausschließliches Recht, das zwanglos alle notwendigen vermögens- und persönlichkeitsrechtlichen Befugnisse in sich vereinigt. [34])

Die Entwürfe zur Urheberrechtsreform gehen einen anderen Weg. Sie verkennen nicht, daß die ausübenden Künstler an den wirtschaftlichen Erträgnissen aller durch sie vermittelten Werknutzungen zu beteiligen sind, [35]) gewähren aber dennoch kein urheberrechtsartiges Ausschließlichkeitsrecht. Die ideellen und materiellen Interessen werden durch Sondernormen geschützt, insbesondere sollen den Interpreten für bestimmte Nutzungen ihres Leistungsergebnisses nur Ansprüche auf angemessene Vergütung zustehen, keine Verbietungsrechte. [36]) Das ausschließliche Recht an der Interpretation wird also für einige Fälle, rechtsmethodisch ausgedrückt, durch eine gesetzliche Lizenz eingeschränkt.

Begründet wird diese Ausgestaltung des Rechtsschutzes damit, daß vermieden werden müsse, den ausübenden Künstlern die Entscheidung darüber zu überlassen, ob und in welchem Umfange fixierte Werkdarstellungen anstelle lebendiger Aufführungen zur Befriedigung kultureller Bedürfnisse verwertet werden. Das Problem der „Mechanisierung" der Kunst sei zu schwierig und vielschichtig, um seine Beurteilung einer Interessentengruppe anzuvertrauen, die es möglicherweise aus sozialpolitischen Gründen darauf abgesehen habe, zur Vermeidung von Arbeitslosigkeit unter den ausübenden Künstlern die Verwendung von Bild- und Schallkonserven stark einzuschränken oder sogar ganz zu unterbinden. [37])

Diese Argumentation vermengt soziale mit individuellen Gesichtspunkten und kommt deshalb zu einem unzutreffenden Ergebnis. [38]) Diejenigen ausübenden Künstler, die ihre Leistungen mechanisch vervielfältigen und verbreiten lassen, haben ein Interesse an möglichst intensiver

---

[31]) § 5 RefE (Begr, 86); § 6 MinE (Begr, 30)

[32]) MinE, Begr, 75, 77.

[33]) Vgl. BGH v. 26. 10. 1951 — Krankenkartei —, Schulze BGHZ 1, 3 f.; Ulmer, § 31 II 2, 159; Hubmann, § 19 III 1/2, 103 f.

[34]) Ebenso Homburg, 104 ff.; Lehman, 177; Runge, UFITA 35 (1961), 172.

[35]) MinE, Begr, 69.

[36]) Vgl. oben Seite 49.

[37]) MinE. Begr. aaO; vgl. oben Seite 78, Anm. 8.

[38]) Ähnlich Baum, GRUR 1952, 561; GRUR Int 1953, 219.

Nutzung ihres Leistungsergebnisses, weil ihnen nur dadurch weitere Einnahmen zufließen können. Falls sie also nicht von vornherein — gegen eine entsprechend höhere Gage — sämtliche Nutzungsrechte auf den organisatorischen Werkmittler übertragen haben, werden sie nur dann ausnahmsweise von ihrem Verbietungsrecht gegenüber weiteren Verwertungen Gebrauch machen, wenn sie damit ihrer eigenen lebendigen Interpretation „mechanische" Konkurrenz ersparen wollen. Das wird nur sehr selten der Fall sein und bedeutet keinen Eingriff in Urheber-Interessen, weil der Autor dann zum Ausgleich die Lizenzgebühren aus den entsprechenden Live-Darbietungen erhält. Das Verbotsrecht zugunsten anderer ausübender Künstler einzusetzen, um deren bedrohte Arbeitsplätze zu erhalten, wird den erfolgreichen Interpreten kaum in den Sinn kommen. Diese Solidarität wäre nur im Rahmen einer gewerkschaftlichen Organisation denkbar. Doch könnte die „Mechanisierung" der Musik auch damit nicht entscheidend aufgehalten oder rückgängig gemacht werden, so wenig die industrielle Revolution, die Ersetzung der einfachen Handarbeit durch maschinelle Fertigung, etwa mit Sympathie-Streiks wirksam zu bekämpfen war. Es sind dies Umwandlungsprozesse, die im einzelnen empfindliche, aufs Ganze gesehen aber doch nur vorübergehende Störungen des Sozialgefüges mit sich bringen. So hat sich auch heute — im Vergleich etwa zu den Jahren um 1930 — die Lage der ausübenden Künstler bereits wieder deutlich gefestigt und die Anpassungsschwierigkeiten können wohl als überwunden gelten. Es hat sich herausgestellt, daß die „mechanische Musik" nicht so sehr lebendige Musikaufführungen verdrängt, sondern vielmehr zusätzliche Bedürfnisse des Konsums geweckt und befriedigt hat.[39]) Es besteht deshalb heute gar kein Anlaß mehr, der mechanischen Musikverwertung von seiten der Interpreten Hindernisse in den Weg zu legen.[40])

Aber auch für etwaige zukünftige Krisenzeiten braucht ein Verbietungsrecht der ausübenden Künstler nicht mit Argwohn betrachtet zu werden, denn seine tatsächliche Ausübung würde sich für die sozialen Interessen der Gruppe eher als nachteilig erweisen. Die Schallplattenhersteller würden nur noch solche Künstler beschäftigen, deren mechanische Aufführungsrechte erhältlich, also nicht von einer Verwertungsgesellschaft gewerkschaftlich-solidarisch verwaltet würden.[41]) und die Auslese durch Konkurrenzkampf wäre damit nur noch schärfer, ohne daß den Werkschöpfern dadurch das geringste entzogen würde. Eine solche „Selbstverteidigung" von Schallplattenfirmen gegen Vereinigungen ausübender Künstler hat es in Deutschland in den Jahren 1929/30 bereits einmal gegeben, worauf der Versuch einer gewerkschaftlichen Organisierung (nach einem erfolglosen Prozeß) im Sande verlief.[42])

Es liegt im Wesen der künstlerischen Werkmittlerleistung, daß sie verhältnismäßig leicht ersetzbar ist — im Gegensatz zur Einmaligkeit der schöpferischen Leistung. Deshalb bedarf es keiner Einschränkung des

---

39) Baum, GRUR 1952, 557 f.; Schulze, IGU 5, 30.
40) Vgl. Baum, aaO. 561; Voss, 24 f.
41) Lehman, 175; Elsaesser, GRUR 1959, 314; Hubmann, IGU 9, 40.
42) Vgl. Baum, GRUR 1959, 70.

ausschließlichen Werkmittlerrechts durch gesetzliche oder Zwangslizenzen im Interesse der Werkschöpfer. Die Schwierigkeiten und Kollisionsmöglichkeiten, die sich aus einem Verbietungsrecht der Interpreten ergeben könnten, sind gerade wegen der leichteren Ersetzbarkeit der Werkmittlerleistung gering. Unter angemessenen, der kulturellen „Marktlage" entsprechenden Bedingungen wird sich stets ein Übereinkommen erzielen lassen.[43]) Wie Runge mit Recht sagt, wäre das Verbotsrecht in aller Regel nur der „Auftakt" für Vertragsverhandlungen, die normalerweise mit der Zustimmung des ausübenden Künstlers gegen ein marktgerechtes Entgelt enden würden. Denn der Berechtigte erstrebt die wirtschaftliche Verwertung seines Rechts, und das bedeutet, daß er es nicht starr behaupten darf, sondern bereit sein muß, es für die „handelsübliche" Gegenleistung aufzugeben.[44]) So wird ja auch das ausschließliche Aufführungsrecht des Komponisten, also eines echten Urhebers, durch die GEMA-Normalverträge praktisch in einen Geldanspruch verwandelt.[45])

Freilich sind Sonderfälle denkbar, in denen eine Werkvermittlung besonders schwierig und kostspielig, daher nicht ohne weiteres in anderer Besetzung wiederholbar ist und der Autor deshalb letzten Endes doch für weitere Nutzungen auf Gnade und Ungnade dem Gutdünken der ausübenden Künstler oder deren Zessionaren und ihren — vielleicht unangemessenen — Forderungen ausgeliefert ist.[46])

Soweit nicht solchen Ausnahmefällen durch zweckmäßige vertragliche Abmachungen bereits anläßlich der Erstaufnahme ein Riegel vorgeschoben ist — man denke an die üblichen Abmachungen vor Beginn der Dreharbeiten beim Film —, kann ein Mißbrauch des Verbietungsrechtes notfalls mit den zu § 242 BGB entwickelten Grundsätzen über die Rechtsausübung nach Treu und Glauben unterbunden werden.[47]) Hat der Urheber keine andere (zumutbare) Möglichkeit, sein Werk an die Öffentlichkeit zu bringen, als mit Hilfe weiterer Nutzung der mechanischen Aufzeichnung, so handelt derjenige ausübende Künstler rechtsmißbräuchlich, der trotz des Angebots einer angemessenen Vergütung ohne rechtfertigenden Grund von seinem Verbietungsrecht Gebrauch macht.[48]) Vor allem bei moderner elektronischer Musik besteht — ganz analog zu den Verhältnissen beim Film — meist nur ein „Urband", das Komposition und Realisation (Werkschöpfung und -vermittlung) in kaum trennbarer Weise enthält. Oft werden hier Urheber und Interpret identisch sein, wie bei einer Improvisation. Dann ergeben sich keine Interessenkollisionen. Ist jedoch ein Toningenieur beteiligt, der nicht nur

---

43) Homburg, 121, 124 ff.

44) GRUR Int 1957, 440 lSp.

45) Hoffmann, UFITA 12 (1939), 98; Haensel, LSchNV, 39.

46) Haensel, aaO, 49; Gentz, GRUR Int 1957, 544.

47) Ebenso Moll, 156, unter Hinweis auf Art. 2 des schweizerischen ZGB.

48) So auch andeutungsweise BGH v. 31. 5. 1960 — Künstlerlizenz bei öff. Wiedergabe von Rundfunksendungen —, NJW 1960, 2048 ff. (2051); insoweit zustimmend: Roeber, FuR 1961/2, 7.

technische Hilfsstellung leistet, sondern dem in der Auswahl und Modulation der elektronischen Klänge eine gewisse künstlerische Freiheit bleibt, so steht ihm als dem Interpreten (oder von ihm vertraglich abgeleitet seinem Arbeitgeber, der Rundfunkgesellschaft) das ausschließliche Recht an seiner Werkmittlerleistung zu. [49]) Da hier das Werk aber überhaupt nur in dieser einen Aufnahme existent und nicht in abstrakter Form durch schriftliche Symbole aufgezeichnet ist, [50]) hat der Komponist ein besonders starkes Interesse an der ungestörten Verwertung gerade dieser (einzigen) Realisation. Hier besteht also ausnahmsweise die naheliegende Gefahr einer Lähmung des Urheberrechts durch die Ausübung eines exklusiven Mittlerrechts. [51]) Doch kann gerade auch in solchem Falle, wenn vertragliche Absicherungen versäumt wurden, aus dem besonderen gegenseitigen Vertrauensverhältnis anläßlich der gemeinsamen Herstellung des „Urbandes" die Ausübung des Verbotsrechtes als Treu und Glauben widersprechend und damit als unzulässig angesehen werden, so daß dem Komponisten die weitere Verwertung seines Werkes nicht abgeschnitten wird.

Zu demselben Ergebnis führt die Überlegung, daß es sich hier um die rechtsmißbräuchliche Ausnutzung einer Monopolstellung handeln würde. [52])
Es wäre außerdem zu erwägen, dem Autor bereits aus seinem Urheberpersönlichkeitsrecht einen Anspruch gegen den oder die einzigen Werkmittler auf Zustimmung zur weiteren Nutzung des Werkes zu geben. Denn der Komponist wäre auch in seinen ideellen Interessen verletzt, wenn seine Musik auf unabsehbare Zeit zu einem Dornröschenschlaf verurteilt wäre, obwohl sich die Gelegenheit zu weiteren Aufführungen böte. Zumindest kann der Werkschöpfer auf Grund seines droit moral verlangen, Zugang zu dem „Urband", das beim Rundfunk liegt, zu erhalten, um nachträglich — soweit möglich — eine abstrakte schriftliche Aufzeichnung von seinem Werk zu machen und damit die Möglichkeit einer neuen Realisation durch andere Werkmittler zu schaffen. [53])

Diese Ausführungen haben gezeigt, daß sich ein ausschließliches Recht des Interpreten an seiner Werkmittlerleistung durchaus mit den berechtigten Interessen der Urheber vereinbaren läßt. Wo in Ausnahmefällen solche Urheber-Interessen gefährdet sind, lassen sich Mittel und Wege finden, die grundsätzlich richtige Entscheidung, welche zugunsten der ausübenden Künstler ausfallen mußte, zur Vermeidung von Härten mit Hilfe der Generalklausel von Treu und Glauben zu durchbrechen. Es besteht deswegen kein Anlaß, allgemein und für den Normalfall das ausschließliche Recht des Interpreten durch eine gesetzliche Lizenz zu beschränken, d. h. es für bestimmte Nutzungsarten in einen bloßen Vergütungsanspruch zu verwandeln.

---

[49]) Gentz, UFITA 34 (1961), 10.

[50]) Th. W. Adorno (Klangfiguren, Musikal. Schriften I, Berlin 1959, 343 f.) sagt treffend, es werde hier wie beim Malen eines Bildes die signifikative Zwischenschicht, die Schrift, eingespart.

[51]) So auch Plaisant, L'artiste 1956, 79.

[52]) RG stRspr, vgl. Erman-Drees, 6 c dd zu § 826 BGB

[53]) Das Zugangsrecht wird bereits allgemein anerkannt, vgl. Ulmer, § 60, 273 f.; ebenso § 37 RefE; § 40 MinE.

Dasselbe gilt für alle sonstigen individuellen Werkvermittlungsarten. Daß ein exklusives Recht an der Bearbeitung (einschließlich der Übersetzung und der künstlerischen Kopie), der Sammelherausgabe, der editio princeps und der textkritischen Ausgabe die Interessen der Urheber nicht beeinträchtigt, scheint allgemein anerkannt, da die neuen Urhebergesetzentwürfe es jeweils aus dem geltenden Recht übernommen oder sogar erstmalig vorgesehen haben, ohne dabei auf irgendwelchen Widerstand aus Autorenkreisen zu stoßen. Es erübrigt sich daher insoweit jede Rechtfertigung der hier vorgeschlagenen Konzeption.

Es bedarf kaum näherer Erwähnung, daß die ideellen Interessen der Autoren an einer geeigneten, würdigen, möglichst werktreuen Vermittlung ihrer Schöpfungen durch die Ausgestaltung des Werkmittlerrechtsschutzes nicht angetastet werden dürfen. Deshalb soll, so selbstverständlich es ist, an dieser Stelle nochmals besonders betont werden, daß die hier vorgeschlagenen Rechte der Werkmittler nicht echte, unabhängige Urheberrechte sind, sondern trotz ihres Ausschließlichkeitscharakters stets von dem übergeordneten Urheberrecht abhängen. [54]) Die einzelnen Auswirkungen dieses Grundsatzes sind Fragen des urheberrechtlichen Schutzumfangs und betreffen nicht den Rechtsschutz der Werkmittlerleistung; im Rahmen der vorliegenden Untersuchung können sie daher nur kurz gestreift werden.

Der Werkschöpfer hat es immer in der Hand, die Verwertung solcher individueller Vermittlungen auszuschließen, die nach seiner Ansicht dem Ruf des Werkes abträglich sein könnten. Das gilt für Übersetzungen, sonstige Bearbeitungen, künstlerische Kopien. Auch die Aufnahme eines Werkes in eine Sammlung kann ideelle Interessen des Autors berühren, wenn die „Nachbarschaft" der übrigen vom Herausgeber aufgenommenen Werke dem Urheber nicht gefällt, sei es aus ästhetischen, wissenschaftlichen, politischen oder sonstigen rein persönlichen Gründen. Auch die künstlerische Darstellung braucht der Werkschöpfer grundsätzlich nur solchen Interpreten anzuvertrauen, von denen er sicher ist, daß sie bei der Aufführung möglichst genau seinen Intentionen folgen werden. So ist der musikwissenschaftliche Gedanke an eine Art „Werkschutzrecht", d. h. der Anspruch des Komponisten auf Beachtung eines bestimmten „autorisierten" Darstellungsstils, [55]) theoretisch längst verwirklicht, nur praktisch schwer durchsetzbar, zumal die Verwertungsgesellschaften wegen ihrer Monopolstellung einem Kontrahierungszwang unterliegen und im wesentlichen nur die materiellen Interessen der Urheber wahrnehmen können. Es gehört zu den Ausnahmen, daß Verträge zwischen organisatorischen Werkmittlern und Verwertungsgesellschaften ein unbeschränktes Recht des Urhebers vorsehen, die sein Werk aufführenden Künstler zu bestimmen,[56]) oder daß der Urheberberechtigte einem Interpreten wegen dessen allzu großer Eigenmächtigkeiten die Verwertungsbefugnis ausdrücklich entzieht, wie es im Falle Brecht/Kinski berichtet worden ist. [57]) Meist überlassen die Werkschöpfer die Wahrung ihrer ideellen Interessen vorwiegend der öffentlichen

---

54) Vgl. oben Seite 52 ff.

55) vgl. Herrmann, musica schallplatte 3 (1960), 102, unter Berufung auf Strawinsky; in diesem Sinne auch Pfitzner, Kontrapunkte, 121.

56) so zB in Frankreich die Abmachungen zwischen der "Société des auteurs et compositeurs dramatiques" und den Theatern, vgl. Cour de Paris vom 14. 5. 1958, GRUR Int 1959, 213 Nr. 505.

57) Der Spiegel 15 (1961), Nr. 9, S. 69 — „Kinski, Abende eines Fauns".

Kritik, die ganz unfähige Interpreten auf die Dauer nicht duldet, allerdings im ganzen einen eher objektiven Maßstab anlegt und subjektive Sonderwünsche der Werkschöpfer kaum berücksichtigt. Jedoch ist es vom Standpunkt der Allgemeinheit aus sogar zu begrüßen, daß die Verfügungsmacht des Autors in dieser Weise etwas eingeengt ist. Denn ein reiches Kulturleben verlangt Vielfalt und Freiheit der Interpretationen. Die authentische oder autorisierte Interpretation muß nicht immer die beste oder allein richtige sein: Es liegt im Wesen des schöpferischen Werkes, daß es in verschiedene Richtungen ausdeutbar ist,[58]) daß Strukturen bloßgelegt, Beziehungen hervorgehoben, Schönheiten herausgestellt werden können, die dem Schöpfer selbst vielleicht gar nicht bewußt geworden sind und die sich auch vielfach gegenseitig ausschließen, also gar nicht sämtlich in ein und derselben „idealen" Interpretation realisiert werden können. Der schöpferische Mensch weiß darum und „läßt viele Blumen blühen".

Zusammenfassend ist zu sagen, daß die allgemeine Anerkennung eines urheberrechtsartigen Ausschließlichkeitsrechts zugunsten sämtlicher individueller Werkmittler den schutzwürdigen Belangen der Werkschöpfer nicht widerspricht. Die ideellen Interessen bleiben durch das Urheberpersönlichkeitsrecht in vollem Umfange gewahrt. Materiell halten sich Nachteil und Vorteil die Waage: Der Vorteil, daß das Werk durch seine individuelle Vermittlung einem weiteren Publikum zugänglich gemacht wird und dadurch neue Einnahmen bringt, muß damit erkauft werden, daß der Vermittler an diesen weiteren Einnahmen teilhat. Dieser Ausgleich der Interessen erscheint sachgemäß und läßt keine Ungerechtigkeit erkennen.

VII. Vereinbarkeit mit den Interessen der Öffentlichkeit.

Es bleibt weiterhin zu untersuchen, ob und inwieweit sich ein ausschließliches Werkmittlerrecht mit den Interessen der Allgemeinheit vereinbaren läßt.

Das Publikum als Werk-„Konsument" ist zunächst an der Vielfalt, der ungehinderten gegenseitigen Konkurrenz künstlerischer und wissenschaftlicher Werkmittlerleistungen interessiert. In anderem Zusammenhang wurde oben[1]) bereits nachgewiesen, daß ein exklusives Werkmittlerrecht keine Monopolisierung bestimmter Werkvermittlungen bedeutet. Die Möglichkeit stets neuer Übersetzungen, Bearbeitungen, Herausgaben, Interpretationen der gleichen Weise bleibt erhalten, und auf diese Weise wird der freien Entfaltung konkurrierender Leistungen und damit zugleich den diesbezüglichen Belangen der Öffentlichkeit Genüge getan.

Dem Publikum liegt außerdem daran, möglichst ungehindert, das heißt vor allem: unter möglichst geringen wirtschaftlichen Aufwendungen, in den Genuß der Werke und ihrer verschiedenen Vermittlungen zu gelangen.

---

58) ebenso Kopsch, UFITA 20 (1955), 285.

1) Seite 70 ff.

Die Allgemeinheit hat sich daran gewöhnt, dem Werkschöpfer auf bestimmte Zeit das „geistige Eigentum" an seiner Leistung zu gewähren. Das bedeutet, daß es dem Urheber grundsätzlich überlassen bleibt, zu entscheiden, ob, wann, in welcher Form und zu welchen Bedingungen er sein Werk veröffentlichen, verbreiten, aufführen, kurz: dem Publikum vermitteln (lassen) will. Das Allgemeininteresse an möglichst umfassender und im Idealfall unentgeltlicher Kenntnisnahme und Nutzung aller Geisteswerke tritt insoweit vor dem Schutzbedürfnis der Werkschöpfer zurück, damit deren ideelle und materielle Interessen durch volle Verfügungsmacht über das Werk und ein dadurch ermögliches Leistungshonorar [2]) gewahrt werden. Die Allgemeinheit wiederum ist an einem derartigen Urheberrechtsschutz selbst interessiert, weil sie damit auf die Entfaltung der geistigen Produktivität mittelbar einen positiven Einfluß nehmen kann. [3])

Ähnliche Gesichtspunkte gelten auch für das Schutzrecht der individuellen Werkmittler. Die Allgemeinheit, bereits mit der Autoren-Tantième belastet, möchte selbstverständlich jede künstlerische oder wissenschaftliche Werkmittlerleistung zu einem möglichst geringen zusätzlichen Preis erhalten. Die Bearbeiter, Herausgeber, Interpreten haben dagegen das berechtigte Bestreben, über ihr Leistungsergebnis in vollem Umfange zu verfügen, um es vor Verfälschungen zu bewahren und bestmöglich zu verwerten. Davon hängt wiederum nicht unwesentlich die Entwicklung und der Bestand einer reichen Vermittlertätigkeit ab, deren Vielfalt im Interesse des öffentlichen Kulturlebens liegt.

Nun ist es aus dem geltenden Urheber- und Patentrecht eine bekannte Erscheinung, daß die Rechte an Immaterialgütern zugunsten der Öffentlichkeit gewissen Beschränkungen unterliegen, daß sie in weit höherem Maße sozialgebunden sind als das Sacheigentum. Die wichtigste und einschneidendste Auswirkung dieser Sozialbindung ist die zeitliche Begrenzung des Rechtsschutzes.

Daß eine solche Begrenzung des Schutzes in zeitlicher Hinsicht auch für die individuellen Werkmittlerleistungen notwendig ist, wurde niemals bezweifelt. Für die Bearbeitung, Nachbildung und Sammelherausgabe ergibt es sich schon daraus, daß hier Urheberrecht gewährt wird mit der 50jährigen Schutzfrist post mortem auctoris. Für die Textherausgabe und die künstlerische Interpretation ist nach der Urheberrechtsreform nur eine Schutzdauer von 25 Jahren vorgesehen, und zwar berechnet nicht nach dem Tode des Werkmittlers, sondern grundsätzlich nach dem Zeitpunkt, zu dem die Leistung erbracht wurde oder an die Öffentlichkeit getreten ist. [4]) Es sind auch noch kürzere Schutzfristen von 20 [5]) und 10 Jahren [6]) vorgeschlagen worden. Meist wird im

---

2) vgl. oben Seite 81 f.

3) Bezeichnend dafür ist die Formulierung der US-amerikanischen Verfassung („Copyright Clause"), Art. I, § 8, cl. 8: "The Congress shall have Power ... To promote the Progress of Science and useful Arts, by securing for limited Times to Authors and Inventors the exclusive Right to their respective Writings and Discoveries."

4) §§ 66, 78 RefE; 75, 86 MinE, vgl. oben Seite 45, 49.

5) so Marwitz. UFITA 3 (1930), 308, allerdings für die Zeit vor Verlängerung der Urheber-Schutzfrist von 30 auf 50 Jahre.

6) so die Dt. Vereinigung für gewerbl. Rechtsschutz und Urheberrecht, vgl. D. Reimer, GRUR 1961, 128 ff.; ebenso der Buchhändler-Börsenverein, BBl 1961, 586; § 86 EntwDDR.

Schrifttum die „heikle" Frage der genauen Schutzdauer offengelassen[7]) und lediglich ohne nähere Begründung festgestellt, daß die Leistungsschutzrechte jedenfalls kürzer währen müßten als das Urheberrecht.[8]) Die neuesten Entwürfe zur Urheberrechtsreform begründen die Dauer des Schutzrechts der ausübenden Künstler im wesentlichen nur damit, daß in der Regel eine Frist von 25 Jahren ausreichen werde, um Bild- oder Tonträger wirtschaftlich auszuwerten.[9]) Damit wird aber vorwiegend auf die Interessen der organisatorischen Werkmittler abgestellt, während doch der Sinn der Regelung nicht so sehr ein „Verleger-Privileg", sondern ein Rechtsschutz der Interpreten selbst sein sollte. Wenn es richtig ist, daß ein ausschließliches Vermittlerrecht dazu dient, den Ruf und die Beliebtheit einer bestimmten Werkvermittlung auszuschöpfen und ein Leistungshonorar zu gewährleisten,[10]) so kann die Zeit, in welcher der Verleger oder Schallplattenhersteller normalerweise auf seine Kosten kommt, nicht entscheidend sein, sondern es muß — wie im Urheberrecht — die Möglichkeit weiterer Gewinnerzielung auch besonders für den individuellen Werkmittler offen bleiben. Diese weitere Gewinnchance kann durch eine Beschränkung der Schutzdauer nur insoweit beschnitten werden, als überwiegende Interessen der Allgemeinheit es erfordern. Es geht nicht an, die Schutzfrist ohne weitere Begründung einfach auf das vom unternehmerischen Risiko her bestimmte Minimum zu begrenzen.

Wollte man diesen Gesichtspunkt allein gelten lassen, so wäre die Dauer des Urheberrechts bei weitem zu lang, und es ließe sich insbesondere die allgemeine Verlängerungstendenz nicht erklären und rechtfertigen, die der steigenden Umsatzgeschwindigkeit auch der kulturellen Güter, dem immer hektischeren „Bestseller"-Konsum, geradezu entgegengesetzt ist.

Vielmehr steht wohl unausgesprochen hinter allen Vorschlägen einer im Vergleich zum Urheberrecht erheblich verkürzten Schutzfrist der Gedanke, daß eine bloße Werkvermittlung für das kulturelle Leben weniger wertvoll sei als eine echte Schöpfung und damit auch weniger schutzwürdig.[11]) Der vergänglichere und modischen Einflüssen des Tages stärker unterworfene Charakter der Werkmittlerleistung und ihre leichtere Ersetzbarkeit scheinen es in der Tat zu rechtfertigen, zumindest die Schutzdauer des Werkmittlerrechts kürzer zu bemessen, wenn schon seine Ausgestaltung als ausschließliches Recht sonst derjenigen des Urheberrechts weitgehend entspricht.[12])

Es ist jedoch demgegenüber zu bedenken, daß die erfahrungsgemäß kürzere Wertschätzung eines bestimmten Leistungsergebnisses keinen zwingenden Grund für eine entsprechende Verkürzung der Schutzfrist

---

7) Moll, 157 f.

8) Runge, GRUR Int 1957, 440; Ulmer, § 97 V, 440.

9) RefE. Begr, 199; MinE, Begr, 71; im gleichen Sinne für textkritische Ausgaben: RefE, Begr, 184.

10) oben Seite 81 f.

11) So dürfte zB RefE, Begr, 199 zu verstehen sein.

12) So ausdrücklich Homburg, 110 f., für den Rechtsschutz der ausübenden Künstler; ähnlich auch Streuli Gelegenheitsschriften, 34.

darstellt. Was sich nicht über den modischen Tagesgeschmack heraushebt und deshalb sehr bald zugunsten neuer „Eintagsfliegen" der Vergessenheit anheimfällt, kann ohne Nachteil für irgendwelche Interessen einem erheblich längeren Rechtsschutz unterliegen.[13]) Die längere Schutzfrist bleibt dann „virtuell" und hat keine praktische Wirkung, weil die ephemere Leistung schon nach kurzer Zeit nicht mehr gefragt ist. So erreichen nur wenige Geisteswerke aus der Fülle aller schöpferischen Leistungen den Grad von Ansehen und Bedeutung, daß ihre kulturelle Geltung über den Ablauf der Schutzfrist hinausreicht.[14]) Trotzdem wird auch der seichten Unterhaltungsliteratur und dem Schlager zeitlich derselbe Schutz gewährt wie den „ewigen" Kulturgütern, weil mit Recht nach einhelliger Ansicht der künstlerische oder wissenschaftliche Wert eines Geisteswerkes für die Zubilligung des Urheberrechts als injustiziabel außer Betracht bleiben muß[15]) und weil auf diese Weise jeder schöpferischen Leistung die gleiche Chance eingeräumt wird, sich auf dem „Kulturmarkt" so lange wie möglich zu behaupten.

Auch auf dem Gebiete der individuellen Werkvermittlungen gibt es sowohl „Eintagsfliegen" wie „ewige" kulturelle Leistungen. Für letztere seien beispielsweise genannt: die Lutherbibel, die Schlegel-Tieck'schen Shakespeare-Übersetzungen, Ravels Orchestrierung der „Bilder einer Ausstellung" von Moussorgsky, die Sammlung „Des Knaben Wunderhorn" Achim v. Arnims und Clemens v. Brentanos, römische Kopien griechischer Bildwerke, die erste Bach-Gesamtausgabe, die Ausgabe des Corpus Iuris von Krüger-Mommsen. Künstlerische Interpretationen können erst nach der jüngsten technischen Entwicklung in unverfälschter, lebensechter Form aufgenommen und konserviert werden; deshalb fällt es schwer, hierbei schon heute Leistungen mit „Ewigkeitswert" zu erkennen. Darüber wird erst die Zukunft urteilen. Immerhin scheinen mir z. B. Rezitationen von Heinrich George oder Ernst Deutsch oder die Darstellung des Mephisto von Gründgens über den gegenwärtigen Zeitgeschmack hinauszuweisen und des Interesses auch folgender Generationen sicher zu sein. Auf musikalischem Gebiet wäre an Interpretationen Furtwänglers, an Toscanini, an Bruno Walter zu denken, an Edwin Fischer, Elly Ney, Schlusnus, Fischer-Dieskau, Pablo Casals, das Végh-Quartett, die Berliner Philharmoniker, die Thomaner — um nur wenige berühmte Namen zu nennen.

Werkvermittlungen dieser Art, die sich auf lange Sicht behaupten, sind für die Bemessung der Schutzfrist allein interessant; an sie ist vor allem zu denken, wenn versucht werden soll, einen gerechten Maßstab für die zeitliche Begrenzung des Rechtsschutzes zu gewinnen. Dabei muß zunächst geklärt werden, welche Gründe überhaupt dafür sprechen können, einen absoluten Rechtsschutz zeitlich zu befristen.
Für das Urheberrecht ist diese Frage häufig erörtert worden, ohne daß sich bisher eine einheitliche Ansicht herausgebildet hätte.

Wie das Beispiel des Sacheigentums zeigt, wird der denkbar vollkommenste Rechtsschutz nur dadurch gewährleistet, daß an dem zu schützenden Objekt so lange ein ausschließliches Recht besteht, wie dieses Objekt existiert, also

---

13) Ebenso für Filmwerke: Mentha, UFITA 35 (1961), 17.
14) de Boor, Vom Wesen, 75
15) statt aller: Ulmer, § 22 IV 3, 116 f.

theoretisch auf unbegrenzte Zeit. Wenn vielfach behauptet wird, es entspreche dem „Wesen" des Geisteswerkes, daß es im Laufe der Zeit Gemeingut aller Menschen und damit für jedermann frei benutzbar werde, [18] so ist dies im Grunde keine innere Rechtfertigung, sondern kaum mehr als eine Umschreibung dessen, was nach alter Tradition gesetzlich festgelegt ist. [19] Unbefriedigend ist auch das Argument, der Urheber baue auf dem kulturellen Boden, den frühere Generationen bereitet hätten, er schöpfe aus dem geistigen Gemeingut und habe an seinem Werk deshalb nur begrenzte Rechte gegenüber der Allgemeinheit. [20] Denn jeder Werkschöpfer fügt dem Vorhandenen doch gerade etwas Eigenes, Individuelles hinzu, und nur dieses Eigene, nicht etwa der allgemeine Stil der Zeit, ist Gegenstand seines Urheberrechts. [21]

Damit wird zugleich die Ansicht entkräftet, nach der ein unbefristetes Urheberrecht den kulturellen Fortschritt blockieren würde. [22] Das mag für das Gebiet technischer Erfindungen zutreffen, weil dort jede Neuheit auf dem Stand der Technik aufbaut und es die Entwicklung allzusehr hemmen könnte, wenn frühere Erfindungen nach einer gewissen Zeit nicht frei benutzbar wären. [23] Dem literarischen Schöpfer steht es dagegen von vorne herein frei, Formen und Stil seiner Vorgänger und Zeitgenossen zu benutzen. Jedes neue schöpferische Werk ist kraft seiner persönlichen Prägung unabhängig von allem früher Geschaffenen und nicht etwa ein notwendiges Produkt kultureller Entwicklung, das in derselben Form auch von einem anderen Künstler hätte hervorgebracht werden können. [24] Der Schöpfer eines Geisteswerkes hat es nicht nötig, gerade das Persönlich-Eigenartige früherer Gestaltungen verwertend zu übernehmen, und daher würde dessen unbefristeter Schutz keineswegs die freie Entfaltung schöpferischer Leistungen behindern.

Als weiteres Argument für eine zeitlich begrenzte Schutzdauer wird das Interesse der Öffentlichkeit angeführt, zur Bereicherung des Kulturlebens nach einer gewissen Zeit freien, möglichst unentgeltlichen Zugang zu den geistigen Gütern zu erhalten. Demgegenüber wird zwar mit Recht darauf hingewiesen, daß der verhältnismäßig geringe Urheberanteil an den Kosten der organisatorischen Werkvermittlung kein ausschlaggebendes Hemmnis für eine starke Verbreitung des Werkes bildet. [25] Dennoch ist nicht zu bestreiten, daß ein Werk meist rascher verbreitet wird, sobald es frei geworden ist. Zum Beispiel erscheinen dann oft mehrere wohlfeile Ausgaben eines Buches nebeneinander, die nicht nur um die Urheber-Tantième billiger sind, sondern bei denen die (nun mögliche) Konkurrenz den Verleger dazu zwingt, auch seine eigenen Kosten schärfer zu kalkulieren. [26] Die Allgemeinheit als Kultur„verbraucher" hat also weniger ein Interesse an dem Fortfall des Urheberanteils als daran, daß das Monopol des organisatorischen Werkmittlers nicht endlos aufrechterhalten wird.

Wirklich entscheidend für die zeitliche Begrenzung des Urheberrechts scheint mir nur der Gedanke zu sprechen, daß entfernte Nachkommen, die keinerlei engere Beziehung mehr zur Person des Werkschöpfers haben, auch nicht mehr in der Lage sind, materiell wie ideell in seinem Sinne über das Werk zu verfügen, und daher urheberrechtlich nicht mehr schutzwürdig sind. [27]

---

18) Kohler, Schriftwerksrecht, 232; Schramm, GF, 119 f.; Ulmer, § 61 I, 274; MinE, Begr, 63.
19) Ähnlich Hubmann, R d sch G, 148 f.
20) So Runge, 120 f.
21) Hubmann, § 8 V 1 a, 53; Troller, IGR, 125 f.
22) In diesem Sinne Runge, UVR, 121.
23) So vor allem Kohler, PatR, 16.
24) Kisch GRUR 1951, 175; Troller, IGR. 126; vgl. oben Seite 74.
25) Hubmann, R d sch G, 150.
26) Ähnlich Troller, IGR, 125.
27) Ulmer, § 61 I, 276; Hubmann, § 8 V 1 a, 54.

Das Urheberrecht unterscheidet sich vom Sacheigentum grundlegend durch seine persönlichkeitsrechtliche Seite. Eigentum an körperlichen Gegenständen kann in beliebiger Weise unter Lebenden und von Todes wegen auf andere Rechtssubjekte übertragen werden. Wohl sind auch hier persönliche Beziehungen nicht selten, wie z. B. zwischen dem Handwerker und seinem Meisterstück oder sonst bei Dingen, die für ihren Eigentümer einen besonderen Liebhaberwert haben. Das hindert jedoch nicht ihre vollständige Übertragbarkeit, insbesondere nicht ihren Übergang durch Erbfolge bis in fernste Generationen. Das Urheberrecht ist dagegen in seiner persönlichkeitsrechtlichen Substanz schon zu Lebzeiten des Autors unübertragbar. Nach dessen Tode kann es zwar auf die nächsten Angehörigen übergehen, da diese am ehesten berufen sind, persönliche Belange des Verstorbenen wahrzunehmen. Die Weiterübertragung muß aber dort ihr Ende finden, wo sich regelmäßig die persönlichen Beziehungen zum Autor zu verflüchtigen beginnen. Man kann nicht die materiellen Interessen am Immaterialgut einfach abspalten, um wenigstens insoweit das „geistige" dem Sacheigentum anzugleichen. [28]) Denn die ideellen und materiellen Befugnisse sind untrennbar. Der Vermögenswert, der dem geistigen Gut anhängt, ist abhängig von der berechtigten Wahrnehmung der persönlichen Interessen. Wo nicht wenigstens die Vermutung dafür spricht, daß diese ideellen Interessen durch die Rechtsnachfolger so wahrgenommen werden, wie es wahrscheinlich dem Willen des Autors entsprochen hätte, haben die Erben auch kein Recht mehr auf die materiellen Befugnisse, und das Urheberrecht muß folglich als ganzes erlöschen.

Der Urheber selbst hat auch kein Interesse daran, daß noch fernste Nachkommen von seiner geistigen Arbeit zehren. Es genügt ihm, wenn die Hinterbliebenen, denen er zum Unterhalt verpflichtet war, nicht in Not geraten. Weitergehende Interessen der Erben sind für die Ausgestaltung des Urheberrechts unbeachtlich. [29])

Nach alledem ist festzuhalten: Die zeitliche Begrenzung des Urheberrechts ist nur deswegen gerechtfertigt, weil dieses ausschließliche Recht kein reines Vermögensrecht ist wie das Sacheigentum, sondern persönlichkeitsrechtliche Elemente enthält, die nicht beliebigen anderen Personen anvertraut werden können.

Überträgt man diesen Gedanken auf die Rechte der individuellen Werkmittler, so wird zunächst deutlich, daß hier in gleicher Weise persönliche Interessen im Spiele sind, [30]) welche den Übergang der Rechte auf ganz entfernte Nachkommen verbieten. Zugleich stellt sich ganz klar heraus, daß die Dauer der Schutzfrist für die Werkmittlerleistung grundsätzlich keine andere sein kann als im Urheberrecht. Schutzwürdig ist die Werkvermittlung, solange der Künstler oder Wissenschaftler lebt, und noch eine angemessene Zeit danach, die schätzungsweise der Lebensdauer der folgenden Generation entspricht. Im Interesse der Rechtssicherheit muß hier wie im Urheberrecht eine feste Durchschnittsfrist gewählt werden.

---

28) So Hubmann, R d sch G, 149.

29) Ähnlich Neumann, GRUR 1957, 580 f. — Es kommt hinzu, daß ein „ewiges" Urheberrecht praktisch sehr schwierig durchzuführen wäre, weil schon nach wenigen Erbgängen Unklarheit und Rechtszersplitterung um sich greifen würden und deshalb ein besonderes System der einheitlichen Verwaltung der Rechte geschaffen werden müßte, vgl. MinE, Begr, 63; Troller, IGR, 129.

30) ebenso für die ausübenden Künstler: Vogel, GRUR 1953, 201; Schiefler, GRUR 1960, 162 f.

Zwar wäre es denkbar, die Schutzfrist für Immaterialgüter je nach den persönlichen Verhältnissen (Lebensdauer der Witwe, Alter der Kinder), veränderlich zu gestalten, wie es die Urhebergesetze einiger sozialistischer Staaten vorsehen.[32]) Damit würde sichergestellt, daß die soeben herausgearbeiteten Grundsätze über die Schutzwürdigkeit der Erben in jedem Einzelfall erfüllt wären. Denn das System der festen Schutzfrist hat den unleugbaren Nachteil, unter außerordentlichen Umständen (z. B. bei sehr frühem Tod des Autors, oder wenn keine nahen Angehörigen als Erben vorhanden sind) zu willkürlichen und scheinbar widersinnigen Ergebnissen zu führen. Gemildert wird diese Gefahr allerdings dadurch, daß der Urheber in jedem Falle die Möglichkeit hat, seine Rechte durch Testament auf eine Person seines Vertrauens zu übertragen. Außerdem darf in einer Rechtsordnung, die dem freien Spiel der wirtschaftlichen Kräfte auch im kulturellen Leben Raum geben will, die Tatsache nicht vernachlässigt werden, daß kaum ein organisatorischer Werkmittler das Risiko des „Verlages" (im weitesten Sinne) zu übernehmen bereit wäre, wenn das vom Autor oder individuellen Werkmittler abgeleitete Ausschließlichkeitsrecht stets vom unvorhergesehenen, plötzlichen Erlöschen bedroht wäre und daher keine sichere Grundlage einer Kalkulation böte. Gerade weil die Urheber- und Werkmittlerrechte a u c h Vermögensrechte sind, müssen sie einen festen, stets sicher bestimmbaren Wert haben.[33])

Demnach ist die feste Schutzfrist von 50 Jahren nach dem Tode des originär Berechtigten, welche das geltende Recht für den Urheber vorsieht, grundsätzlich auch für den individuellen Werkmittler de lege ferenda zu befürworten, soweit sie nicht bereits de lege lata eingebürgert ist (wie für Bearbeiter, Sammelherausgeber, künstlerische Kopisten, nach neuester Rechtsprechung auch für den ausübenden Tonkünstler). Da sich das Argument des „geringeren Wertes" der Werkmittlerleistung als ein Trugschluß erwiesen hat, gibt es keinen vernünftigen Grund, die Schutzfrist auf die Hälfte oder noch weiter herabzusetzen.[34])

Dies gilt jedenfalls für den sozial unabhängig arbeitenden Künstler und Wissenschaftler. Die Interessen der Öffentlichkeit sprechen nicht dagegen, die erfolgreiche Werkmittlerleistung im gleichen Umfange zu schützen wie das schöpferische Werk, soweit der Werkmittler — wie normalerweise der Urheber — überwiegend selbst das Risiko des Erfolges trägt und dafür ein „Leistungshonorar" beanspruchen darf.[35])

Fraglich ist allerdings, ob dieselbe Regelung auch für diejenigen individuellen Werkmittler gerechtfertigt ist, die ihre Leistung a l s A r b e i t n e h m e r (oder auch als Beamte) in einem festen Anstellungsverhältnis erbringen, z. B. für die Orchestermusiker. Hier hat das ausschließliche Recht wirtschaftlich nicht die Funktion, seinem originären Inhaber im Laufe der Zeit zu einem der Leistung angemessenen Entgelt zu verhelfen, ihm also die Chance eines Leistungshonorars zu geben. Vielmehr wird das Ausschließlichkeitsrecht in seinen vermögensrechtlichen Bestandteilen gegen das feste Gehalt und die sonstigen Sicherheiten des

---

[32]) Vgl. P i n n e r II, 532, "Duration of Copyright", für Bulgarien; 353, "Death of the Author", für Jugoslawien (anders nach dem neuen URG von 1957, aaO V, 83); für Rumänien, V 82.

[33]) Ähnlich G i e r k e, zit. bei Hubmann, R d sch G, 149; T r o l l e r, IGR, 125.

[34]) Im Ergebnis ebenso: L e h m a n, 174; für einen zumindest lebenslänglichen Schutz auch H i r s c h B a l l i n, UFITA 25 (1958), 273.

[35]) Vgl. oben Seite 81 f.

Arbeits-, Sozial- oder Beamtenrechts (z. B. auch Alters- und Hinterbliebenenversorgung) eingetauscht. Es dient somit im wesentlichen nur dem Interesse des Arbeitgebers, für seine organisatorische Leistung ein Verwertungsmonopol zu erhalten.[36])

Daß hierfür eine gewisse Schutzdauer nötig ist, soll nicht verkannt werden. Jedoch wäre es sinnlos, diesen Schutz zeitlich nach dem Todestag des Arbeitnehmers zu bestimmen, der die künstlerische oder wissenschaftliche Leistung erbracht hat. Als Anknüpfungszeit bietet sich vielmehr ganz von selbst der Beginn der organisatorischen Werkvermittlung an, also (intern) die Schall- oder Bildaufnahme bzw. der Druck oder (nach außen) die Veröffentlichung, das Erscheinen, die Sendung. Dieser Termin wird auch in den Entwürfen vielfach zugrundegelegt,[37]) unter anderen auch für den Schutz des Lichtbildners in abhängiger Stellung.[38]) Er empfiehlt sich auch deshalb, weil es im höchsten Grade unzweckmäßig wäre, für Gruppenleistungen vieler Arbeitnehmer jeweils auf den Tod des Längstlebenden abzustellen, wie es bei Miturhebern üblich ist.[39]) Bei einer großen Zahl von Mitwirkenden (z. B. bei Orchester-. Chor- und Theateraufführungen) würde dies zu einer unerträglichen Rechtsunsicherheit führen.[40])

Auch die Dauer des Schutzes hat bei sozial abhängigen Werkmittlern nichts mit der Frage zu tun, wie lange normalerweise die Nachkommen des Schutzes bedürfen und wegen ihrer persönlichen Verbundenheit zum originär Berechtigten schutzwürdig erscheinen. Es ist hier Aufgabe des Arbeits-, Sozial- und Beamtenrechts, notfalls den angemessenen Lebensunterhalt der Hinterbliebenen zu gewährleisten, soweit der Arbeitnehmer nicht selbst aus seinem festen Gehalt genügende Rücklagen gebildet hat. Die Schutzfrist kann und muß vielmehr in diesen Fällen ausschließlich nach den Bedürfnissen des organisatorischen Werkmittlers und den Interessen der Öffentlichkeit bemessen werden. Eine Frist von 25 Jahren dürfte den Verlegern, Ton- und Bildträgerherstellern und den Sendern einen genügend großen Kalkulationsspielraum geben und zur Verwertung ihrer „Produktion" in jedem Falle ausreichen.[41]) Nach Ablauf dieser Frist braucht der Allgemeinheit nicht länger die freie Nutzung vorenthalten zu werden.

Denkt man diesen Vorschlag systematisch und folgerichtig weiter, so kann er sich nicht auf den individuellen Werkmittler beschränken, sondern hat die gleiche Berechtigung auch für den sozial abhängigen Urheber. Das herkömmliche Urheberrecht paßt im Grunde nicht für solche schöpferischen Leistungen, die im Rahmen eines festen Arbeitsverhältnisses auf Weisung des

---

36) Ähnlich für das Urheberrecht an Werken des Kunstgewerbes und der Photographie: Baum. GRUR 1959, 74; aA Sahmer, UFITA 21 (1956), 38, der die Nutzungsrechte des Arbeitnehmers de lege ferenda gerade nicht durch die Lohnzahlung als abgegolten ansehen will.

37) §§ 66 II, 78 RefE = 75 II, 86 MinE; § 86 II EntwDDR.

38) §§ 70, 71 II RefE = 79, 80 II MinE.

39) Vgl. §§ 30 LUG, 27 KUG, 62 RefE, 65 MinE, 37 EntwDDR.

40) v. Erffa, GRUR 1952, 338; Baum, GRUR 1952, 560; Haensel, LSchNV. 47 f.

41) Vgl. oben Seite 90.

Arbeitgebers erbracht werden. Nicht ohne Grund war es notwendig, neben dem Patentrecht ein Arbeitnehmererfindergesetz zu schaffen, das der besonderen Interessenlage bei „Dienst"-Erfindungen in sozial abhängiger Stellung gerecht wird. So muß es verständlich erscheinen, wenn auch das Recht des abhängigen Urhebers gewissen Sonderbestimmungen unterworfen wird, die darauf Rücksicht nehmen, daß der Urheber als Arbeitnehmer (oder Beamter) keinerlei Risiko trägt und der Schutz seiner Leistung deshalb den (zeitlich beschränkteren) Interessen des organisatorischen Werkmittlers angepaßt sein sollte. [42]) Es bedeutet z. B. für den fest angestellten Redakteur einer Zeitung oder einer Sendegesellschaft keinen schwerwiegenden Nachteil, wenn das Urheberrecht an seinen Beiträgen bereits 25 Jahre nach ihrem Erscheinen erlischt. Die Verwertungsbefugnisse liegen dann sowieso beim organisatorischen Werkmittler, der den Autor dafür mit dem laufenden Gehalt abgefunden hat. Wenn ein solcher Beitrag ausnahmsweise nach 25 Jahren noch gefragt ist, hat die Allgemeinheit ein schützenswertes Interesse daran, daß der ursprüngliche organisatorische Werkmittler nicht länger ein (durch wirtschaftliche Gesichtspunkte nicht mehr gerechtfertigtes) Verwertungsmonopol innehat, sondern daß das Werk zur allgemeinen Nutzung frei wird. [43])

Eine andere Frage ist es, ob die Werknutzung nach Ablauf dieser Frist jedem anderen organisatorischen Werkmittler ganz unentgeltlich zustehen soll, oder ob nicht der Gedanke einer Urhebernachfolgevergütung (domaine public payant) Beachtung verdient, wonach auch gemeinfrei gewordene Werke nur gegen eine bestimmte „Kulturabgabe" verwertet werden dürfen, die sozial bedürftigen und verdienten Autoren zugute kommen soll. [44]) Im Rahmen dieser Arbeit kann nicht im einzelnen auf das Für und Wider einer solchen Institution eingegangen werden. Jedoch ist schon bei oberflächlicher Betrachtung nicht zu verkennen, daß eine Nachfolgevergütung auch für die individuellen Werkmittler eine gewisse Berechtigung hat und deshalb erwägenswert wäre. Es könnte auf diese Weise versucht werden, rechtspolitisch ein Gegengewicht gegen die ausschließliche Verwertung älterer, nicht mehr geschützter Werkvermittlungen zu schaffen. Nicht zuletzt dem Überhandnehmen der „mechanischen Musik" gegenüber lebendigen Aufführungen könnte damit wirksam gesteuert werden. [45]) Denn es ist eine ständig drohende Gefahr, daß vor allem das Massenmedium Rundfunk, aber auch z. B. die Schallplattenhersteller in Zukunft aus Ersparnisgründen für klassische Werke mehr und mehr auf ältere Tonträger zurückgreifen, so die lebendige Musikpflege auf die Moderne beschränken und damit unser Kulturleben empfindlich beeinträchtigen könnten. Um junge ausübende Künstler zu fördern, einen Stamm guter Interpreten zu erhalten und soziale Härten der „Mechanisierung" zu mildern, könnte ein „Werkmittlerfonds" gute Dienste leisten. Entsprechendes gilt auch für die Übersetzer, die textkritischen Herausgeber. Jede Zeit, die nicht kulturell stagnieren will, braucht nicht nur neue schöpferische Talente, sie bedarf

---

42) Im gleichen Sinne Reichel, GRUR 1960, 584 f.

43) Zu einem ähnlichen Ergebnis kommt Runge, GRUR 1959, 79, der eine Angleichung von Urheberrecht und Leistungsschutz befürwortet.

44) Vgl. §§ 69—74 MinE; Begr, 64 ff.

45) Vgl. oben Seite 83 f.

auch fähiger Werkmittler, die das Kulturerbe vergangener Epochen jeweils wieder neu lebendig und der Gegenwart verständlich machen, es „interpretieren" im weitesten Sinne.[46]) Wenn es also richtig ist, die „geistigen Erben" mit Hilfe einer Kulturabgabe aus dem Erlös der Werke ihrer schöpferischen Vorfahren zu unterstützen, so muß ganz dasselbe auch für das Gebiet der individuellen Werkmittlerleistungen gelten.[47])

Die Verkürzung der Schutzfrist auf 25 Jahre nach der in abhängiger Stellung erbrachten schöpferischen oder werkvermittelnden Leistung wirft die Frage auf, ob auch das „droit moral" dieser Regelung folgen und damit unter Umständen schon lange vor dem Tode des Autors oder Werkmittlers erlöschen soll. Die herkömmliche „Einheit" des Urheberrechts mit seiner wechselseitigen Durchdringung materieller und ideeller Befugnisse[48]) würde diese Lösung an sich nahelegen. Es wäre aber ein Unding, persönliche Belange anders als mindestens bis zum Tode der betreffenden Persönlichkeit zu schützen. Diese wichtigen ideellen Interessen dürfen nicht zugunsten der Eleganz und Einfachheit einer juristischen Konstruktion, nämlich der Leitidee eines einheitlichen Urheberrechts, vernachlässigt werden.[49]) So haben auch ganz richtig die neueren Entwürfe den persönlichkeitsrechtlichen Schutz der ausübenden Künstler abweichend von der 25jährigen Dauer der materiellen Befugnisse auf die Lebenszeit der Interpreten ausgedehnt.[50]) Der Ministerialentwurf trägt daneben dem Gedanken Rechnung, daß zwar das Persönlichkeitsrecht auch ohne materielle Befugnisse selbständig erhalten bleiben kann,[51]) das materielle Verwertungsrecht jedoch zeitlich stets von der berechtigten Wahrnehmung der persönlichen Interessen abhängt.[52]) Er läßt daher das droit moral auch bei einem frühen Tod des originären Rechtsträgers jedenfalls solange fortdauern, bis die (materielle) Schutzfrist abgelaufen ist.[53])

Diese Regelung entspricht allen beteiligten Interessen. Sie sollte als Vorbild dienen, die Persönlichkeitsrechte der schöpferisch und nachschaffend tätigen Arbeitnehmer einheitlich zu regeln. Es besteht auch hier kein sachlicher Grund für eine unterschiedliche Ausgestaltung des Rechtsschutzes.

Sind Urheber- und Werkmittlerrechte, was die Schutzdauer betrifft, ganz übereinstimmend sozial gebunden, so muß dasselbe bezüglich der sonstigen herkömmlichen Beschränkungen des Verwertungsrechts zugunsten der Allgemeinheit gelten.

---

46) v. Erffa, GRUR 1952, 334; 336.
47) Ebenso Haensel, GRUR 1955, 189.
48) vgl. oben Seite 82, 93.
49) Im gleichen Sinne: de Boor, Vom Wesen, 38 f.
50) § 80 II RefE, § 88 III Satz 1 MinE.
51) Man denke an die Konzeption eines „ewigen" droit moral!
52) Vgl. oben Seite 93.
53) § 88 III Satz 2 MinE.

Gleich amtlichen Werken [54]) dürfen z. B. amtliche Übersetzungen und Sammlungen keinem Vervielfältigungsverbot unterliegen. Ebenso ist eine entsprechende Einschränkung für Zwecke der Rechtspflege und der öffentlichen Sicherheit, [55]) für Kirchen-, Schul- und Unterrichtszwecke [56]) sowie für Zwecke der Funk-, Film- und Bildberichterstattung [57]) angebracht. Auch die Zitierfreiheit [58]) ist für individuelle Werkmittlerleistungen nicht unwichtig. Ein wissenschaftliches Werk über Interpretationsfragen könnte z. B. in einer Schallplattenbeilage kleinere Abschnitte aus Darstellungen berühmter Künstler bringen, ohne dafür deren Erlaubnis zu bedürfen. Auch die Frage der Vervielfältigungsfreiheit zum persönlichen Gebrauch [59]) stellt sich in der gleichen Form auch für künstlerische und wissenschaftliche Werkvermittlungen.

Es ist hier nicht der Ort, zu diesen in ihrem Ausmaß de lege ferenda zum Teil heftig umstrittenen Beschränkungen des Verwertungsrechts im einzelnen Stellung zu nehmen. Insbesondere kann hier nicht näher untersucht werden, ob die Zwangslizenz des § 22 LUG zugunsten der Schallplattenindustrie gerechtfertigt und daher beizubehalten, möglicherweise sogar auf die Funksendung auszudehnen ist [60]) oder nicht. Jedenfalls besteht für den Gesetzgeber kein Grund, in diesen — ohne Anspruch auf Vollständigkeit — soeben skizzierten Fällen der Sozialbindung für die individuellen Werkmittler anders zu entscheiden als für die Urheber. [61]) Gesetzestechnisch ließe sich die notwendige Gleichstellung am einfachsten und zweckmäßigsten durch eine allgemeine Verweisungsnorm verwirklichen, wie sie auch von den Entwürfen bei allen einschlägigen Leistungsschutzrechten bereits aufgestellt wird. [62])

§ 9 Ergebnis der Untersuchung und zusammenfassender Überblick.

Gegenüberstellung, Bewertung und Abwägung der verschiedenen Interessen aller Beteiligten haben unsere Arbeitshypothese [1]) bestätigt: Sie haben zu dem Ergebnis geführt, daß der individuellen Werkmittlerleistung de lege ferenda ein zwar abhängiges, aber sonst nach Art und Umfang genau dem Urheberrecht entsprechendes Ausschließlichkeitsrecht zuzubilligen ist. Insbesondere hat sich gezeigt, daß es nicht erforderlich ist, dieses Recht in Teilbereichen durch gesetzliche Lizenzen zu bloßen Vergütungsansprüchen abzuschwächen. [2])

---

54) § 16 LUG; § 38 RefE; § 4 MinE; § 5 II EntwDDR.

55) § 24 KUG; § 39 RefE; § 42 MinE.

56) § 19 Ziff. 4, § 21 Ziff. 3 LUG; §§ 40, 41 RefE; §§ 43, 44 MinE.

57) § 44 RefE; § 47 MinE; § 33 I EntwDDR.

58) §§ 19 LUG/KUG; § 50 RefE; § 53 MinE; § 26 EntwDDR.

59) § 15 LUG; § 18 KUG; § 47 RefE; § 50 MinE; § 24 EntwDDR.

60) So §§ 58 ff. RefE; §§ 61 ff. MinE; § 33 II EntwDDR.

61) Ebenso für die ausübenden Künstler: Ulmer, § 98 II 2, 442; LG Hamburg v. 21. 12. 1960, UFITA 34 (1961), 363 (369 f.).

62) §§ 67 I, 68 I, 81 RefE; §§ 76 I S. 3, 77 I, 89 MinE; § 87 EntwDDR.

1) Vgl. oben Seite 68.

2) Ebenso jüngstens Spaic, UFITA 35 (1961), 34.

Sind aber Urheber- und Werkmittlerrecht in ihrer Schutzwirkung im wesentlichen identisch, löst sich auch der oben [2]) aufgezeigte scheinbare Widerspruch, daß die photographische Aufnahme einer im Freien aufgestellten Plastik nach der hier vertretenen Werkmittler-Konzeption trotz gleichartiger Leistung anders zu beurteilen ist als eine reine Landschaftsphotographie. Sind beide Leistungen künstlerisch-individuell, so genießen sie auch im Ergebnis den gleichen Rechtsschutz. Der einzige Unterschied besteht darin, daß der photographische Werkmittler in der Verwertung seiner Leistung von dem Urheberrecht des Schöpfers der Plastik abhängt, [3]) während der Landschaftsphotograph seine Leistung unabhängig verwerten kann. Diese Lösung ist durchaus sachgerecht.

Zusammenfassend seien hier zum besseren Verständnis und zur raschen Information die wichtigsten Erkenntnisse der Untersuchung noch einmal in gedrängter Übersicht thesenartig wiederholt:

1. Die Materien des „Leistungsschutzes" sind sämtlich, soweit sie dem Urheberrecht wirklich „benachbart" sind und nicht bei näherer Betrachtung anderen Rechtsgebieten (Urheberrecht, Persönlichkeitsrecht, Wettbewerbsrecht) zugehören, werkvermittelnder Natur. Zur systematischen Ordnung des gesamten Gebietes der „verwandten Schutzrechte" ist deshalb der Begriff „Werkmittler" gut geeignet.

2. Zu unterscheiden sind: organisatorische, technische und individuelle (künstlerische und wissenschaftliche) Werkmittlerleistungen.

3. Die organisatorischen und technischen Werkmittler bedürfen de lege ferenda keines besonderen Leistungsschutzrechts, die ersteren allenfalls einer gesetzlichen Klarstellung ihres bestehenden wettbewerbsrechtlichen Schutzes.

4. Zu den individuellen Werkmittlern gehören neben den Interpreten und Erstherausgebern auch die Übersetzer und sonstigen Bearbeiter, die künstlerischen Kopisten und die Sammelherausgeber. Sie alle erbringen keine im echten Sinne „schöpferische", sondern nur eine individuelle, von der Persönlichkeit geprägte Leistung an fremden (oder auch eigenen) Werken. Entgegen der ganz herrschenden Meinung ist daher der Begriff des „Urheberrechts an Werken zweiter Hand" als irreführend und systemwidrig abzulehnen.

5. Wie schon de lege lata einem Teil der individuellen Werkmittler, ist auch den übrigen werkvermittelnden Künstlern und Wissenschaftlern de lege ferenda ein urheberrechtsartiges ausschließliches Recht an ihrem Leistungsergebnis zuzubilligen. Dieses Recht umfaßt alle persönlichkeits- und vermögensrechtlichen Befugnisse, ist aber von dem Urheberrecht am vermittelten Werk abhängig.

6. Einem solchen Recht stehen keine überwiegend schützenswerten Interessen anderer Werkmittler, der Werkschöpfer oder der Allgemeinheit entgegen. Es unterliegt den gleichen sozialen Beschränkungen wie das Urheberrecht.

---

[2]) Seite 9.

[3]) Soweit nicht das Urheberrecht durch eine Ausnahmevorschrift sozial gebunden ist, vgl. § 20 KUG, § 53 RefE; § 56 MinE (nur die Vervielfältigung lassen frei: § 53 GEMA-Entwurf, § 25 EntwDDR.)

7. Auch die zeitliche Begrenzung des Werkmittlerrechts muß der im Urheberrecht üblichen Schutzfrist entsprechen (grundsätzlich 50 Jahre post mortem auctoris). Die in risikolos-abhängiger Stellung als Arbeitnehmer oder Beamter erbrachte (schöpferische wie werkvermittelnde) Leistung bedarf allerdings nicht dieses weitgehenden Schutzes. Sie sollte de lege ferenda nur 25 Jahre nach ihrem Erscheinen geschützt werden.

C. Schluß

Frage der Vereinbarkeit des vorgeschlagenen Lösungsweges mit den internationalen Konventionen.

Obwohl zur systematischen Klärung des Rechtsgebietes neue Begriffe eingeführt wurden, zeigt sich doch nunmehr nach Abschluß der Untersuchung, daß der vorgeschlagene Lösungsweg sachlich gar nicht sehr weit vom geltenden deutschen Recht und dessen Auslegung durch die höchstrichterliche Rechtsprechung fortführt. Seiner Verwirklichung im Rahmen der bevorstehenden Urheberrechtsreform sollten deshalb auch durch die internationalen Konventionen, an die Deutschland gebunden ist, keine unüberwindlichen Hindernisse entgegenstehen. Ob man das ausschließliche Recht des Bearbeiters und Sammelherausgebers nun als Urheber- oder als Werkmittlerrecht bezeichnet, ist nicht entscheidend. Die nationale Gesetzgebung ist nicht terminologisch, sondern nur materiell-rechtlich an die Mindestschutzbestimmungen der RBÜ gebunden.[1] Das WUA läßt den Schutz der sogenannten „Werke zweiter Hand" ohnedies völlig offen, so daß in dieser Hinsicht keine Kollisionen zu befürchten sind.

Ernste Schwierigkeiten ergeben sich nur insoweit, als für sozial abhängige Urheber gegenüber dem geltenden Recht eine Verkürzung und abweichende Anknüpfung der Schutzfrist vorgeschlagen wurde. Man wird also diesen Vorschlag, mag er auch zur schärferen Abgrenzung von Urheber- und Arbeitsrecht noch so einleuchtend erscheinen, vorläufig nicht in die gesetzgeberische Praxis übernehmen können. Auch für diejenigen Werkmittler kommt seine Verwirklichung nicht in Frage, welche von der RBÜ noch traditionsgemäß als „Urheber" angesehen werden. Nur die Interpreten, die Herausgeber fremder Texte und die künstlerisch kopierenden Lichtbildner (letztere wegen Art. 7 Abs. 3 RBÜ) könnten einstweilen mit dem als richtig erkannten „doppelspurigen" Rechtsschutz ausgestattet werden.

Dennoch sollte man wenigstens damit einen Anfang machen. Die systematischen Unvollkommenheiten werden dann ganz von selbst zur weiteren Diskussion der Probleme und vielleicht letzten Endes auch international zu einer umfassenderen Annahme der hier vorgeschlagenen Lö-

1) Ebenso Ulmer, § 95 I 4, 425; de Boor, UFITA 18 (1954), 272 f.; de Sanctis bei Pinner III, 501 („Photographs"); aA Hirsch Ballin, UFITA 32 (1960), 298; Goldbaum, GRUR 1954, 514 f.

sung führen. Jedenfalls hätte sie gegenüber den bisherigen Konventionsentwürfen auf diesem Gebiet, in denen sich kaum noch die spezialisiertesten Fachleute zurechtfinden, den Vorzug der Einfachheit und Klarheit. Es soll deshalb hier an die Worte eines Altmeisters der Urheberrechtswissenschaft, Bruno Marwitz', erinnert werden, die dieser im ersten Heft von UFITA ausgesprochen hat und die in einprägsamer Weise vor einer resignierenden Überschätzung der international herrschenden Meinung warnen: [2])

„Wenn wir Forderungen aufstellen, die mit den Gesetzen anderer Länder in Widerspruch stehen, so tun wir das aus dem Bewußtsein heraus, daß die vorhandenen Probleme keine spezifisch deutschen Probleme sind, sondern auch anderwärts Lösung begehren; darum kann die deutsche Rechtslehre vielleicht auch für die internationale Gesetzgebung bahnbrechend wirken."

---

[2]) UFITA 1 (1928), 8.

Zur vorliegenden Schrift

DR. HANS-HEINRICH SCHMIEDER

DAS RECHT DES WERKMITTLERS

Versuch einer systematischen Neuordnung der „verwandten Schutzrechte" als Beitrag zur Urheberrechtsreform.

Schriftenreihe der UFITA, Heft 25

Mit der Einführung des neuen Begriffs „Werkmittler" in das Urheberrecht bringt der Verfasser die gebotene Ordnung in das noch immer sehr verworrene Gebiet der sogenannten „verwandten" Leistungsschutzrechte. Mit Hilfe rechtsvergleichender, soziologischer und rechtspolitischer Betrachtungen sowie unter eingehender Berücksichtigung der einschlägigen Rechtsprechung und Literatur seit der Jahrhundertwende wird nachgewiesen, daß die Reformbestrebungen bezüglich dieser „verwandten Schutzrechte" zum großen Teil ein unnötiges oder doch zumindest unzulängliches Ziel verfolgen. Es wird dargelegt und begründet, daß im Prinzip nur demjenigen, der auf eine künstlerisch oder wissenschaftlich individuelle Weise urheberrechtsfähige Werke dem Publikum vermittelt, an seiner Leistung ein ausschließliches Herrschaftsrecht ähnlich dem Urheberrecht gebührt, und daß alle übrigen möglicherweise ebenfalls (in geringerem Umfang) schutzwürdigen Leistungen mit menschlichem Schöpfergeist nichts zu tun und deshalb auch in einem Urheberrechtsgesetz keinen legitimen Platz haben.

Dabei führt die weitere, folgerichtige Erkenntnis der in Wahrheit auch nur werkvermittelnden Funktion des Übersetzers, Sammelherausgebers und künstlerischen Kopisten zu einer kritischen Überprüfung des geltenden Urheberrechtssystems und — entgegen der herrschenden Meinung — zur Ablehnung der herkömmlichen Konstruktion vom „abhängigen Urheber" und eines „Werkes zweiter Hand".

Der Verfasser kommt zu der überraschenden Feststellung, daß die von der Rechtslehre einhellig als inkonsequent geschmähten Fiktionen in den §§ 2 und 4 des geltenden Literarischen Urheberrechtsgesetzes (LitUG) durchaus sachgemäß sind, weil z. B. der Übersetzer mangels schöpferischer Tätigkeit gar kein Urheber im eigentlichen Sinne ist. Auch sonst wird aus der Sicht des Verfassers deutlich, daß das alte Gesetz von 1901 zwar in vielen Einzelheiten durch die Entwicklung der Technik überholt, in seiner Grundanlage jedoch sehr viel besser ist als sein Ruf.

Die Schrift erscheint gerade noch rechtzeitig, um der Diskussion zur Urheberrechtsreform neue Impulse zu geben. Zumindest die Rechtslehre wird an den Argumenten und Erkenntnissen des Verfassers nicht vorübergehen können. Doch bleibt zu hoffen, daß auch der Gesetzgeber, besonders im Hinblick auf die „verwandten Schutzrechte", manche der hier gebotenen Anregungen aufgreift und verwertet.

Kolibri 360 GmbH
Ferdinand-Jühlke-Straße 7
99095 Erfurt, Deutschland
produktsicherheit@kolibri360.de